Yoga
oder
Liebe deinen Nächsten als dein Selbst

Janakananda

YFA Verlags GmbH

Die Deutsche Bibliothek – CIP-Einheitsaufnahme

Janakananda:
Yoga oder Liebe deinen Nächsten als dein Selbst / Janakananda (Daniel
Jenni). – Zofingen : YFA-Verl.-GmbH, 2002
ISBN 3-9522449-0-2

YFA Verlags GmbH, Kunzenbadstrasse 13, CH-4800 Zofingen
Ab Juli 2003: YFA Verlags GmbH, Friedensstrasse, CH-4629 Fulenbach
E-Mail: info@yfaverlagsgmbh.ch, Internet: www.yfaverlagsgmbh.ch

Bestelladressen:
Schweiz: YFA Verlags GmbH, Adresse siehe oben
Deutschland/Österreich: JR Reinhardt Verlag, Sandwiesenstrasse 19, D-71334 Waiblingen
Internet: www.jr-reinhardt-verlag.de

Satz und Druck: Reinhardt Druck, Basel
Bildnachweis: Keystone
Studiobilder: P. Lüthy, Olten

Inhaltsverzeichnis

Der Baum des Lebens

Wenn ein Mensch sich selbst erkannt hat,
Erfährt er sich als Frucht eines Baumes,
Von dem er zehrte bis zur Reife.

Die Fruchtbarkeit des Bodens erinnert ihn an die Liebe seiner Mutter,
Die Kraft der Wurzel an die Güte seines Vaters,
Die Stärke des Stammes an die Geduld seines Partners,
Die Äste an die Toleranz seiner Freunde und
Die Zweige an die unsichtbare Liebe seiner Feinde.

So dann der Mensch darüber nachsinnt,
Fällt er ab vom Baum des Lebens in die Hände des Herrn.

Janakananda

Vorwort des Autors

Es freut mich, dass dieses Buch nun endlich fertig gestellt werden konnte. Mein Dank geht an meine Familie, die mich in ihrem Herzen in allen Lebensabschnitten immer mitgetragen hat. Er geht an all die vielen Freunde und Yogastudenten, die mir geholfen haben, dieses Buch zu publizieren. In Liebe für alle Menschen.

6. März 2002 Janakananda

Vorwort

Als Erwachsene sind wir uns in der Regel nicht bewusst, wie weit wir von unserem eigentlichen Lebensweg abgewichen sind, das heisst vom Zustand, in dem wir die Seele wahrnehmen können und glücklich sind – wie das in unserer Kindheit einmal der Fall war. Unsere Eltern und die Lehrer in der Schule wären die ersten Wegweiser, die solche Abweichungen sichtbar machen würden. Meistens reagieren wir aber erst, wenn uns das Leben bereits eingeholt hat und sich Alarmzeichen wie körperliche Schmerzen, Krankheiten, Unfälle oder emotionale und mentale Spannungen (Aggressionen und Depressionen) bemerkbar machen. Leider versuchen wir dann viel zu oft, diese «ungebetenen Gäste» so rasch als möglich wieder los zu werden. Wir verdrängen erneut, indem wir Schuldige für unsere Misserfolge, Unfälle, körperlichen Gebrechen und generell für alle unsere misslichen Lebensumstände suchen, oder wir schlucken Pillen, rauchen übermässig oder konsumieren Alkohol und Drogen. Wir sind nicht bereit, über die Ursachen – das Warum – ernsthaft nachzudenken. Und gerade dieses Nachdenken, diese Form der Selbstanalyse, würde uns den Schlüssel zu einem erfüllten Leben in die Hand geben und uns zeigen, dass jedes Lebensproblem auf unser eigenes egoistisches Verhalten zurückzuführen ist und uns als Spiegel dient. Beachten wir den Spiegel der Seele nicht, so äussern sich unsere egoistischen Tendenzen in Form von Unzufriedenheit, Sorgen und Ängsten. Dieser Missbrauch des freien Willens unterbricht die Beziehung zur Seele und führt langfristig auch zu körperlichen und geistigen Beschwerden.

Das vorliegende Buch zeigt auf, wie es zur Abspaltung von der eigenen Seele kommt und wie wir über den Weg des Yoga den Zugang zum Kern unseres Wesens wieder herstellen können. Dieser Prozess wird als der achtstufige Yogaweg beschrieben und kann in seiner Essenz auch als Kriya-Yoga – eine der ältesten und effizientesten Yogatraditionen – praktiziert werden. Dieser Befreiungs- oder Transformationsprozess gelingt nur dann, wenn uns Gott einen verwirklichten Lehrer schenkt und wir die Gnade haben, ihm unser Leben vollständig hinzugeben. Die Technik des Yoga alleine, ohne die Liebe und das Wort eines gottverwirklichten Lehrers, wäre wie die Hülse ohne Inhalt oder wie ein Wort ohne Sprecher. Es ist die unfassbare Kraft seiner Liebe, die über die jeweilige Yogatechnik in unserem Alltag wirksam wird. Der aufrichtige Wunsch nach Gott in unserem Herzen und unsere Loyalität zu seiner Lehre geben seiner Liebe den notwendigen Nährboden, damit nach und nach alle Lebensumstände in unser Leben treten können, die wir einmal verdrängt haben und die für unsere spirituelle Entwicklung von Bedeutung sind. Sobald wir durch das Ausüben von Yogatechniken in die Pflicht genommen werden – das Verdrängte tritt in unser Leben –, beginnt die wundersame Reise nach Innen.

Als Schreiber dieser Zeilen gehöre ich zu jenen, die diese Reise gerade erst angetreten haben. Mein Leben war von Ruhelosigkeit und einer ständigen Suche nach Frieden, Erfüllung und Glück geprägt, bis Janakananda 1998 in mein Leben trat und «Yoga als Botschaft der Liebe» in meinem Leben Einzug hielt. Zuvor glich ich eher einem rastlosen Menschen mit christlichem Glauben, der verzweifelt den viel zitierten «Weg nach Rom» suchte, ohne zu merken, dass das Leben selbst mir diesen Weg bereits geschenkt hatte, ich aber stets bestrebt war, davon abzuweichen. Auf meiner Suche stiess ich beispielsweise auf Hatha-Yoga, das ich damals als mehr oder weniger körperliche Übungen verstand und im Selbststudium praktizierte, ohne eine wirkliche Verbindung zum Leben oder Alltag herstellen zu können. Als weiteres Beispiel für meine ständige Suche nach Glück wären hier meine Anstrengungen zu nennen, in verschiedenen esoterischen Richtungen Erfüllung zu finden, um jeweils nach geraumer Zeit feststellen zu müssen, dass sie mich im Alltag keineswegs weiterbrachten. Mein Inneres verlangte nach einem Boden, der mir bei allem Auf und Ab im Alltag doch Freude und Zufriedenheit gab, nach einer Lebenskraft, die mich meinen Mitmenschen näher brachte und nicht immer mehr in die Isolation führte; eine Lebenskraft, die mich glücklich sein liess, wie ich es in der Kindheit war. Vielleicht finden Sie sich selber in diesen Zeilen und stellen sich auch die Fragen, welchen Ursprung diese ewige Suche des Menschen nach Frieden und Glück hat und wie man dieses Glück finden kann? Auf beide Fragen finden Sie in diesem Buch klare und erschöpfende Antworten, die ich hier nicht vorwegnehmen möchte. Eines kann ich Ihnen aber bereits versichern: Zur wahren Essenz werden diese Antworten erst dann, wenn Sie deren Inhalt in Ihrem Leben umzusetzen beginnen!

Jenes zweitägige Wochenendseminar im Februar 1998 war ein vollständiger Wendepunkt in meinem Leben, ein wahrer Neubeginn! Es war der sichtbare Beginn einer «göttlichen Liebesbeziehung», die den langen Transformationsprozess vom «Saulus zum Paulus» in mein Leben gerufen hat. Mein Herz war von den Worten Janakanandas erfüllt; sie gaben mir ein erstes Einleuchten über mein Leben und weckten den brennenden Wunsch nach Gott in mir. In der Folge veränderte sich meine Sichtweise über diese Welt völlig, und damit traten auch die ersten Spannungen auf, die eine Umsetzung des erhaltenen Lichtes und der Lehre verlangten. Zuvor hatte ich jahrelang ein zurückgezogenes Leben als ein so genannter Single geführt und jede freie Minute für mich selbst beansprucht. Ich wich erfolgreich allen intensiveren Partnerbeziehungen, Kinderwünschen, Familien- und Hausvater-Pflichten aus. So war es kein Wunder, dass mein Weg vom Single zum Familienvater, vom Mieter zum Hausbesitzer und vom Freiheitsliebenden zum In-die-Pflicht-Genommenen anfangs sehr spannungsreich und leidvoll war. Oft wurde ich kritisiert, mich viel zu wenig um die Familie und die damit verbundenen Pflichten zu kümmern. Und je mehr ich mich bemühte, diesen Pflichten nachzukommen und Gott um die Veränderung meines Wesens bat, desto intensiver fiel die Kritik oft aus. Es war wie in einer verkehrten Welt. Alles, was ich früher in meinem Einsiedlerdasein an Freuden genossen hatte, musste ich nun durch Leid ausgleichen. Die Liebe von Janakananda hat mich genau mit jenen Pflichten des Lebens verbunden, die ich durch meinen egoistischen Lebenswandel am meisten verdrängt und nicht als einen Teil Gottes gesehen hatte. Er hat mir, sprichwörtlich ausgedrückt, den «Weg nach Rom» gewiesen. Er hat meiner Handlungsweise ein anderes Bewusstsein geschenkt und für meine Mitmenschen mehr Raum in meinem Herzen geschaffen. Er hat mir Zufriedenheit, Dankbarkeit und Hingabe geschenkt für das Leben, wie es jetzt ist. Und nicht zuletzt war er es, der jenen Teil meiner Bürde übernommen hat, die zu tragen ich nicht imstande war, an der ich definitiv gescheitert wäre. Obgleich ich hier nur wenige Beispiele meines Wandlungsprozesses anführen konnte, sind sie ein sichtbares Zeichen dafür, dass gelebtes Yoga wirklich eine Botschaft der Liebe ist und genau jene christlichen Tugenden entwickelt, die wir als Pflichtbewusstsein, Aufrichtigkeit und Nächstenliebe kennen. Es war und es ist die Wirkung seiner Lehre in meinem Leben, die mir die Gewissheit gegeben hat, auf dem richtigen Weg zu sein – nicht etwa seine Diplome, sein Bekanntheitsgrad, seine Redegewandtheit oder sonst irgendetwas.

Janakananda ist ein Avatar, von Gott gesandt, um den offenen Herzen im Westen die ursprüngliche Bedeutung der Yogaphilosophie näher zu bringen und damit gleichzeitig der christlichen Lehre neue Kraft und neues Licht zu verleihen. In vollendeter Weise verbindet er die Yogatradition des Ostens mit der christlichen Lehre des Westens und geht darüber hinaus, indem er in einmaliger Weise ihre gemeinsamen Wurzeln sichtbar macht. Die Ausführungen in diesem Buch zur Schöpfungsgeschichte, zur ewigen Suche des Menschen und zu Yoga als Antwort auf die brennenden Fragen unseres Herzens erscheinen mir wie ein göttlicher Jungbrunnen, in dem der lange währende Durst unserer Seelen endlich gestillt werden kann. Selbst für einen eher wissenschaftlich orientierten Leser müssen die jeweiligen Vergleiche mit den Resultaten unserer heutigen Forschung faszinierend sein. Was für den Wissenschaftler faszinierend sein mag, könnte für den Theologen eher ernüchternd sein, nämlich die Tatsache, dass die Heiligen Schriften, wie die Bibel oder Bhagavadgita, durch einen verwirklichten Lehrer durchgehend verständlich und auf das tägliche Leben anwendbar werden. So ist es nicht erstaunlich, dass Janakananda den achtstufigen Weg des Yoga einerseits mit wissenschaftlicher Präzision darstellt und andererseits einleuchtende Vergleiche zu den Aussagen im Alten und Neuen Testament zieht. Seine Liebe zum Christentum findet gerade im letzten Abschnitt über die Wissenschaft und Essenz des Kriya-Yoga einen glanzreichen Höhepunkt.

Yoga oder Liebe deinen Nächsten als dein Selbst ist eine Botschaft, von der jeder ernsthaft suchende Mensch berührt sein wird. Wer die Gnade hat, diese Botschaft zu verwirklichen, wird selbst zur Liebe und Seligkeit werden.

Guntram Neswadba

Einleitung

Janakananda gliedert sein Buch über Yoga in vier Kapitel:

Im ersten erläutert er dem Leser, was Yoga ist, und beantwortet damit auch die Frage, die sich wohl jeder Mensch in seinem Leben stellt: Was ist der Sinn und das Ziel unseres Lebens? Weiter werden Unterschiede und Parallelen unserer westlichen Kultur zur östlichen Kultur und Lebenseinstellung aufgezeigt.

Im zweiten Kapitel, *Die Beziehung des Menschen zur Schöpfung als Schlüssel zum Seelenglück*, erklärt Janakananda die Entstehung der Welt und die Evolution des Menschen. Auch in diesem Teil vergleicht und verbindet er unsere westliche, auf dem Christentum basierende Kultur mit der Philosophie der indischen Schriften. Dieser Abschnitt ist nicht leicht zu lesen und zu verstehen. Er verlangt volle Konzentration, und man kommt wohl kaum darum herum, sich wiederholt darin zu vertiefen.

Das dritte Kapitel des Buches ist der praktische Teil. Janakananda beschreibt ausführlich die verschiedenen Yogaübungen und -techniken der acht Astanga-Yogastufen. Dieser Teil ist sowohl für Schüler als auch für Yogalehrer ein Lehrbuch und kann auch als Lexikon verwendet werden, um sich eine Anleitung zu einer Übung wieder zu vergegenwärtigen. Es ist jedoch auch möglich, die Ausführungen durchzulesen und sich an den noch in keinem anderen Buch zu lesenden Erklärungen zu erfreuen!

Im vierten und letzten Kapitel befasst sich der Autor mit der Lehre des Kriya-Yoga. Diese Seiten sind der süsse Nachtisch. Sie belohnen den Leser für die Anstrengungen mit den vorangehenden Kapiteln.

Wer Janakananda und seine Sicht über Yoga und die christliche Welt aus seinen Vorträgen und Seminaren kennt, wird dieses Buch mit der richtigen Sichtweise lesen. Trotzdem müssen wir uns immer wieder ins Bewusstsein rufen, was Janakananda mit dem Titel des Buches zusammenfasst: *Yoga oder Liebe deinen Nächsten* ***als*** *dein Selbst!* Ich musste diesen Satz auch mehrmals lesen, um mir bewusst zu werden, dass das kleine Wort *«als»* – und nicht *«wie»* – die hier im Westen verankerte Weltanschauung buchstäblich auf den Kopf stellt. Mit dem Wort *«wie»* bin ich im ICH. Mit dem Wort *«als»* wird klar: Das DU bin ich! «Wie dein Selbst» entspricht dem westlichen Dualitätsprinzip. «Als dein Selbst» lässt alles eins werden! Ich glaube, es ist Voraussetzung, diese Sichtweise zuzulassen, insbesondere um die Erläuterungen des ersten und zweiten Kapitels über die Philosophie des Yoga und die Schöpfung so aufnehmen zu können, wie sie gemeint sind.

Janakananda erfindet keine neuen Weisheiten, sie stehen ja seit Jahrtausenden in den Heiligen Schriften dieser Welt. Vielmehr schenkt er mit seinen Erläuterungen dem suchenden Leser die Möglichkeit, die richtige Sichtweise zu bekommen. Es gibt unzählige Bücher mit ebenso vielen Interpretationen über Yoga, die Bibel und das Christentum. Aber noch nie wurde dem Leser so klar und deutlich dargestellt, dass die richtige Sichtweise und Einstellung der Schlüssel zur Erlösung sind, und nicht endloses philosophisches Gerede und Nachdenken!

Dieser Grundsatz zeigt sich auch im dritten Kapitel über die Yogatechnik. Der westliche Mensch kommt meistens gar nicht auf die Idee, dass eine Yogaübung eine geistige Wirkung haben könnte. Anders bei Janakananda – die geistige Wirkung und Transformation wird benötigt, um überhaupt eine körperliche Wirkung erzielen zu können. Wird aufgrund der geistigen Wirkung das Alltagsverhalten verändert, so wird der Körper gesund und wir werden glücklich. Die Erfahrung dieses wiedergewonnenen Glückes symbolisiert die Einstimmung von Körper und Geist. Sich diese Prinzipien immer wieder zu vergegenwärtigen, wird die grösste Hilfe sein, dieses Buch und seinen Inhalt zu verstehen. Auch ich musste manchen Abschnitt mehr als einmal lesen, und ich weiss, dass, um vollständig zu begreifen, ich die Lebenseinstellung Janakanandas verwirklicht haben müsste. Zutiefst im Herzen wird jeder ehrliche Leser spüren, dass es so ist. Der Leser spürt die Müdigkeit im Kopf als Zeichen der Anstrengung, die es braucht, diesen grundlegenden Wandel zu vollziehen. Im Herzen wird ihm klar, dass Liebe nur so existieren kann und dass jede andere Sichtweise auf Eigenliebe basiert!

Christoph Jenni

Vorbemerkungen des Autors

Beim Verfassen dieses Werkes hat sich uns die Frage gestellt, ob wir alle Begriffe wie Lehrer, Yogalehrer, Schüler usw. in weiblicher und männlicher Version darstellen sollen. Wir haben bewusst darauf verzichtet im Wissen, der heutigen Form der Emanzipation zu widersprechen. Gleichstellung der Geschlechter wird nicht erreicht, indem wir äusserlich diese Umgangsformen einhalten, sondern indem wir wahrnehmen, dass sich in jeder Frau ein Mann und in jedem Mann eine Frau verbirgt. Es ist deshalb immer der Schüler im Menschen, der den Weg geht; dies bezieht sich auf Frau und Mann. Es gibt keine Schülerin, da das weibliche Element innerhalb des Menschen immer die inaktive, reflektierende Kraft darstellt. Wir Menschen, Frau und Mann, können Schüler und Lehrer sein, jedoch nicht Schülerin und Lehrerin. Man kann nie anstatt die Liebe – *der Liebe* schreiben, da die Liebe Ausdruck höchster Weiblichkeit in Frau und Mann symbolisiert. Im zweiten Kapitel *Die Ewige Suche des Menschen* sind diese Gesetzmässigkeiten im Detail erklärt.

Da alle Sanskrit-Begriffe jeweils direkt im Text oder in Fussnoten erläutert werden, wurde auf die Erstellung eines Sanskrit-Vokabulars verzichtet.

Janakananda

Janakananda im Zustand des Samadhi, fotografiert am 24. Dezember 2001
von Amritananadamoyi Ma (Susan Jenni) in Zofingen.

Die Stille ist die dichteste Form der Liebe.
In ihr verbinden sich die Worte zur bedingungslosen Liebe.
Ohne es zu sagen, liebt sie.

Janakananda

Was ist Yoga?

Yoga

Das Wort *Yoga* kommt aus dem Sanskrit und bedeutet *Verbindung* oder etwas freier übersetzt *Verbindung zur Seele*. Daraus geben sich automatisch die Fragen: Wer ist nun die Seele, und womit sollte man durch Yoga verbunden werden? So schwierig uns diese Fragen erscheinen, so einfach sind sie letztlich zu beantworten. Womit versucht man sich täglich zu verbinden, oder welche Verbindung ist uns die wichtigste? Alle Menschen werden an dieser Stelle wohl kaum verneinen, wenn ich sage: das Glück. Was tut man nicht, um glücklich zu werden? Alles Streben und Handeln der Menschheit geschieht doch nur um dieses Glückes willen. Als sicherster Weg zum Glück gilt gemeinhin die Liebe, da man durch sie mit dem Glück definitiv in Verbindung treten kann. Unsere Liebe muss grösser und grösser werden, um schlussendlich selbst unsere Feinde zu umfassen; dann würde unser Glück ewig sein. Die Verbindung zur Seele wird Yoga genannt, und demzufolge ist Yoga Liebe. Yoga ist also keine Technik, sondern der Zustand der allumfassenden Liebe. Im Zustand des Yoga ist unser Bewusstsein Tag und Nacht im Gewahrsein der Seele, und die Verbindung zur inneren Freude ist vollendet. Ein Jude, Moslem, Christ, Buddhist oder Hindu zu sein, würde die Erfahrung desselben Zustandes beschreiben.

Yogatechniken und ihre Wirkung

Jede Form von Technik wurde durch Menschen erschaffen, um ihre Erfahrungen mit anderen Menschen teilen zu können. Die Freude am Kochen kann über einen Kochkurs erlernt werden. Besitzt jedoch der Kursleiter keine Freude am Kochen, so dürfte er Schwierigkeiten haben, auch über die beste Technik, seinen Kochstudenten Freude zu vermitteln. Dasselbe Prinzip kann auch auf Yoga übertragen werden. Der Yogi, der nicht in der göttlichen Liebe ruht, ist nur bedingt fähig, anderen Menschen durch Yogaübungen weiterzuhelfen. Aus diesem Grund ist die Technik ohne die Anleitung eines Lehrers, der die Prinzipien des Yoga verwirklicht hat, wertlos. Fehlverhalten gegenüber dieser Wahrheit hat dazu geführt, dass Yoga zu einer Turn- und Sportübung degradiert wurde. Der körperliche und gesundheitliche Nutzen liegt bei vielen Yogaübenden im Vordergrund, während die geistige Entwicklung fast vollkommen vernachlässigt wird.

Die alten Weisen des Ostens haben die Yogatechniken in acht Bereiche unterteilt, die man zusammengefasst *Astanga-Yoga* (achtstufiger Yogaweg) nennt. Die Technik sollte dem Menschen helfen, in allen Bereichen seines Lebens Liebe und Erfüllung zu erhalten. Wie jede Bewegung eines Menschen aus acht Bestandteilen besteht, so besteht auch sein Alltagsleben aus acht Begebenheiten, mit denen er laufend versucht, in Einklang zu gehen. Dies sind:

Alltag	***Dazugehörige Yogastufe***	
Mutter	*Yama*	Kontrolle
Vater	*Niyama*	Disziplin
Freunde	*Asana*	Stellung
Arbeit	*Pranayama*	Atmung
Partner	*Pratyahara*	Zurückziehen der Sinne
Gesellschaft	*Dharana*	Konzentration
Gegenwart	*Dhyana*	Meditation
Glücklichsein	*Samadhi*	Versenkung

Für alle Bereiche des täglichen Lebens haben die alten *Rishis* (Weisen) eine entsprechende Yogatechnik entwickelt, die zusammengefasst in den Schriften als Astanga-Yoga erwähnt ist. Auf die einzelnen Stufen des Yoga, so wie sie oben erwähnt sind, werde ich in den folgenden Kapiteln genauer eingehen. Wer mit den acht Bestandteilen des Alltages in Einklang lebt, wird in der Seligkeit der Seele erwachen und kann über Yogatechniken anderen Menschen helfen, ihr eigenes Leben in Einklang zu bringen. Eine effiziente Yogastunde zeigt sich in der Veränderung der Lebenseinstellung und nur in zweiter Linie in körperlichem Wohlbefinden, da Gesundheit immer das Resultat veränderter Sichtweise sein sollte, ansonsten nur kurzweilig die Krankheit verdrängt wurde. Das Praktizieren des Astanga-Yoga führt den Yogi also über acht Schritte in vollkommene Harmonie mit seinem Umfeld und damit in Einklang mit seiner eigenen Seele.

Yoga und Christentum?

Die Yogaphilosophie ist eine der ältesten Wissenschaften zur Entwicklung der Seele – wie muss sie jedoch angewandt werden? Welche Unterschiede gibt es zwischen unserer westlichen und der östlichen Kultur, wo Yoga schlussendlich seine Wurzeln hat? Das Bewusstsein eines Menschen besteht aus *ich* und *du*, beide bilden Teil der einen Wahrheit. Was durch unseren Körper hindurch geschieht Tag für Tag, bezeichnen wir als *ich*, was ausserhalb von uns geschieht, identifizieren wir als *du*. Der westliche Mensch erfährt sich mehr als *ich* und lebt in der Vorstellung eines getrennten Daseins von seinem Umfeld, während der östliche Mensch sich mehr als *du* oder eben als das wahrnimmt, was geschieht oder von aussen auf ihn zukommt. Deshalb suchen die Christen in ihrer Religion nach dem einen Gott und damit nach dem *du*. Die Hindus verehren eine Vielfalt von Göttern und suchen nach der Wahrnehmung des *ichs*. Dieses Prinzip scheint zuerst sehr schwer verständlich, bildet aber das Grundprinzip des Lebens. Jeden Tag erzeugt die äussere Umwelt Umstände, mit denen wir zurecht kommen müssen, genauso wie wir täglich unserem Umfeld Umstände verursachen. Die östliche Kultur lehrt das Annehmen der Lebensumstände, was zum Leben im *du* führt. Die westliche Kultur lehrt das Verursachen von Lebensumständen an die äussere Gesellschaft, dies führt zum Leben im *ich*. Beide Lebensformen sind ohne ihr Gegenstück unvollkommen und führen nur zusammen zur höchsten Blüte. Zu beachten gilt es lediglich, dass Yoga im östlichen Kulturbereich entstanden ist und demzufolge eine Lebenseinstellung Voraussetzung ist, wo man versucht, die äussere Welt, das *du*, als Leitfaden in die eigene Entwicklung miteinzubeziehen. Übrigens haben alle grossen Lehrer des Christentums ebenfalls auf diese Wahrheit hingewiesen:

Jesus Christus:
Nicht was von aussen kommt, macht unrein, sondern unsere bösen Gedanken aus unserem Innern...

Franz von Assisi:
...nicht dass ich verstanden werde, sondern dass ich verstehe...

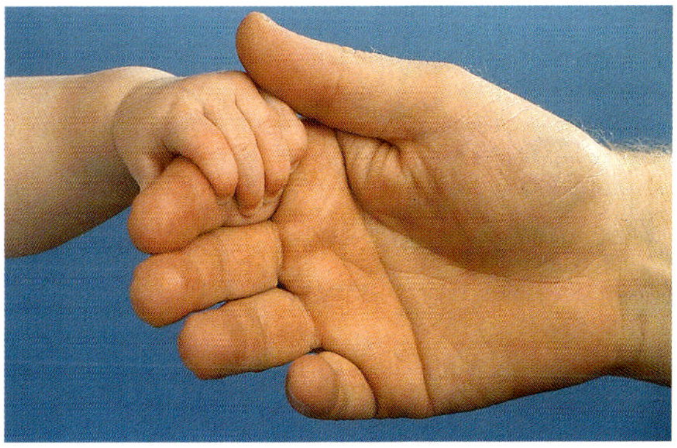

In diesen beiden Aussagen kann man klar erkennen, dass das Integrieren der äusseren Geschehnisse in das eigene Leben eine Voraussetzung ist, um der allumfassenden Christusliebe oder dem Yoga näher zu kommen. Das Praktizieren von Yogaübungen kann also für alle Menschen, ob in Ost oder West, ob Jung oder Alt, von grossem Nutzen sein und zu einer Vollendung des Seelenglücks führen.

Abtei San Galgano, Toskana (I)

Die Beziehung des Menschen zur Schöpfung als Schlüssel zum Seelenglück

Verschiedene Thesen über die Schöpfungsgeschichte

In den indischen Schriften gibt es viele Auffassungen bezüglich Entstehung der Schöpfung. Die drei wichtigsten *Vada* (Thesen) werden wie folgt erklärt:

Srishti-Drishti-Vada **(kontinuierliche Schöpfung)** entspricht in etwa unserer westlichen Denkweise. Srishti-Drishti-Vada geht davon aus, dass ein Schöpfungsakt in Form eines Urknalls stattgefunden hat und der Mensch als Folge einer allmählichen, langsamen Evolution entstanden ist. Srishti-Drishti-Vada bildet das Pendent zur biblischen Schöpfungslehre und stimmt demzufolge mit dem christlichen Weltbild überein. Man geht von einer objektiven Wirklichkeit aus, die von Ursache und Wirkung regiert wird. Schöpfer und Schöpfung werden als getrennt erachtet und die Welt als dualistisch.

Drishti-Srishti-Vada **(gleichzeitige Schöpfung)** geht von der Auffassung aus, dass die Welt existiert, weil sie vom Menschen wahrgenommen wird, und dass ohne eine entsprechende Wahrnehmung auch keine Existenz da wäre. Je mehr der Mensch in seinem Geiste diese Welt wahrzunehmen beginnt, desto mehr existiert sie in seinem Bewusstsein als seine Weltvorstellung. Auch diese Philosophie kann man als verständlich erachten, erklärt sie uns doch, wieso für einen Menschen die Welt nicht von Geburt an existiert, sondern erst nachdem er beginnt, sie wahrzunehmen. Dies geschieht erst im zweiten oder dritten Lebensjahr vollständig. Deshalb beginnt bei vielen Menschen die Erinnerung an eine Welt erst in diesen Lebensjahren. Natürlich geht man bei Drishti-Srishti-Vada davon aus, dass die Welt erst durch Wahrnehmung entsteht und demzufolge kein vorgängiger Schöpfungsakt existiert. Für uns westliche Kopfmenschen scheint dies schwer nachvollziehbar, und doch hat diese Auffassung ihre Gültigkeit.

Aja-Srishti-Vada **(nicht geborene Schöpfung)** negiert das Entstehen oder Vorhandensein einer Schöpfung. Diese Aussage mag vielen Menschen unverständlich sein, da man sich auf die grobstoffliche Schöpfung abstützt und sich fragt, wie es möglich sei, ihre Existenz zu leugnen. Man kann diese Auffassung nur verstehen, wenn wir die Sache von der geistigen Ebene her betrachten. Aja-Srishti-Vada spricht von einer Wirklichkeit, zu der auch die Schöpfung gehört, nämlich die Wirklichkeit des Selbstes, der Seele oder Gottes. Wenn nun die Schöpfung zu dieser einen ewigen Wirklichkeit gehört, kann sie nie in Raum und Zeit entstanden sein und entbirgt dieser Faktoren, da sie Teil der Ewigkeit oder des eigenen Selbstes ist. Aja-Srishti-Vada würde vielleicht erklären können, wieso jegliche Vorstellung einer Welt immer wieder zur Auflösung und Veränderung gelangen muss und keine langfristige Wirklichkeit darstellt. Schlussendlich erinnert sich ein Mensch an die glücklichen Tage seines Lebens, als die Welt in Ordnung war und Teil seines Selbstes ausmachte.

Diese verschiedenen Auffassungen bezüglich Sinn und Entstehung der Schöpfung mögen den Menschen zu Beginn ein wenig irritieren. Bei genauerem Betrachten kann man jedoch feststellen, dass alle Ansichten etwas Faszinierendes haben und keine der Philosophien unserer eigenen Anschauung völlig fremd ist.

Um die nachfolgende Schöpfungsgeschichte besser verstehen zu können, muss man erkennen, dass alle drei Schöpfungsphilosophien ihre Gültigkeit haben und es jeweils von der Entwicklung des Menschen abhängt, wie er diese Welt wahrnimmt. Man wird durch die spirituelle Entwicklung von alleine von der ersten zur dritten Auffassung gelangen. Ich habe versucht, in meiner Schöpfungslehre alle drei Philosophien einzubinden, um aufzuzeigen, dass es nicht um Widersprüche geht, sondern um eine normale Abfolge der Wahrnehmung auf dem spirituellen Weg.

Alle Ursprünge der Schöpfungslehre weisen darauf hin, dass zu Anbeginn das Unteilbare Selbst, Gott oder das Absolute, bereits war. Der Anfang der Evolution wird dort gesehen, wo im Allerhöchsten der Wunsch nach Vielfalt entstand und damit die erste Ursache der Schöpfung. Der Unterschied zwischen den drei Hauptthesen über die Schöpfung besteht letztendlich nur darin, was oder wer nun wirklich geschöpft wurde. Bringt der Urknall und die nachfolgende Evolution des Universums eine individuelle Seele hervor, die selbstständig agieren und handeln kann (Srishti-Drishti-Vada), oder existiert nur ein Selbst, das sich über verschiedene Formen und Wesen ausdrückt und sich im Menschen vollständig widerspiegeln kann (Aja-Srishti-Vada), vergleichbar der Sonne, die immer nur eine bleibt, sich aber in Millionen von Seen widerspiegeln kann?

Schaut der Betrachter (die individuelle Form) auf den See, so identifiziert er die Sonne mit dem See und durchschaut die Wahrheit nicht – dadurch entsteht das Weltbild einer dualistischen Schöpfung (Srishti-Drishti-Vada). Heben wir nun den Kopf nach oben, erkennen wir, dass ohne Sonne auch keine Reflektion auf der Wasseroberfläche stattfinden kann (Drishti-Srishti-Vada). Verschwindet das Sonnenlicht vollständig, erkennen wir auch keinen See mehr, da sich vor unseren Augen ohne Sonne auch der See auflöst (Aja-Srishti-Vada). Die grobstoffliche Schöpfung ist also das Absolute selbst, es verleiht sich darin über die Form individuellen Ausdruck, bleibt aber dennoch immer das Ganze. Realität ist jedoch immer die Einheit und nicht die Dualität. Die Schöpfung erscheint dem Unwissenden als dual, ist jedoch für den Wissenden immer das eine unwandelbare Selbst. Da es der individuellen Form nie möglich ist, vollständigen Ausdruck des Absoluten zu manifestieren (da die Form zur Vielfalt geschaffen wurde), entsteht eine endlose Kette von Geburt und Tod der individuellen Form, um dem Göttlichen Ausdruck zu verleihen. Es ist jedoch nicht das Selbst, das geboren wird und stirbt, sondern der Geist oder der Körper. Die Vorstellung, an diesen Körper gebunden zu sein und damit in die Täuschung von Geburt und Tod zu fallen, entsteht durch die Anhaftung des Selbstes an den Körper. Diese Anhaftung erfolgt während der Entstehung der menschlichen Form, bei der sich das Selbst fälschlicherweise mit dem Körper zu identifizieren beginnt. Da diese Verbindung jedoch eine Illusion darstellt, erhält der Mensch gleichzeitig auch die rettendenden Fähigkeiten der Tugenden und der Liebe, die ihn aus dieser Täuschung befreien können.

Der Kampf dieser beiden Seiten des Menschen ist Thema jeder Religion und jeder geistigen Entwicklung. Die Religion macht es sich zur Aufgabe zu erläutern, wie man die Tugenden und die Liebe als Gegenmittel zur Täuschung richtig einsetzt. Der Mensch hat aber die freie Wahl, in der Täuschung und Unwissenheit weiterzuleben oder sich aus ihr zu befreien. Tut er nichts für seine wahre Identität, leidet er unter Unzufriedenheit, Sorgen und Ängsten und ist dem Zyklus von Geburt und Tod unterworfen. Wehrt er sich dagegen und erhebt sich über die Illusion, so erfährt er sich als unsterbliches Selbst, ewigen Frieden und Glückseligkeit.

Die ganze Schöpfung ist Ausdruck göttlicher Liebe und Freude und ist in ihrem Aufbau von höchster Vollkommenheit und Präzision. Wie entsteht nun also die Natur mit allen ihren wunderbaren Facetten, Formen und Wesen?

Entstehung von Schöpfung und Mensch

Gemäss der biblischen Schöpfungsgeschichte schuf Gott oder Brahman die Welt in sieben Tagen. Zum besseren Verständnis folgt zuerst eine kurze Auflistung über die entsprechenden biblischen Geschehnisse sowie Hinweise in Bezug auf die spirituelle Deutung, auf die ich nachfolgend im Detail eingehen werde.

1. Tag
Am Anfang schuf Gott Himmel und Erde. Und die Erde war wüst und leer, und es war finster auf der Tiefe ... Und Gott sprach: Es werde Licht! Und es ward Licht. ... und Gott schied das Licht von der Finsternis und nannte das Licht Tag und die Finsternis Nacht.
1. Mose 1,1–5

Indem Gott das Licht von der Finsternis schied, erzeugte er aus sich Selbst eine zweite individuelle Form. Das Universum sowie unser Planet sind entstanden.

2. Tag
Da machte Gott die Feste und schied das Wasser unter der Feste von dem Wasser über der Feste. Und Gott nannte die Feste Himmel. *1. Mose 1,7–8*

Um den Planeten entstand eine Atmosphäre sowie das Himmelszelt.

3. Tag
Und Gott nannte das Trockene Erde, und die Sammlung der Wasser nannte er Meer. Und Gott sprach: Es lasse die Erde aufgehen Gras und Kraut, das Samen bringe, und fruchtbare Bäume auf Erden, die ein jeder nach seiner Art Früchte tragen, in denen ihr Same ist.
1. Mose 1,10–11

Am dritten Tag entstand die Mineral- und Pflanzenwelt und damit auch der Sauerstoff.

4. Tag
Und Gott sprach: Es werden Lichter an der Feste des Himmels, die da scheiden Tag und Nacht und geben Zeichen, Zeiten, Tage und Jahre... *1. Mose 1,14*

Nicht nur Himmelskörper, sondern auch Wetter und Klima wurden an diesem Tage manifestiert.

5. Tag
Und Gott sprach: Es wimmle das Wasser von lebendigem Getier, und Vögel sollen fliegen auf Erden unter der Feste des Himmels. *1. Mose 1,20*

Gott erschuf Wassertiere und Vögel und damit das Vertikalprinzip oder die Abstossungskraft, ohne die qualitatives Leben unmöglich wäre.

6.Tag

Und Gott sprach: Die Erde bringe hervor lebendiges Getier, ein jedes nach seiner Art... Und Gott sprach: Lasset uns Menschen machen, ein Bild, das uns gleich sei, die da herrschen über die Fische im Meer und über die Vögel unter dem Himmel... Und Gott schuf den Menschen zu seinem Bilde, zum Bilde Gottes schuf er ihn; und schuf sie als Mann und Weib. *1. Mose 1,24–27*

Damit schuf Gott das Horizontalprinzip oder die Anziehungskraft, ohne die quantitatives Leben nicht entstehen könnte.

7. Tag

Und so vollendete Gott am siebenten Tage seine Werke, die er machte, und ruhte am siebenten Tage von all seinen Werken, die er gemacht hatte. Und Gott segnete den siebenten Tag und heiligte ihn, weil er an ihm ruhte von all seinen Werken... *1. Mose 2,2*

Vollendung entsteht also, wenn man an einem Werke zu ruhen beginnt, das heisst Frieden und Glück entstehen nur dann, wenn wir uns mit den Werken unseres Lebens vollständig verbinden und uns selbst darin erkennen. Dadurch beteiligen wir andere Menschen an unserem Leben und Verbindung, beziehungsweise Atem entsteht. Gott schuf also den Atem und damit das Leben.

Um unsere biblische Schöpfungsgeschichte richtig zu verstehen, braucht es göttliche Inspiration und Vorstellungskraft. Bei den oben erwähnten Bibelstellen geht es nicht, wie viele glauben, um die Entstehung des Menschen, sondern um die Entstehung unseres Planeten, der die Grundlage allen Lebens darstellt. Was aus diesem Planeten hervorgeht, wird schlussendlich dieselbe göttliche Handschrift in sich tragen wie die Erde selbst. In der Bibel wird die Entstehung des Menschen erst nach der Schöpfungsgeschichte im Kapitel Paradies beschrieben. Dort steht geschrieben:

Es war zu der Zeit, da Gott der Herr Erde und Himmel machte. Und alle die Sträucher auf dem Felde waren noch nicht auf Erden, und all das Kraut auf dem Felde war noch nicht gewachsen; denn Gott der Herr hatte noch nicht regnen lassen auf Erden, und kein Mensch war da, der das Land bebaute; aber ein Nebel stieg auf von der Erde und feuchtete alles Land. Da machte Gott der Herr den Menschen aus Erde vom Acker und blies ihm den Odem des Lebens in seine Nase. Und so ward der Mensch ein lebendiges Wesen.

1. Mose 2,5–7

Die sieben Schöpfungstage beziehen sich also auf die Entstehung des Universums und der Erde, während im Kapitel *Paradies* die Entstehung des Menschen beschrieben wird. Nun werde ich die sieben Schöpfungstage erläutern, so wie sie auch in der indischen Philosophie (Srishti-Drishti-Vada) verstanden werden.

1. Tag

Der erste Tag beschreibt, wie am Anfang Gott oder Brahman allein existierte, alles durchdringend und glücklich, doch sehnte er sich nach zunehmender Seligkeit. Der Urknall sowie das Entstehen seines Wunsches nach zunehmendem Glück und demzufolge Vielfalt repräsentieren den gleichen Zeitpunkt. Sobald aus eins zwei werden, gibt es Dualität und verschiedene Betrachter, die sich wahrnehmen, und somit ein sichtbares Universum. In diesem Stadium entsteht also die **Form des Universums** oder die Grundidee der zunehmenden Seligkeit. Der Mensch, der als Ebenbild Gottes oder Brahmans geschaffen wurde, muss in seiner ganzen Natur genauso sein wie das Universum oder sein Schöpfer. Gibt es eine Idee im Kopf eines Menschen, die nicht neues Glück verspricht? Hätte unser Schöpfer aus einem anderen Grund das Universum erschaffen, dann wären wir wohl kaum fähig, in jeder Idee oder jeder Form neues Glück zu suchen. Feinstofflich entsteht die Form des Universums, während auf der spirituellen Ebene die **Liebe** erwacht.

2. Tag

Am zweiten Tag entstehen **Himmel und Atmosphäre**. Die Entstehung des Himmels bedingt Ausdehnung des Lichtes oder demzufolge Bewegung. Gottes Wunsch nach Seligkeit erstreckt sich natürlich auf die ganze Unendlichkeit und Ewigkeit seines Wesens, deshalb ist das sichtbare Universum einer stetigen Ausdehnung unterworfen. Der Wunsch Gottes nach ewig steigender Seligkeit ist unendlich und fortwährend. Da sein Wesen unendlich ist, kann dieser Wunsch nie zur völligen Auflösung gelangen, und so bleibt das Universum, wie die Inder sagen, *sein ewiges Lila.* Alles Sichtbare ist aus Brahman hervorgegangen und wird sich in Brahman wieder auflösen. Da sein Wesen ewige Unendlichkeit ist, entsteht daraus die sich ewig wandelnde Natur. Die Natur strebt nach Wiedervereinigung mit dem Absoluten und ist deshalb ewiger Wandlung und Bewegung unterworfen. Beides kann ohne das andere nicht existieren, und ewige Seligkeit entsteht nur, wenn sich die Stille der Einheit mit der Freude der Vielfalt verbinden kann.

Auf der menschlichen Ebene wirkt der zweite Schöpfungstag folgendermassen: Sobald eine Idee unseren Kopf erreicht, denken wir über ihre Umsetzung nach (Ausdehnung des Himmels). Gleichzeitig sind wir aber versucht, das neue Glück mit den bestehenden Begebenheiten zu verbinden, da ansonsten kein längerfristiges Glück möglich wird. So werden wir also automatisch darüber nachdenken, wie sich unsere Ideen mit unserem Umfeld (Familie und Freunde) vertragen werden, da nur durch diese Verbindung echte Freude möglich wird (Verbindung von Vielfalt und Einheit oder das Entstehen der Atmosphäre). Wir erkennen also, dass Bewegung gebunden ist an Alt und Neu oder an Himmel und Atmosphäre und dass wir uns erst dann bewegen können, wenn eine Idee vorliegt, die auch jemandem dient. Was Himmelszelt und Atmosphäre stofflich darstellen, das ist geistig gesehen die **Intelligenz**.

3. Tag

Der dritte Tag spricht von Erde und Meer sowie von der Entstehung von Samen, Pflanzen, Bäumen und Früchten. Um das Geschehene verstehen zu können, müssen wir uns auf die beiden vorangegangenen Tage zurückbesinnen. Die Erde steht hier symbolisch für den ersten Tag, also für Form und Liebe. Das Meer repräsentiert den zweiten Tag, also Atmosphäre und Intelligenz. Der statische, kraftvolle Zustand der Liebe wird durch die Erde dargestellt, während die Dynamik und Bewegung des Intellekts durch das Meer symbolisiert wird. Nur zusammen sind sie in der Lage, einen Samen und damit eine Frucht hervorzubringen.

Beim dritten Tag geht es also um das harmonische Zusammenwirken der beiden grössten menschlichen Tugenden, der Liebe und der Intelligenz. Aus dieser Zusammenarbeit entstehen auf der grobstofflichen Ebene **Sauerstoff** sowie das Element **Äther**, was auf der geistigen Ebene das Entstehen der **Willenskraft** bedeutet. Die Willenskraft steht für die Samen der Pflanzen und Bäume, ohne die kein Wachstum möglich ist, weder materiell noch spirituell. Je mehr der Mensch also bereit ist, Ideen zum Wohl seiner Mitmenschen zu verwirklichen (Intelligenz und Liebe), desto grösser ist seine Willenskraft. Der Grund, warum hier nicht wie beim ersten und zweiten Schöpfungstag Liebe und Intelligenz durch Licht und Himmel beschrieben werden, deutet daraufhin, dass der dritte Tag eine neue Ebene manifestiert. Licht und Himmel sind feinstofflicher Natur, während Sauerstoff und Äther nun die grobstoffliche Ebene anzeigen. Um dies zu verdeutlichen, wurden die Begriffe verändert. Dadurch wird auch klar, dass sowohl das feinstoffliche Licht und die grobstoffliche Erde als auch der Himmel und das Meer schlussendlich das Gleiche sind: Sie werden aufgrund der neuen Ebene nur unterschiedlich wahrgenommen.

4. Tag

Der vierte Tag berichtet von der Entstehung der Himmelskörper, die die Zeiten und Tage bestimmen. Das Wesentliche bei diesem Schöpfungstag ist das Hinzukommen der Himmelskörper, also der Sterne und Planeten, die von nun an unser Licht und unsere Zeit darstellen. Von jetzt an gibt es also eine Zeit, nach der wir uns richten müssen. Auch dieser Tag kann nur verstanden werden, wenn wir uns den vorhergehenden Tag noch einmal vergegenwärtigen. Durch die Willenskraft des dritten Tages haben wir uns ein Ziel gesetzt, für das wir in Bewegung gehen müssen. Der vierte Tag spricht von dieser Bewegung, die jedoch an die vorangehende Willenskraft gebunden ist, ohne die wir nichts vollbringen können. Die Willenskraft erscheint auf der Schöpfungsebene des vierten Tages in Form eines Himmelskörpers, um der sich bewegenden Menschheit als Wegweiser und Leitfaden zu dienen. Die Sterne und Planeten stehen für die Willenskraft, die uns in jede Bewegung des Lebens führt und begleitet. Durch den vierten Schöpfungstag entstehen also äussere Einflüsse, die uns leiten und Spiegelfunktion für unser Tun übernehmen. Es entsteht ein Klima, das so gut oder so schlecht ist wie das Zusammenwirken der beiden Polaritäten, die wir *ich* und *du* nennen.

Der vierte Tag bringt, materiell gesehen, das Element **Luft** hervor, das Wetter und Klima bestimmt. Aus spiritueller Sicht steht der Wind für **Bewegung und Handlungskraft,** ohne die keine Individualität manifestiert werden könnte. Interessant ist vor allem die Entstehung des Faktors Zeit, welcher darauf hindeutet, dass jede individuelle Bewegung Anfang und Ende haben wird und folglich dem Prinzip von Geburt und Tod unterworfen ist.

Die Himmelskörper stehen symbolisch für die Reinheit des Herzens, nach der wir uns bewegen sollten, da wir sonst unter Geburt und Tod leiden werden. Die Klimaveränderungen sowie die zunehmenden Naturkatastrophen geben Zeugnis von einer Menschheit, die nur an sich selbst denkt und das Wohl des Mitmenschen vernachlässigt. Ein dankbares, liebevolles Herz würde also nicht nur menschlich ein gutes Klima bewirken, sondern auch die Natur besänftigen, die schliesslich in jeder Bewegung parallel zum Menschen mitläuft.

5. Tag

Am fünften Tag wurden Wassertiere und Vögel erschaffen. Dies ist eine Fortsetzung des vierten Tages und zeigt auf, dass aus der Bewegung eine Richtung entsteht, in diesem Falle eine Vertikale. Die Tiere verkörpern die erste Form der Bewegung und repräsentieren in ihrer Art jeweils ganz bestimmte Eigenschaften, um die es hier geht. So können wir feststellen, dass eine Hauskatze für Eigenwilligkeit steht, ein Hund für Treue usw. Die Wassertiere und Vögel verkörpern das Vertikalprinzip und damit auch die Abstossungskraft.

An diesem fünften Schöpfungstag entsteht, grobstofflich betrachtet, das Element **Feuer**. Geistig spricht man von der Entstehung des **Nehmen**. Die Wassertiere und Vögel sind stumme Zuhörer und symbolisieren beim Menschen die Aufnahme- und Lernfähigkeit. Die erste Richtung der individuellen Bewegung wird sich also als Lernen und Zuhören manifestieren, was manchmal so schmerzhaft und unbequem ist wie der Umgang mit Feuer. Sobald diese Tugenden entwickelt sind, geht die Bewegung des Lebens von alleine in die nächste Richtung, die durch den sechsten Tag erläutert wird. Auf der menschlichen Ebene kann dieser Prozess relativ einfach nachvollzogen werden, da am Beginn des Lebens immer die Erziehung und Schulung des Menschen im Mittelpunkt steht, was aber schliesslich zur Pubertät und damit zu Abstossung und Loslösung führt.

Wir können nun nachvollziehen, dass zu viel Erziehung und Ausbildung und zu wenig Lebensqualität zu einer immer früher pubertierenden Jugend führt, die schon in frühen Jahren den nächsten Schritt der Unabhängigkeit sucht. Ein chinesisches Sprichwort sagt *wer zu wenig aufnimmt in der Jugend, dem mangelt im Alter.* Wir, Mütter und Väter, müssen also etwas tun, um mehr Qualität zu erreichen, damit unsere Kinder an Kraft und Stabilität gewinnen.

6. Tag

Dieser Tag bringt Landtiere sowie den Menschen hervor. Der Mensch, der zu Gottes Ebenbild, als Frau und Mann, geschaffen wurde, soll über die Tiere herrschen. Der sechste Schöpfungstag ist die Fortsetzung des fünften Tages. Deshalb spricht man bei den Landtieren von der Entstehung des Horizontalprinzips oder der Anziehungskraft, was grobstofflich das Element **Wasser** und geistig das Prinzip des **Gebens** bedeutet. Landtiere sind verspielter und kontaktfreudiger als Wassertiere und stehen deshalb im Menschen für die Fähigkeit des Sprechens und Kommunizierens. Viele kennen bestimmt die Redewendung *er spricht wie ein Wasserfall*, was die Verbindung zum Element Wasser klar aufzeigt. Jede Form der Kommunikation ist gebunden an vorangehendes Lernen und Erfahren, da wir sonst nur leere Worte sprechen würden. Das Prinzip des Nehmens geht also dem Prinzip des Gebens klar voran, wie dies im fünften und sechsten Schöpfungstag beschrieben wird.

Wofür steht nun der Mensch, der nach den Landtieren am Ende der Schöpfungskette erschaffen wurde? Der Mensch verkörpert, nachdem die Landtiere das Prinzip des Gebens manifestieren, die Harmonie und Zusammenarbeit von Nehmen und Geben und wird deswegen als Frau und Mann erschaffen, was bedeutet, dass die Frau im Menschen das Nehmen darstellt und der Mann im Menschen das Geben. Wir alle sind jedoch Menschen und besitzen Frau und Mann als Teil unseres Wesens. Nur so können wir die Worte des Apostels Paulus richtig verstehen, der uns lehrte: *Ich lasse Euch aber wissen, dass Christus das Haupt eines jeden Mannes ist, der Mann aber ist das Haupt der Frau, Gott aber ist das Haupt Christi... (1. Korinther 11,3).* Die Aussage von Paulus bedeutet, dass ein Mensch, der nicht zuerst zuhören lernt (Frau), auch nicht klar kommunizieren kann (Mann). Ohne diese beiden Tugenden kann niemand die Wahrheit (Christus), die zur Seligkeit (Gott) führt, verwirklichen. Im Alltag beginnt das Prinzip der Kommunikation mit der Pubertät; sie führt den Menschen allmählich in die Welt der Erwachsenen. Der Mensch wird als Ebenbild Gottes bezeichnet, weil er das letzte Glied in der Schöpfungskette darstellt und durch harmonisches, selbstloses Nehmen und Geben der Natur gleich wird und damit die Möglichkeit besitzt, Gottesbewusstsein vollkommen widerzuspiegeln. Wie diese Verbindung zum Schöpfer erreicht wird, erklärt der siebte Tag.

7. Tag

An diesem Tage vollendet Gott die Schöpfung, indem er an seinem Werke zu ruhen beginnt. Er segnet diesen Tag und heiligt ihn. Diesem letzten Schöpfungstag wird heute in Form des wöchentlichen Ruhetages, des Sonntages oder des Sabbats, Rechnung getragen. Die wichtigste Aussage des siebten Tages besteht darin, dass die Schöpfung erst durch das Ausruhen am Werke Vollendung erhält und eben nicht, wie man vermuten könnte, nur durch die blosse Fertigstellung. Damit wir die wahre Bedeutung dieses Ausruhens verstehen können, müssen wir uns auf die letzten beiden Tage zurückbesinnen, bei denen Nehmen und Geben entwickelt wurden. Nehmen und Geben verbinden den Menschen mit Hab und Gut oder mit Lohn, Familie und Freunden. Diese äusseren Bequemlichkeiten erhält er, damit er sich an seinen täglichen Arbeiten erholen kann und dadurch glücklich wird. Geleistete Arbeit, an der man glücklich wurde, überträgt sich auf unser Umfeld und bildet demzufolge Nahrung und Kraft für unsere Mitmenschen. Die jüngere Generation bekommt schlussendlich so viel Boden und Kraft, wie die älteren Menschen an ihren Erfahrungen des Lebens glücklich geworden sind. Je mehr wir uns an materiellem Wohlstand und an Besitz festhalten, desto unglücklicher werden wir durch die täglichen Pflichten und Arbeiten. Schliesslich wird uns alles im Leben zu viel, und wir sind wegen unserer Unzufriedenheit nicht in der Lage, anderen Menschen Lebenskraft zu spenden. Die Wurzel aller dieser Probleme liegt im Beanspruchen und Besitzen-Wollen von Dingen, die immer nur Gott gehören und dafür da sind, Lebensfreude zu geniessen und nicht, um sich daran zu vergreifen.

Dieser siebte Tag bringt materiell das Element **Erde** hervor, das den Boden jeglichen Wachstums bildet. Aus spiritueller Sicht findet hier eine Rückverbindung mit der Quelle des Lebens statt, da an allem geruht wird, was geschaffen wurde. Schöpfer und Schöpfung oder Innen und Aussen verbinden sich von neuem, wodurch **Vielfalt** und damit **Atem** entsteht. Das individuelle Leben beginnt und wird angetrieben durch die **Seligkeit und Freude** der vollendeten Beziehung zwischen Schöpfer und Schöpfung. Jede nun beginnende Lebensform zeugt von dieser Freude und strebt nach Verwirklichung derselben Seligkeit.

Die Schöpfungslehre der Bibel ist also, wie vorangehend erläutert, eine äusserst genaue Beschreibung der Entstehung des Universums sowie unseres Planeten Erde. Sie erklärt uns, wie aus dem *Geiste* Gottes die Dualität und damit die Schöpfung sowie jegliche Form des individuellen Lebens entstanden sind. Die sieben Schöpfungstage stehen grundsätzlich für die Entstehung des Planeten Erde. Da aber jede individuelle Lebensform denselben Schöpfungsvorgang wie die Erde in sich trägt, kann man die Schöpfungslehre auf jede Form des Lebens übertragen. Wie sich dieser Vorgang innerhalb des menschlichen Lebens entfaltet, habe ich in meinen Erläuterungen darzulegen versucht. Bevor nun aber der Mensch aus dem Evolutionsprozess der Erde hervorgehen kann, müssen zuerst andere Lebensformen entstehen. Wie dies nun vor sich geht, zeigt uns die Bibelstelle über das Paradies: *Da machte Gott, der Herr, den Menschen aus Erde vom Acker und blies ihm den Odem des Lebens in seine Nase... (1. Mose 2,7).* Hier geschieht genau dasselbe wie am Ende des siebten Schöpfungstages, wo Gott an seinem Werke zu ruhen beginnt. Es entstehen individuelles Leben, Vielfalt und Atem. Vielfalt bedeutet, dass der *eine* Geist Gottes sich durch viele manifestiert, und somit einen unsterblichen, individuellen Teil seiner Selbst, nämlich die Seele, schöpft. Die Verbindung Gottes oder Brahmans mit der individuellen Seele wird durch das Vorhandensein des Atems angezeigt. Schwindet der Atem, so kehren wir in die Hände Gottes zurück und vereinen uns durch den physischen Tod wieder mit dem allumfassenden Geist. Die individuelle Seele strebt nach Wiedervereinigung mit dem Universellen, was den nun folgenden Evolutionsprozess der Seele auslöst.

In den indischen Schriften steht geschrieben, dass die Seele 800 000 verschiedene Lebensformen annehmen muss, bevor sie sich in einem menschlichen Körper manifestieren kann. In der Bibel heisst es, Gott schuf den Menschen vom Acker der Erde, was wiederum darauf hindeutet, dass der Mensch als Resultat einer langen Evolutionskette aus dem Element Erde hervorgegangen ist. Sowohl die indischen Schriften als auch die Bibel widersprechen also den heutigen wissenschaftlichen Schöpfungstheorien in keiner Art und Weise. Gemäss den indischen Schriften durchläuft die Seele zuerst 72 000 Urformen der Mineral- und Pflanzenwelt und entwickelt dadurch die erste Form des Atems, nämlich das Ausatmen. Auf der tierischen Ebene folgen nun ebenfalls 72 000 Bewegungsformen, die das Einatmen entwickeln. Auf der menschlichen Ebene bilden die Urformen das Nervensystem, während die Bewegungsformen den Blutkreislauf symbolisieren. Die Urformen stehen auch symbolisch für die Wünsche im Menschen, während der Blutkreislauf für seine Beweglichkeit steht. Wenn wir uns die heutigen Redewendungen wie *es geht mir auf die Nerven...*, oder bei akutem Herzschlag *es regt mich auf...*, vergegenwärtigen, können wir nachvollziehen, dass diese mit den oben erwähnten Aussagen übereinstimmen.

Der Mensch hat im Gegensatz zu allen anderen Wesen die Möglichkeit, sich bewusst mit dem Göttlichen zu vereinen. Er bildet das letzte Glied der Evolution und verkörpert die Vollendung der individuellen Lebensform. Die Atmung des Menschen besteht aus drei Komponenten, nämlich: Ausatmung, Einatmung und Atemanhalten. Je ausgeprägter das Atemanhalten in einem Atemzug vorhanden ist, desto ausgeprägter ist der Frieden und das Glück des Menschen. Die indischen Schriften weisen darauf hin, dass die Seele viele Inkarnationen benötigt, bevor sie in der Lage ist, die bewusste Wiederverbindung zum Universellen, zum Göttlichen, herzustellen. Auf der menschlichen Ebene besitzen wir vollständige Bewegungsfreiheit und müssen nun lernen, diese zum Wohl unseres Umfeldes einzusetzen. Dies ist die einzige Möglichkeit, sich mit dem Absoluten wieder zu vereinen, da die Natur, der Mitmensch und unser Umfeld mit dem Göttlichen gleichzustellen sind. Vielfalt und Einheit sind letztlich dasselbe. Die eigenen Wünsche stehen uns dabei natürlich im Wege, und wir müssen um der Liebe willen bereit sein, unser Ego zu überwinden. Wie sagt uns Jesus Christus:

Was ihr dem geringsten meiner Brüder tut, das habt ihr mir getan... (Matthäus 25,40) oder eben *Liebe deinen Nächsten als dein Selbst.*

Durch den Kreislauf von Geburt und Tod werden wir geläutert, sodass wir uns bereitwillig und aus freiem Willen in den Dienst des Mitmenschen und damit in Gottes Dienst stellen, was uns Erlösung und Seligkeit bescheren wird. Um Seligkeit und Befreiung zu erreichen, muss jedoch jedes persönliche Verlangen erloschen sein. Dies wird in der Johannesoffenbarung wie folgt beschrieben: *Und ich sah, und siehe, das Lamm stand auf dem Berg Zion und mit ihm hundertvierundvierzigtausend, die hatten seinen Namen und den Namen seines Vaters geschrieben auf der Stirn... (Offenbarung 14,1).* Die Offenbarung nach Johannes beschreibt die Wiederverbindung der Seele mit dem allumfassenden göttlichen Bewusstsein. Die oben erwähnte Bibelstelle besitzt Schlüsselcharakter, weil sie die letzten Aussagen bezüglich dieser Verschmelzung beinhaltet. Das Lamm steht hier symbolisch für die Seele, die nun in allem nur noch dem Mitmenschen und somit dem Göttlichen dient. Alle Wünsche (72 000 Urformen) und Bewegungen (72 000 Urbewegungen) sind durchdrungen von Liebe und Selbstlosigkeit; dadurch vereint sich die Seele mit dem Göttlichen und lebt fortan in ewiger Glückseligkeit.

Der Mensch als Lebewesen trägt demzufolge alle vorherigen Entwicklungsstufen in sich und manifestiert von der Zeugung bis zum Erwachsensein dieselben Schöpfungsvorgänge, die auch der Natur zugrunde liegen. Eizelle und Samen stehen symbolisch für die ersten beiden Schöpfungstage, die auf der feinstofflichen Ebene liegen und den physischen Augen verborgen sind. Eizelle und Samen bilden zusammen das verlängerte Mark und bauen das Gehirn und den Körper auf. Die Eizelle steht für die Liebe und somit für den ersten Tag, während der Samen die Intelligenz darstellt oder eben den zweiten Tag. Die ersten neun Monate im Mutterleib deuten auf die unsichtbare und feinstoffliche Ebene hin. Die Nabelschnur, die nach der Geburt des Kindes abgetrennt wird, symbolisiert den dritten Tag und somit die Willenskraft. Nun beginnt das Kind zu atmen und holt Luft für den ersten Schrei, dies steht für den vierten Tag oder die Handlungskraft. Das Stillen des Kindes steht für das Nehmen oder den fünften Tag. Das Greifen nach den ersten Gegenständen sowie das dazugehörende Wegwerfen symbolisieren das Geben und damit den sechsten Tag. Das Kind beginnt zu gehen und das persönliche Lebensabenteuer beginnt, dies repräsentiert den siebten Tag. Bis zur Vollendung des ersten Altersjahres wiederholt sich der Schöpfungsprozess ein erstes Mal und bringt einen vollkommenen Menschen hervor, der die Einheit der Natur mit dem Mensch manifestiert.

Der individuelle Schöpfungsprozess, das persönliche Leben der Vielfalt, beginnt nun mit dem zweiten Zyklus und dauert bis zum Erwachsensein. So leben wir zuerst im geborgenen Zuhause, dann werden wir durch die Schulpflicht in unser Umfeld geboren und lernen Schritt für Schritt, uns in dieser Welt zu bewegen. Der Schöpfungsprozess wiederholt sich also zweimal innerhalb jeder Lebensform. Dies ist logischerweise so, da Vielfalt ohne Einheit gar nicht existieren könnte. Der erste Schöpfungsprozess repräsentiert die Einheit, in der die Natur die Grundlage des Lebens bildet. Der zweite Schöpfungsprozess symbolisiert den Weg des individuellen Lebens. Da alle diese Vorgänge innerhalb des einen göttlichen Bewusstseins stattfinden, ist es klar, dass dieselben zwei Prozesse innerhalb jeder Lebensform stattfinden müssen, da wir nur so die Möglichkeit haben, Vollendung zu verwirklichen. Wie kommt es nun dazu, dass wir leiden müssen an Unwissenheit und Unzufriedenheit, an Krankheiten und an Todesangst? Wie sind die beiden anderen Schöpfungstheorien (Drishti-Srishti-Vada und Aja-Srishti-Vada) zu verstehen?

Die ewige Suche des Menschen

Hier werden wir den zweiten Schöpfungsprozess, den des individuellen Lebens, genauer betrachten. Wir wollen verstehen, warum der Mensch einer ewigen Suche nach Frieden und Glück unterworfen ist und weshalb er nie ans Ziel gelangt.

Auch im christlichen Glauben geht man von einer Suche des Menschen aus, die gemäss der Bibel ihren Anfang im Sündenfall von Adam und Eva hat. Die bildhaften Darstellungen dieser Erzählung können uns sehr viel über das Geheimnis des menschlichen Lebens offenbaren. Deshalb möchte ich diese Stelle wiedergeben:

Sündenfall

Aber die Schlange war listiger als alle Tiere auf dem Felde, die Gott der Herr gemacht hatte, und sprach zu dem Weibe: Ja, sollte Gott gesagt haben: Ihr sollt nicht essen von allen Bäumen im Garten?

Da sprach das Weib zu der Schlange: Wir essen von den Früchten der Bäume im Garten; aber von den Früchten des Baumes mitten im Garten hat Gott gesagt: Esset nicht davon, rühret sie auch nicht an, dass ihr nicht sterbet!
Da sprach die Schlange zum Weibe: Ihr werdet keineswegs des Todes sterben, sondern Gott weiss: An dem Tage, da ihr davon esset, werden eure Augen aufgetan, und ihr werdet sein wie Gott und wissen, was gut und böse ist.
Und das Weib sah, dass von dem Baum gut zu essen wäre und dass er eine Lust für die Augen wäre und verlockend, weil er klug machte. Und sie nahm von der Frucht und ass und gab ihrem Mann, der bei ihr war, auch davon, und er ass.
Da wurden ihnen beiden die Augen aufgetan, und sie wurden gewahr, dass sie nackt waren, und flochten Feigenblätter zusammen und machten sich Schurze.
Und sie hörten Gott den Herrn, wie er im Garten ging, als der Tag kühl geworden war. Und Adam versteckte sich mit seinem Weibe vor dem Angesicht Gottes des Herrn unter den Bäumen im Garten.
Und Gott der Herr rief Adam und sprach zu ihm: Wo bist du?
Und er sprach: Ich hörte dich im Garten und fürchtete mich; denn ich bin nackt, darum verstecke ich mich.
Und er sprach: Wer hat dir gesagt, dass du nackt bist? Hast du nicht gegessen von dem Baum, von dem ich dir gebot, du solltest nicht davon essen?
Da sprach Adam: Das Weib, das du mir zugesellt hast, gab mir von dem Baum, und ich ass.
Da sprach Gott der Herr zum Weibe: Warum hast du das getan? Das Weib sprach: Die Schlange betrog mich, so dass ich ass.
Da sprach Gott der Herr zu der Schlange: Weil du das getan hast, seist du verflucht, verstossen aus allem Vieh und allen Tieren auf dem Felde. Auf deinem Bauche sollst du kriechen und Erde fressen dein Leben lang.
Und ich will Feindschaft setzen zwischen dir und dem Weibe und zwischen deinem Nachkommen und ihren Nachkommen; der soll dir den Kopf zertreten, und du wirst ihn in die Ferse stechen.
Und zum Weibe sprach er: Ich will dir viel Mühsal schaffen, wenn du schwanger wirst; unter Mühen sollst du Kinder gebären. Und dein Verlangen soll nach deinem Manne sein, aber er soll dein Herr sein.
Und zum Manne sprach er: Weil du gehorcht hast der Stimme deines Weibes und gegessen hast von dem Baum, von dem ich dir gebot und sprach: du sollst nicht davon essen –, verflucht sei der Acker um deinetwillen! Mit Mühsal sollst du dich von ihm nähren dein Leben lang.
Dornen und Disteln soll er dir tragen, und du sollst das Kraut auf dem Felde essen.
Im Schweisse deines Angesichts sollst du dein Brot essen, bis du wieder zu Erde werdest, davon du genommen bist. ***Denn du bist Erde und sollst zu Erde werden****.*
Und Adam nannte sein Weib Eva; denn sie wurde die Mutter aller, die da leben.
Und Gott der Herr machte Adam und seinem Weibe Röcke von Fellen und zog sie ihnen an.
Und Gott der Herr sprach: Siehe, der Mensch ist geworden wie unsereiner und weiss, was gut und böse ist. Nun aber, dass er nur nicht ausstrecke seine Hand und breche auch von dem Baum des Lebens und esse und lebe ewiglich!

Da wies ihn Gott der Herr aus dem Garten Eden, dass er die Erde bebaute, von der er genommen war.
Und er trieb den Menschen hinaus und liess lagern vor dem Garten Eden die Cherubim mit dem flammenden, blitzenden Schwert, zu bewachen den Weg zu dem Baum des Lebens.
1. Mose, Der Sündenfall, 3,1–24

Nach der Verstossung aus dem Garten Eden fehlen dem Menschen der Frieden und die innere Freude, und er begibt sich auf die Suche nach dem verlorenen Glück. Die Geschichte des Sündenfalls bedeutet keine ewige Verdammnis des Menschen aus dem Paradies, sondern sie soll uns Aufschluss darüber geben, warum der Mensch an Unzufriedenheit, Sorgen und Ängsten leidet, anstatt glücklich zu sein. Viele verborgene spirituelle Wahrheiten und Gesetzmässigkeiten verstecken sich hinter den Symbolen dieser Geschichte, auf die ich später eingehen werde.

Gehen wir zurück zu den vorangehenden Erläuterungen über *die Entstehung von Schöpfung und Mensch*, und vergegenwärtigen wir uns noch einmal den ersten Evolutionsprozess, der damit endet, dass ein Kind jährig wird und in die individuelle Entfaltung übergeht. Diese individuelle Entwicklung offenbart sich ebenso, wie der erste Schöpfungsprozess, in sieben Schritten. Als kleines Kind beginnt sich der Mensch zu bewegen, ohne dass er über diesen Vorgang einen bewussten Entscheid fällen müsste. Es existiert somit im Bewusstsein des Kindes kein Gedanke wie *ich muss aufstehen* oder *ich will spielen*, alles geschieht in dieser Zeit aus der Kraft des Lebens selbst. Die Lebenskraft strahlt durch Mutter und Vater sowie durch die ganze Umgebung. Wie ein Blatt auf der Welle hin und her geschaukelt wird, so fühlt sich das Kind ohne Pflicht und Anstrengung und wird durch Lebenskraft und Liebe durch den Tag geführt. Keine mentalen und emotionalen Störungen belasten diese Phase der Kindheit, da jeder Augenblick Leben und Freude ist. Der Frieden und das Glück dieser ersten Zeit im Leben ist Teil der Natur des Menschen selbst: Er besitzt nicht, er weiss nicht, er kann nicht und ist dennoch glücklich! Lebensfreude ist unser Wesen, *ich* und *mein* existieren nicht. Deshalb haben wir keine Erinnerungen an diese ersten Monate des Lebens. Das Kind nimmt die Welt über sein Herz wahr und identifiziert keine Personen, Handlungen und Sachen, sondern erfährt alles als Freude. Auch Mutter und Vater haben noch keine Form, sondern werden als Leben und Freude wahrgenommen. In der biblischen Geschichte wird diese erste Zeit des Lebens mit folgenden Worten beschrieben:

Und sie waren beide nackt, der Mensch und sein Weib, und schämten sich nicht.
1. Mose, Das Paradies, 2,25

Diese Aussage bedeutet, dass Lebensfreude das Wesen des Menschen ausmacht und er nichts in dieser Welt braucht, um glücklich zu sein, ausser sich selbst. Unmittelbar nach dieser Bibelstelle beginnen der Sündenfall und damit die sieben Schritte der Evolution des Menschen. Viele werden sich an dieser Stelle fragen, warum der Mensch eine Entwicklung durchmachen muss, da er doch zu Beginn seines Lebens bereits in innerer Freude lebte. Die Antwort ist: Die Wahrnehmung der Freude wird durch das Anhaften und durch das Festhalten an der äusseren Welt gestört.

Sieben Schritte führen in das Erwachsensein und meistens, infolge der Anhaftung, auch in eine ewige Suche nach dem verlorenen Frieden. Wie es dazu kommt, stellt die Geschichte des Sündenfalls bildhaft dar.

Der erste Schritt der Entwicklung beginnt damit, dass wir diese Welt durch unsere Sinnesorgane beobachten und nach ihr verlangen. Aufgrund dieses Verlangens entstehen ein mentales Bewusstsein oder Gedanken. Zur Auflösung der Gedanken brauchen wir Beziehungen zu anderen Menschen, und demzufolge beginnt nun die Beziehung zur Mutter und zum Vater. Eltern und Kind sind in vollständiger Harmonie zueinander und lieben sich durch die Stille des Herzens.

Die Entstehung der Sprache lenkt das Kind in den zweiten Lebensabschnitt. Je älter das Kind wird, desto mehr beginnt es nicht nur nach Dingen zu verlangen, sondern es tendiert, sie zu greifen und zu besitzen. Dies führt zu Gefühlen und zur Entstehung eines emotionalen Bewusstseins. Emotionen benötigen zur Auflösung Kommunikation und führen das Kind daher in die Schule sowie in Beziehungen zu Freunden und Feinden. Wie die persönliche Beziehung zu Mutter und Vater uns helfen sollte, von Gedanken loszukommen, so erhalten wir eine Schulbildung, damit wir fähig werden, mit allen Menschen offen zu kommunizieren. Dies wiederum führt dahin, dass sich unser Greifen und Fassen nach Dingen erlöst. Wir wachsen zum Jugendlichen heran und wollen jetzt die Dinge vor allem auch besitzen. So hat meistens jeder von uns sein Zimmer, seine Bücher, sein Fahrrad und viel weiteres Hab und Gut. Als Folge davon tritt der physische Körper in den Vordergrund und gewinnt mehr und mehr an Wichtigkeit. Wir wollen gut aussehen und möchten durch sportliche Leistungen imponieren. Es entsteht ein umfassendes Körperbewusstsein, und der Egoismus beginnt, seine Spuren zu hinterlassen.

Der Körper braucht Bewegung, deshalb führt uns der dritte Schritt des Lebens in eine Lehrstelle, und wir werden in die zukünftige Arbeitswelt eingeführt. Arbeit erlöst uns somit von zu viel Eitelkeit und Körperkult. Wir lernen, mit anderen zu teilen und reifen zum Erwachsenen heran. Das Leben beginnt nun, uns in die Pflicht zu nehmen, und wir müssen umsetzen, was wir in der Kindheit und in der Jugend gelernt haben.

Der vierte Schritt besteht darin, dass wir eine Beziehung zu einem Menschen eingehen und ihm so dienen, wie unsere Eltern uns gedient haben. Wir geben uns den Wünschen des Partners hin, wie sich unsere Eltern uns hingegeben haben. Das Erfüllen dieser Pflicht schenkt uns tiefe Dankbarkeit und Hingabe.

Der fünfte Schritt verlangt von uns, dass wir uns in die Gesellschaft und in unser Umfeld eingliedern, damit wir bereit sind, über alle Probleme so frei zu kommunizieren, wie Freunde und Mitschüler es während der Schulzeit auch mit uns gehalten haben. Je mehr wir dies tun, desto mehr öffnet sich unser Geist einer unendlichen Quelle von Weisheit und Güte.

Der sechste Schritt der Evolution besteht darin, dass wir eine Familie gründen. Wir heiraten und bekommen vielleicht selber Kinder, was uns wieder in eine neue Form der Arbeit führt, nämlich in die Pflicht des Teilens und des Füreinander-Daseins. Wer sich ganz dieser Pflicht hingibt, erwacht in wahrer Liebe und Freundschaft.

Der siebente und letzte Schritt des Lebens wird symbolisiert durch die Lebenserfahrungen eines Menschen. Entsprechend seinem Pflichtbewusstsein sind diese entweder durchdrungen von Liebe und Seligkeit, oder aber er erfährt dauernd Unzufriedenheit, Sorgen und Ängste und sucht verzweifelt nach Liebe und Glück. Dieser siebente Lebensabschnitt ist kein eigentlicher Schritt, da Lebenserfahrungen zu allen Zeiten des Lebens stattfinden. Dennoch gilt es ihn zu erwähnen, da das Leben erst einem erwachsenen Menschen vollständige Freiheit darbietet. Die persönliche Freiheit aufzugeben, um den Pflichten des Lebens nachzukommen, gilt als Weg zur höchsten Freude. Die Worte des indischen Dichters *Tagore* können uns dazu inspirieren:

Ich träumte, das Leben sei Freude,
Ich erwachte und sah, das Leben ist Pflicht,
Ich tat die Pflicht, und siehe, das Leben wurde zur Freude!

Wie kommt es nun, dass wir als erwachsene Menschen Unzufriedenheit und Sorgen ernten anstatt den Nektar des Himmels? Genau dies können wir durch die biblische Geschichte erfahren. Gemäss der Paradiesgeschichte ist es dem Menschen erlaubt, von den Früchten aller Bäume zu essen, nur nicht von den Früchten des Baumes in der Mitte des Garten Eden, genannt *Baum der Erkenntnis des Guten und des Bösen*. Wer von diesen Früchten dennoch isst, muss sterben. Die Bäume mit den essbaren Früchten symbolisieren die ganze Schöpfung und das Geschenk Gottes an den Menschen, in dieser Schöpfung zu leben und sich von ihr zu ernähren. Der Baum in der Mitte des Garten Eden symbolisiert die Innenwelt des Menschen, die er mit allen Menschen zu teilen verpflichtet ist und die er niemandem vorenthalten sollte, da er sonst seine Freude verliert. Wir alle setzen doch täglich voraus, dass unsere Mitmenschen sagen, was sie denken, und dass sie aufrichtig sind. Jegliche Form der Spannung im Menschen entsteht nur deshalb, weil er dieses Grundprinzip der Ehrlichkeit nicht einhält. Wir können feststellen, dass ein kleines Kind sein ganzes Herz jederzeit allen Menschen hingibt und frei über seine Wünsche und Bedürfnisse spricht. Es lebt noch im Garten Eden und weiss, dass nur Wünsche, die durch die Kraft der Nächstenliebe – und somit durch die Kraft des Mitmenschen – in Erfüllung gehen, wahres Glück bringen werden.

Nun kommt in der Geschichte von Adam und Eva die Schlange, die Eva in die Versuchung führt. Die Schlange ist hier gleichzusetzen mit der Versuchung des Menschen, sich fortan seine Wünsche ohne Umfeld und ohne vorhergehende Absprache mit der Aussenwelt zu erfüllen. Dies beginnt, indem wir nicht mehr aussprechen, was wir denken. Als Folge davon beginnen wir zu verlangen, zu greifen und schlussendlich zu besitzen. Sobald wir uns dem Besitz hingeben, verlieren wir unsere natürliche Verbindung zur Natur und damit auch zu unserem Schöpfer. Dieser dreifache Vorgang, der den Menschen in die Abspaltung führt, wird in der Geschichte des Sündenfalls dargestellt, indem Eva sich zuerst versuchen lässt, die

Früchte zu betrachten, dann zu pflücken und schlussendlich zu essen. Dies symbolisiert die Entstehung des dreifachen Karmas des Menschen, unter dem er leidet, bis er die bewusste Wiederverbindung zum Göttlichen erreicht hat. Das dreifache Leid wird in den indischen Schriften beschrieben als körperlicher Schmerz, Unwissenheit und Eigenliebe. In der Bibel wird diese dreifache Täuschung einerseits durch die Schlange dargestellt, die Eigenliebe und Verlangen verkörpert, und damit das mentale Bewusstsein des Menschen symbolisiert. Das Weib andererseits steht für die emotionale Ebene des Menschen, die dem falschen Verlangen nachgibt und damit in Unwissenheit gerät. Der Mann im Menschen repräsentiert schlussendlich die physische Ebene und damit auch das definitive In-Besitz-Nehmen der materiellen Dinge, was den Körper in Schmerz und Leid führt.

Natürlich besteht die Schuld des Menschen nicht darin, dass er in einem Haus wohnt oder Nahrung zu sich nimmt, sondern dass er in seinem Herzen an dieser Welt Besitz zu ergreifen beginnt. Wie ich zu Beginn von *Die ewige Suche des Menschen* erklärt habe, liebt Gott den Menschen durch die ganze Schöpfung, was überhaupt erst jegliche Bewegung ermöglicht! Wenn wir nun diese Schöpfung untereinander aufteilen und in Besitz nehmen, verlieren wir dadurch logischerweise an Lebenskraft, weil wir uns selbst den Boden entziehen. Je mehr wir dies tun, desto mehr werden wir eingeschränkt in all unserem Wirken und letztlich werden wir unfähig, unsere Gedanken frei auszusprechen, was wiederum die Verbindung zur Seele unterbricht. Als Folge davon entstehen Sorgen, Ängste und Krankheiten. Der Unterbruch der natürlichen Beziehung zur eigenen Seele und damit zu Gott wird in der Geschichte des Sündenfalls als Vertreibung aus dem Paradies beschrieben, für die wir jedoch selbst verantwortlich sind. Nun zeigt die Bibel dem Menschen auch auf, unter welchen Umständen er zu leiden hat, bis er sich entschliesst, sein Herz zu läutern und sich von Egoismus und Habgier abwendet. Das dreifache Leid, das dem Menschen auferlegt wird, zeigt sich in unserer Geschichte in den drei Strafen, die Gott der Schlange, dem Weib und dem Manne zuteilt.

Die Schlange wird ausgestossen und dazu verurteilt, auf dem Bauche zu kriechen und Erde zu fressen. Sie symbolisiert das Denken des Menschen, das sich nun infolge des falschen Verhaltens mit eingebildeten Existenzängsten beschäftigen muss; die ursprüngliche Liebe und Freude des mentalen Bewusstseins geht immer mehr verloren. Das Weib hingegen muss unter Mühen Kinder gebären. Das Weib steht für die Gefühlsebene im Menschen und damit vor allem auch für Verbindung, Kommunikation und Sprache. Diese zweite Strafe bedeutet, dass wir aufgrund des falschen Begehrens unfähig werden, der Aussenwelt unsere Bedürfnisse und Wünsche mitzuteilen. Dies führt zu Sorgen, Unwissenheit und Unerfülltheit gegenüber dem Leben selbst. Es braucht immer mehr Druck und Mühsal, damit wir über unsere Bedürfnisse sprechen, was jedoch erforderlich ist, um Gehör und Erfüllung zu bekommen. Die letzte Zurechtweisung erhält der Mann, der zu endloser, mühsamer Arbeit verurteilt wird. Der Mann repräsentiert die körperliche Ebene, und die Bestrafung des Mannes bedeutet für den Menschen, dass ihn der Besitz in die Vorstellung führt, eine Arbeit verrichten zu müssen. Wie ich jedoch erklärt habe, wird der Mensch durch sein Umfeld bewegt und könnte bei jeder Handlung tiefen Frieden empfinden. Da wir aber der Vorstellung verfallen, arbeiten zu müssen, beginnen wir unzufrieden zu werden, was schlussendlich Schmerzen und körperliche Beschwerden hervorbringt. Dieser Kreislauf des Leidens dreht sich so lange, bis wir unser Herz von materiellem Reichtum befreien und erkennen, dass wir selbst ein Teil der Erde sind, die wir in Besitz nehmen wollen, und dass durch dieses Verhalten die Verbindung zu Schöpfung und Schöpfer gestört wird. Deswegen endet die Geschichte des Sündenfalls mit den Worten:

Denn du bist Erde und sollst zu Erde werden. *1. Mose 3,19*

Obwohl der Mensch in Versuchungen gerät, bleibt er doch immer Gottes Kind! Dieses innere Band der Gottesbeziehung manifestiert sich im unbewussten Menschen als eine ewige Suche nach Glück. Eine Sehnsucht, die nie gestillt werden wird, ausser wir beginnen, diese Welt zu lieben anstatt zu besitzen, ihr zu dienen, anstatt uns ihrer zu bedienen!

Wenn wir uns nun abschliessend an die drei Thesen der Schöpfungsgeschichte zurück erinnern, erkennen wir die Bedeutung der zweiten These, der Drishti-Srishti-Vada oder der gleichzeitigen Schöpfung, in der man davon ausgeht, dass das Wahrnehmen der Schöpfung erst die Welt in unserem Bewusstsein hervorbringt. Die Paradies- und die Sündenfallgeschichten zeigen, dass auch in der christlichen Lehre die zweite These zur Schöpfungsgeschichte eine natürliche Abfolge darstellt, nach welcher es das Verlangen des Menschen ist, das ihm die Welt so spiegelt, wie er sie benötigt, um sich selbst wiederfinden zu können. In der ganzen auf den Sündenfall folgenden biblischen Geschichte wird dem Menschen aufgezeigt, wie er sich mit seinem Ursprung, dem göttlichen Zuhause, wieder versöhnen kann. Die Methoden des Yoga können den Menschen auf diesem wichtigen Weg leiten und ihm die Kraft geben, wieder in Einheit (Yoga) mit dem Göttlichen zu treten. Was nun Yoga im Einzelnen bedeutet, wird uns in *Yoga – Botschaft der Liebe* aufgezeigt.

Yoga – Botschaft der Liebe

Wir wissen nun, dass die Triebkraft der ewigen Suche nach Glück in Wahrheit das Resultat einer unterbrochenen Gottesbeziehung ist. Sobald die Verbindung zum Göttlichen wieder wahrgenommen wird, stillt sich unser Durst nach innerem Frieden. Wie in der Einleitung erklärt, bedeutet Yoga *Verbindung*, und da Verbindung durch Liebe entsteht, kann Liebe und Yoga gleichgesetzt werden. Alle Yogamethoden sollten dem Menschen die Möglichkeit geben, Liebe zu entwickeln, damit die natürliche Verbindung zur Seele oder zu *Atma* wieder wahrgenommen wird. Yoga oder die Verbindung zur Seele ist in Wahrheit immer da. Sobald wir jedoch unseren freien Willen falsch gebrauchen, verlieren wir das Bewusstsein über diese Beziehung und werden als Folge davon unglücklich. Leider glauben heute viele Menschen, Yoga wäre eine Gymnastikübung oder bedeute, auf eine bestimmte Art leben zu müssen. Yoga heisst jedoch lieben, sich der eigenen Seele bewusst zu sein in jeder Handlung, Tag und Nacht.

Das Prinzip des Yoga widerspricht keiner Religion, vielmehr schenkt es uns die Möglichkeit, der eigenen Religion einen praktischen Nährboden zu geben. So bekommen wir aus dem

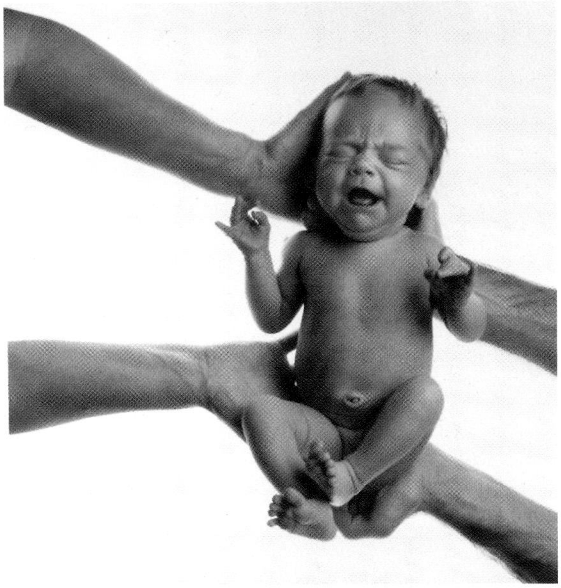

Neuen Testament viele Antworten und Weisungen, die uns enorm inspirieren, aber vielfach haben wir grosse Mühe, auch nach den Lehren Christi zu leben. Dazu drei Beispiele aus dem Matthäusevangelium:

Von der Feindesliebe

Ihr habt gehört, dass gesagt ist: «Du sollst deinen Nächsten lieben» (3. Mose 19,18) und deinen Feind hassen.
Ich aber sage euch: ***Liebt eure Feinde und bittet für die, die euch verfolgen, damit ihr Kinder seid eures Vaters im Himmel.*** *Denn er lässt seine Sonne aufgehen über Böse und Gute und lässt regnen über Gerechte und Ungerechte. Denn wenn ihr liebt, die euch lieben, was werdet ihr für Lohn haben? Tun nicht dasselbe auch die Zöllner?*
Und wenn ihr nur zu euren Brüdern freundlich seid, was tut ihr Besonderes? Tun nicht dasselbe auch die Heiden? ***Darum sollt ihr vollkommen sein, wie eurer Vater im Himmel vollkommen ist.*** *Matthäus 5,43*

Vom Richtgeist

Richtet nicht, damit ihr nicht gerichtet werdet.
Denn nach welchem Recht ihr richtet, werdet ihr gerichtet werden; und mit welchem Mass ihr messt, wird euch zugemessen werden.
Was siehst du aber den Splitter in deines Bruders Auge und nimmst nicht wahr den Balken in deinem Auge?
Oder wie kannst du sagen zu deinem Bruder: Halt, ich will dir den Splitter aus deinem Auge ziehen?, und siehe, ein Balken ist in deinem Auge.

Du Heuchler, zieh zuerst den Balken aus deinem Auge; danach sieh zu, wie du den Splitter aus deines Bruders Auge ziehst.
Ihr sollt das Heilige nicht den Hunden geben, und eure Perlen sollt ihr nicht vor die Säue werfen, damit die sie nicht zertreten mit ihren Füssen und sich umwenden und euch zerreissen. *Matthäus 7,1–6*

Vom Tun des göttlichen Willens

Alles nun, was ihr wollt, dass euch die Leute tun sollen, das tut ihnen auch! Das ist das Gesetz und die Propheten. *Matthäus 7,12*

Diese kraftvollen Weisungen von Jesus Christus fordern den Menschen auf zu lieben und zu dienen – wie dies auch die Kernaussagen des Yoga tun. Das fehlende Vermögen der Christen, diesen Lehrsätzen Christi gerecht zu werden, hat unserer Religion den Glanz geraubt. So ist aus dem Glauben an einen lebendigen, gegenwärtigen Christus eine Hoffnung auf eine Begegnung mit Jesus nach dem Tod geworden. Hinter dieser Hoffnung auf einen Paradiesplatz nach dem Ableben verbirgt sich aber in Wahrheit die Faulheit, in der Gegenwart als Christ zu leben und jetzt Abschied zu nehmen von Habgier und Egoismus. Was geschieht, wenn jemand die Worte des Evangeliums hört und nicht nach ihnen handelt, steht ebenfalls in der Bibel:

Es werden nicht alle, die zu mir sagen: Herr, Herr!, in das Himmelreich kommen, sondern die den Willen tun meines Vaters im Himmel! *Matthäus 7,21*

Vom Hausbau

Darum, wer diese meine Rede hört und tut sie, der gleicht einem klugen Mann, der sein Haus auf Fels baute.
Als nun ein Platzregen fiel und die Wasser kamen und die Winde wehten und stiessen an das Haus, fiel es doch nicht ein; denn es war auf Fels gegründet.
Und wer diese meine Rede hört und tut sie nicht, der gleicht einem törichten Mann, der sein Haus auf Sand baute.
Als nun ein Platzregen fiel und die Wasser kamen und die Winde wehten und stiessen an das Haus, da fiel es ein, und sein Fall war gross... *Matthäus 7,24*

Die Menschen fragten sich natürlich schon in der Zeit von Jesus Christus, wie man konkret das eigene Leben in Wandlung bringt, worauf Christus den Menschen das Gebet *Vaterunser* schenkte. Auch die indischen Schriften lehren das Gebet als Weg zum Göttlichen. Es steht jedoch auch geschrieben, dass nur ein Gebet, das von ganzem Herzen und mit der vollen Kraft des Geistes gesprochen wird, als Gebet bezeichnet werden kann. Niemand würde ohne vorhergehendes Nachdenken wichtige Bitten an die Mutter und an den Vater stellen, da wir doch auf Gehör stossen möchten! Wir werden also zuerst unsere Gedankenwellen auf die entsprechende Angelegenheit konzentrieren, um später eine kraftvollere Bitte auszusprechen. Wie viel mehr sollten wir uns also zuerst besinnen, bevor wir Worte zum höchsten Herrn sprechen?! Schliesslich nützt uns die schönste Melodie nichts ohne einen dazugehörenden Lautsprecher, der den Klang wiedergibt. Analog können wir die Methoden des Yoga mit einem Verstärker vergleichen, der unserem Herzen und unserer Gottesliebe mehr Gehör verschaffen kann. Yoga verändert nicht die Gebete oder die Religion eines Menschen, sondern hilft uns, die Schwingung und Kraft des Herzens zu erreichen, die es braucht, damit unsere Gebete erhört werden. Man kann davon ausgehen, dass Gott mehr oder weniger auf dieselben Worte und Gedanken reagiert, wie es auch unsere *Liebsten* tun würden. Je pflichtbewusster, selbstloser und liebevoller unsere Bitte ist, desto mehr wird sie auf Anklang stossen.

Das Praktizieren von Yogatechniken bewirkt eine Entwicklung dieser Tugenden. Pflichtbewusstsein, Aufrichtigkeit und Nächstenliebe können durch Yoga gefestigt und gestärkt werden. Jede Form von Technik ist durch Menschen entwickelt worden, und es braucht Menschen, um die Techniken wiederum richtig erlernen zu können. Deshalb ist es beim Ausüben des Yoga ratsam, sich in die Obhut eines guten Yogalehrers zu begeben. Es sind jedoch nicht die Anzahl Diplome und die körperliche Bewegungsfähigkeit des Yogalehrers, sondern vielmehr sein Pflichtbewusstsein und seine Nächstenliebe, die über sein Yoga zeugen. Yoga verändert die Lebenseinstellung zum Guten, was als natürliche Folge körperliche Gesundheit mit sich bringen wird. Das körperliche Wohl steht aber auf keinen Fall im Vordergrund, da dies nur die geistigen Irrtümer weiter nähren würde. Auch Jesus sprach von der Lebenseinstellung als Spiegel über das eigene Wesen:

Das Auge ist das Licht des Leibes. Wenn dein Auge lauter ist, so wird dein ganzer Leib licht sein. Wenn aber dein Auge böse ist, so wird dein ganzer Leib finster sein. Wenn nun das Licht, das in dir ist, Finsternis ist, wie gross wird dann die Finsternis sein!

Matthäus 6,22

Diese Worte fordern uns auf, das Gute und Liebe in dieser Welt zu sehen und zu suchen, damit wir selbst voller Güte und Liebe sind. Wehe, wenn wir nur Hass und Schlechtes sehen, denn dies vernebelt unser eigenes Licht, und wir werden voller Sorgen! Liebe lässt keinen Hass, keine Rache und keine Vergeltung zu. Wer Aggression sieht, trägt sie selbst in sich und gleicht einem Menschen, der den Splitter im Auge des anderen sieht und in seinem Auge einen Balken hat. Yoga überbringt uns die Botschaft der Liebe und schenkt uns dadurch Frieden und Seligkeit.

Das Wissen über Yoga entspringt der indischen *Samkhya*-Philosophie. Das Wort Samkhya bedeutet vollständiges Wissen über *Paramatma* oder die universelle Seele. Die Grundlagen der Schöpfungsgeschichte sowie die Kenntnisse über das Zusammenwirken der kosmischen Kräfte sind ein Verdienst dieser Philosophie. Brahman ist der Schöpfer und *Prakriti* die Schöpfung. Brahman ist der allumfassende, formlose, passive Geist, der alles durch seine Intelligenz lenkt. Prakriti repräsentiert die sich ewig wandelnde, aktive Natur. Brahman und Prakriti können nur gemeinsam existieren. Beide sind Aspekte Gottes, die aufgrund falscher Sichtweise als getrennt empfunden werden. Brahman drückt sich durch Prakriti aus. Alle Manifestationen der sichtbaren äusseren Welt werden Prakriti zugeordnet. Prakriti setzt sich zusammen aus den kosmischen Kräften, *Gunas* genannt, sowie aus den *Tanmatras* (Sinnesobjekten) und Atomen. *Citta* oder der Geiststoff, bestehend aus *Buddhi* (Intelligenz), *Manas* (Sinnesbewusstsein), *Citta* (hier: spirituelles Herz) und *Ahamkara* (Ego) ist ebenfalls Bestandteil von Prakriti. Die drei kosmischen Kräfte gilt es hier speziell zu erwähnen, da sie beim Ausüben der Yogatechniken eine wichtige Rolle spielen. Man unterscheidet zwischen drei Kräften:

Tama-Guna *oder* Eigenschaft der Masse
Raja-Guna *oder* Eigenschaft der Energie
Sattva-Guna *oder* Eigenschaft der Intelligenz

Das ganze Universum, auch der Mensch, wird von diesen drei Kräften durchdrungen und ist ihrem Einfluss unterworfen. Die Kräfte sind nicht voneinander trennbar, sie arbeiten miteinander und sind voneinander abhängig. Tama-Guna gilt als der statische Zustand. Bei Vorhandensein von Tama-Guna entstehen Unwissenheit, Faulheit und Schlaf. Raja-Guna ist eine sich dauernd bewegende Kraft. Wenn Raja-Guna aktiv ist, kommt es zu Leidenschaft und Wünschen. Sattva-Guna nennen wir die offenbarende Kraft. Wenn Sattva aktiv ist, entstehen Wissen, Frieden und Reinheit. Bei Sonnenauf- und -untergang herrscht Sattva-Guna vor. Das bedeutet für den Menschen, dass der Atem durch beide Nasenlöcher ein- und ausfliesst; deshalb empfindet er Ruhe und Frieden. Tagsüber bestimmt Raja-Guna das Geschehen, der Atem fliesst durch das rechte Nasenloch. Nachts hingegen regiert Tama-Guna, der Atem fliesst durch das linke Nasenloch. Die westliche Wissenschaft kennt dieselben Kräfte aus der Atomlehre und beschreibt sie als Elektron (Tama-Guna), Neutron (Raja-Guna) und Proton (Sattva-Guna). In der östlichen Philosophie wird aufgezeigt, dass aus Tama- zuerst Raja- und dann Sattva-Guna entsteht. Die westlichen Wissenschaftler gehen davon aus, dass ein Atom im Laufe der Evolution seine Elektronenzahl verringert, was eine langsame Vergeistigung der

Materie zur Folge hat und damit denselben Vorgang beschreibt. Es gibt also keine Widersprüche zwischen den Erklärungen der Samkhya-Philosphie und unserer heutigen Wissenschaft.

Brahman oder die universelle Seele befindet sich jenseits der Gunas. Er wirkt und manifestiert sich durch seine göttlichen Kräfte und gibt dadurch jeder schöpferischen Ausdrucksform seine Gegenwart. Die Mineral- und Pflanzenwelt ist vor allem geprägt von Tama-Guna, die Tierwelt entwickelt Raja-Guna. Der Mensch hat die Aufgabe, Tama- und Raja-Guna in Sattva-Guna zu verwandeln, um damit Gottesbewusstsein zu erlangen. Wenn sich die drei Kräfte im Zustand des *Nirguna* (Zustand jenseits des Einflusses der kosmischen Kräfte) vereinen, erreicht der Mensch die Wiedervereinigung mit dem Göttlichen und damit ewigen Segen.

Das Absolute manifestiert sich in dieser Welt in drei Aspekten, nämlich in Gott dem Vater, Gott dem Sohn sowie Gott dem Heiligen Geist. Die Inder nennen diese drei Ausdrucksformen *Brahma* (Schöpfer – Vater), *Vishnu* (Erhalter – Sohn) und *Shiva* (Zerstörer – Heiliger Geist). Die inkarnierte individuelle Seele wird als *Jiva* bezeichnet. Solange der Jiva (verkörperte Seele) das Glück in materiellen Errungenschaften sieht, bleibt ihm seine wahre Identität verborgen und er leidet unter dem Prinzip der Dualität, wonach weltliche, egoistische Freuden mit Leid ausgeglichen werden. In jedem menschlichen Leben werden Freude und Leid genau ausgeglichen – schlussendlich durch den Tod. Yoga lehrt den Menschen, seinen freien Willen richtig einzusetzen, sodass er sich loslösen kann von einer endlosen Kette von Freude und Leid. Sobald der Mensch in Einklang mit der Natur und seinem Umfeld lebt, beginnt er sich schrittweise mit dem Göttlichen wieder zu vereinen. Diese Verschmelzung mit dem Absoluten geschieht in drei Schritten: Zuerst erfahren wir Hingabe und damit das Herabkommen des Heiligen Geistes. Als zweiter Schritt erfüllt uns Weisheit und Liebe, was Einheit mit dem Sohn Gottes bedeutet. Schliesslich erfahren wir uns als allseiende ewige Freude, was den letzten Schritt, nämlich die Wiedervereinigung mit Gott dem Vater, anzeigt.

Jiva oder die inkarnierte Seele ist eingekleidet in einen Kausal- oder Mentalkörper, einen Astral- oder Emotionalkörper sowie in einen physischen Körper. Die Yogaphilosophie hat verschiedene Yogamethoden entwickelt, um jeweils eine der drei körperlichen Ebenen zu reinigen. Weiter schuf sie eine Methode, um das Seelenbewusstsein zu aktivieren. Deswegen spricht man von vier ursprünglichen Hauptwegen des Yoga, die jedoch alle das gleiche Ziel haben, nämlich die Wiederherstellung der Verbindung des Menschen zur Seele. Alle heute bekannten Yogawege bilden eine Abfolge der vier Hauptwege. Kriya-Yoga gilt als einer der effizientesten Wege, da er die Hauptbestandteile der vier ursprünglichen Wege unter einem Dach zusammengefasst hat (siehe Kapitel *Kriya-Yoga*). Die Yogawege sind wie folgt zu verstehen:

Mantra-Yoga

Mantra bedeutet: das, was das Sinnesbewusstsein schützt. Das Rezitieren von Mantrams führt zu spirituellen Schwingungen in den Chakras, sofern wir die ganze Kraft unseres Herzens sowie unseren Glauben miteinbeziehen. Mantra-Yoga reinigt den Kausal- oder Mentalkörper und erweckt in uns die Fähigkeit zu lieben.

Loyo-Yoga

Loyo bedeutet auflösen. Wenn durch Konzentration auf eine Sache Erkenntnis und Weisheit gewonnen wird, so nennt man dies Loyo-Yoga. Loyo bewirkt insbesondere eine Reinigung des Astral- oder Emotionalkörpers und schenkt dem Yogi Weisheit.

Hatha-Yoga

Ha bedeutet Sonne, und *Tha* bedeutet Mond. *Hatha*-Yoga verbindet die Sonnen- und die Mondkraft im Menschen. Die Übungen des Hatha-Yoga aktivieren in unserer Wirbelsäule die beiden Hauptnerven, nämlich den Sonnen- und den Mondnerv. Das gleichmässige Zusammenwirken dieser beiden Kräfte führt in unserem Bewusstsein zu Frieden und Ausgeglichenheit. Die spirituelle Kraft des Hatha-Yoga wirkt insbesondere auf der physischen Ebene des Yogi und gibt ihm Hingabe und Kraft zur Pflichterfüllung im Alltag.

Raja-Yoga

Raja heisst König. Raja-Yoga ist die höchste Form des Yoga; es führt den Yogi unmittelbar in die Verschmelzung mit dem Göttlichen. Raja-Yoga richtet die Konzentration direkt auf das Seelenbewusstsein, was nach Auffassung der Raja-Yogaphilosophie die Einstimmung der anderen drei Körper herbeiführen wird. Raja-Yoga läutert den ganzen Menschen und sollte aufgrund seiner grossen Kraft nur von fortgeschrittenen Yogis praktiziert werden.

Diese vier Yogawege haben alle die Kraft, den Menschen zur Verwirklichung seines Selbstes zu leiten. Welchen Weg wir auch wählen mögen, er wird uns über die acht Stufen des Astanga-Yoga führen. Astanga-Yoga ist nicht ein eigentlicher Weg, sondern bildet das Alphabet eines jeden Yogaweges. Rishi *Patanjali*, ein Weiser Indiens, hat die *Sutren* (Verse) über das Yoga verfasst. Danach umfasst das Leben acht Bereiche (Astanga), die geläutert werden müssen, um Yoga zu empfangen. Die acht Bereiche des Lebens ergeben sich aus den acht Bestandteilen einer körperlichen Bewegung. Je nachdem ob wir uns egoistisch oder selbstlos bewegen, ernten wir entsprechend Unwissenheit und Eigenliebe oder Weisheit und Gottesbewusstsein. Wir gehen durch die acht Stufen des Yoga (Astanga-Yoga), um in unserem Leben schrittweise vom Egoismus zur Nächstenliebe zu gelangen, was vollständige Seligkeit mit sich bringen wird. Die einzelnen Stufen des Astanga-Yoga repräsentieren jeweils einen Teil der menschlichen Körperbewegung, ein Wirkungsfeld im Alltag sowie eine yogische Disziplin, mit deren Hilfe wir unsere Körperbewegungen in Einklang mit der Seele bringen. Die ausführlichen Erklärungen über die einzelnen Bestandteile des Astanga-Yoga folgen im nächsten Kapitel. Hier vorab eine kurze Zusammenfassung:

Stufen des Astanga-Yoga	**Körperbewegung**	**Wirkungsfeld**	**Yogische Disziplin**
1. Yama	Anfang einer Bewegung	Mutter	Kontrolle von fünf ethischen Grundsätzen
2. Niyama	Ende einer Bewegung	Vater	Disziplin von fünf ethischen Grundsätzen
3. Asana	Bewegung	Freunde	Praktizieren von Yogastellungen
4. Pranayama	Atmung	Arbeit	Zurückhalten von Lebensenergie (Atemübungen)
5. Pratyahara	Kontrolle der Sinne	Partner	Zurückziehen der fünf Sinne
6. Dharana	Konzentration	Gesellschaft	Fixieren des Geistes auf eine Stelle oder auf ein Objekt
7. Dhyana	Routine/Meditation	Gegenwart	Zustand, in dem die Wahrnehmung ohne Anstrengung ununterbrochen auf ein Objekt gerichtet ist.
8. Samadhi	Versenkung	Glücklichsein	Zustand der Einswerdung mit dem Objekt der Betrachtung. Es existiert nur noch das reine Seelenbewusstsein.

Die letzte Stufe des Yoga führt den Menschen in höchste Seligkeit und in feste Verankerung mit dem Göttlichen. Alle Eindrücke von vergangenen Lebenserfahrungen, die aus Gut und Böse oder Richtig und Falsch hervorgegangen sind, werden als Illusion erkannt. In diesem letzten Zustand der Freude gibt es keine Wahrnehmung mehr einer Welt, die aus vielen verschiedenen Menschen und Erfahrungen besteht, sondern alles wird als Ausdruck der Seligkeit Gottes erfahren und als Teil des eigenen Selbstes. Die Welt in ihrer bisherigen Bedeutung löst sich vollständig auf und wird im Bewusstsein des Yogi zu Seligkeit und *Geist*. Auch im christlichen Glauben finden wir diese letzte Transformation des Bewusstseins beschrieben:

Himmel und Erde werden vergehen; aber meine Worte werden nicht vergehen.

Matthäus 24,35

Die von Jesus Christus ausgesprochenen Worte manifestieren göttliche Seligkeit und Allgegenwart und werden deshalb im Menschen jegliche Vorstellung über Himmel und Erde auflösen. Die Seligkeit, von der sie Zeugnis ablegen, wird als Einziges in alle Ewigkeit bestehen bleiben. Nun können wir auch die letzte Schöpfungsthese, Aja-Shrishti-Vada oder die ungeborene Schöpfung, als eine natürliche Abfolge erkennen: Am Ende der langen spirituellen Reise werden alle Wahrnehmungen des *Geistes* als Illusion verifiziert, nichts bleibt bestehen ausser *Gott* oder das *Selbst*. Begeben wir uns nun ins nächste Kapitel, auf den Weg des Yoga!

Der Weg des Yoga

Die acht Stufen des Yoga

Nachdem uns die vorhergehenden Kapitel Einblick in die Welt des Yoga vermittelt haben, beschäftigen wir uns nun mit dem Astanga-Yoga oder mit dem achtstufigen Yogaweg. Die berühmten Yoga-Sutren (Verse über das Yoga) von Patanjali bilden das Alphabet des Yoga und unterteilen den Weg des Yoga in acht Stufen. Diese acht Bestandteile bilden Teil jeglichen Lebens und werden auch in der Natur schrittweise manifestiert. Keiner der acht Bestandteile kann ohne den anderen existieren, und alle zusammen gelten als die acht Blüten des Yoga. Leider ist in unserer westlichen Zivilisation das Hierarchiedenken sehr ausgeprägt, deshalb wurde aus dem achtfachen Yogaweg plötzlich eine Karriereleiter, die als Abschluss zu Samadhi führt.

Das Leben manifestiert sich dem Menschen über acht natürliche Begebenheiten, mit denen er in Einklang gehen muss, um Frieden und Erfüllung zu finden. Die Geburt führt uns in die Arme der Mutter (Yama) sowie in die Obhut des Vaters (Niyama). Schon bald beginnen die ersten Freundschaften (Asana), wir erlernen einen Beruf (Pranayama) und binden uns an einen Lebenspartner (Pratyahara). Die Eingliederung in die öffentliche Gesellschaft (Dharana) bildet den nächsten Schritt. Wir beginnen von nun an, eigenständige Lebenserfahrungen (Dhyana) zu sammeln, um stetiges Glück (Samadhi) geniessen zu können.

Da jedoch die Beziehung zu den oben erwähnten Lebensbereichen meistens durch Egoismus gestört wurde, erfahren wir als erwachsene Menschen kein dauerhaftes Glück. Wenn wir uns nun entschliessen, den Yogaweg zu gehen, beginnen wir natürlich zuerst mit der Einstimmung der Mutter- und Vater-Beziehung. Dann gehen wir über zur Arbeit am Freundeskreis usw. Dies lässt uns den Yogaweg als stufenweise Abfolge erscheinen, was natürlich durch den Suchenden auch so wahrgenommen wird. Und doch stellt der verwirklichte Yogi am Ende seiner spirituellen Reise fest, dass alle Bestandteile des Lebens dem Menschen dieselbe Seligkeit schenken können, sofern man nicht der Kraft des Egos erliegen würde. Samadhi, die achte Stufe des Astanga-Yoga, lässt den Yogi genau dies erkennen und verhilft ihm dadurch zu ewigem Frieden. Was immer fortan im Leben des Yogi geschieht: Er lebt in vollkommenem Frieden. Der Yogi hat auf dieser Stufe alle Erscheinungsformen der äusseren Welt als Ausdruck der Seelenfreude erkannt und damit sich selbst gefunden. Alles ist Leben, Frieden und Seligkeit innerhalb seiner Seele. Welche Bedeutung die jeweiligen Bestandteile des Astanga-Yoga haben, wird nachfolgend beschrieben.

Yama – *Gebot der Enthaltsamkeit*

Yama stellt den ersten Schritt auf dieser Reise des Yoga dar. Patanjali beschreibt Yama in den Yoga-Sutren wie folgt:

ahimsa-satya-asteya-brahmacarya-aparigraha yamah

Die achtblättrige Blüte des Yoga, Sutra 30

Dieser Vers über das Yoga beschreibt das Wesen von Yama als die Kontrolle in Bezug auf fünf ethische Grundsätze. Diese bestehen aus: Gewaltlosigkeit (Ahimsa), Wahrhaftigkeit (Satya), Nicht-Stehlen (Asteya), Enthaltsamkeit (Brahmacarya) und Nicht-Besitzergreifen (Aparigraha). Yama und Niyama bilden den Kern des achtfachen Yogaweges und haben in der christlichen Lehre ihr Gegenstück in den Zehn Geboten. Jedes Gebot ist jeweils gleichzusetzen mit einem Yama oder Niyama. Gerade dann, wenn wir diese ethischen Grundsätze beider Kulturen gleichsetzen, bekommen wir ein abgerundetes Bild über ihre Bedeutung.

Die Zehn Gebote, 2. Mose 20	***Yoga-Sutren***
Du sollst nicht töten.	*Gewaltlosigkeit*
Du sollst nicht falsch Zeugnis reden wider deinen Nächsten.	*Wahrhaftigkeit*
Du sollst nicht stehlen.	*Nicht-Stehlen*
Du sollst nicht begehren deines Nächsten Weib, Knecht Magd, Rind, Esel noch alles, was dein Nächster hat.	*Enthaltsamkeit*
Du sollst nicht begehren deines Nächsten Haus.	*Nicht-Besitzergreifen*

Die Mutter stellt für den Menschen die erste Verbindung zur äusseren Welt dar. Die Mutterliebe erzieht das Kind zu Nächstenliebe und Selbstlosigkeit. Das Wohlergehen der Kinder ist die Erfüllung und der innigste Wunsch jeder Mutter. So sollte der heranwachsende Mensch sein Glück im Wohl der Mitmenschen sehen und ihnen dienen, um damit der empfangenen Mutterliebe gerecht zu werden! Wir dienen jedoch lieber unseren eigenen Interessen und verstossen mehr und mehr gegen die oben erwähnten Gebote. Als Folge davon verlieren wir den Zugang zur Seele und damit zum inneren Frieden. Der erwachsene Mensch legt sich sogar die Gebote so zurecht, wie sie ihm passen, um weiter seinen Wünschen und Interessen nachgehen zu können. So glauben heute die meisten Menschen, sie würden diese fünf Gebote auf jeden Fall einhalten und kämen nach dem Ableben in den Himmel! Das wirkliche Einhalten der Gebote bringt jedoch sofortigen Frieden und sofortige Verbindung zum himmlischen Vater und nicht erst nach dem Ableben. Hinter dieser Vorstellung, nach dem Tod auf Erlösung zu hoffen, verbirgt sich das vom Menschen zurechtgelegte Gebot, das er einzuhalten versucht, ihm aber keinen Frieden bringt! Schon Jesus hat auf diese Gefahr hingewiesen und den Menschen aufgefordert, sich dieser Illusion zu entziehen:

Ich bin der Gott Abrahams und der Gott Isaaks und der Gott Jakobs? Gott ist nicht ein Gott der Toten, sondern der Lebenden.
Matthäus 22,32

Obwohl der heutige Mensch sich selbst eher als geistiges denn als körperliches Wesen bezeichnen würde, reduziert er die Gebote ausschliesslich auf sein körperliches Tun. Darin liegt meistens der Irrtum. Denn würden wir das Gebot *Du sollst nicht töten* auch auf der geistigen Ebene miteinbeziehen, dann würden wir erkennen, dass der simple Gedanke, eine Situation oder einen unangenehmen Umstand von uns zu weisen, da er uns zur Aufgabe des Egoismus zwingt, auch ein Verstoss gegen dieses Gebot ist! Wir würden feststellen, dass wir jedes Mal gegen das Gebot *Du sollst nicht falsch Zeugnis reden wider deinen Nächsten* verstossen, wenn wir nicht fähig sind zu sagen, was wir im Moment denken. Der Mensch, der sich genau analysiert, wird verzweifeln, weil er erkennt, dass er nicht fähig ist, ein Gebot einzuhalten. Aus dieser Einsicht entsteht ein reissendes, unerschöpfliches Verlangen nach dem Göttlichen. Diese Sehnsucht ist notwendig, um den Weg des Yoga gehen zu können. Die Entstehung dieses Verlangens nennt man Yama, worauf man versucht, die Kontrolle über die ethischen Grundsätze zu erlangen. Yama und Niyama bilden die Basis des Yogaweges. Mit der Vollendung der acht Stufen des Yoga werden gleichzeitig auch Yama und Niyama vollendet. Vorerst führt uns Yama zum nächsten Schritt, nämlich zu Niyama.

Niyama – *Gebot der Tugend*

Niyama ist eng mit Yama verbunden und bildet die zweite Stufe des Astanga-Yoga. In den Yoga-Sutren von Patanjali steht über Niyama:

sauca-samtosa-tapah-svadhyaya-isvarapranidhanani niyamah

Die achtblättrige Blüte des Yoga, Sutra 32

Diesem Vers zufolge bedeutet Niyama Disziplin in Bezug auf fünf ethische Grundsätze. Es sind dies: Reinheit (Sauca), Zufriedenheit (Samtosa), Genügsamkeit (Tapah), Studium der Heiligen Schriften und Studium der Seele (Svadhyaya) sowie Hingabe an Gott (isvara pranidhanani). Wie in *Yama – Gebote der Enthaltsamkeit* bereits dargelegt, finden sich die fünf

Grundsätze der Disziplin auch in den Zehn Geboten der Bibel. Diese können wie folgt gleichgesetzt werden:

Die Zehn Gebote, 2. Mose 20	***Yoga-Sutren***
Du sollst deinen Vater und deine Mutter ehren, auf dass du lange lebest in dem Lande, das dir der HERR, dein Gott, geben wird.	*Reinheit*
Du sollst nicht ehebrechen.	*Zufriedenheit*
Du sollst den Namen des HERRN, deines Gottes, nicht missbrauchen; denn der HERR wird den nicht ungestraft lassen, der seinen Namen missbraucht.	*Genügsamkeit*
Du sollst keine anderen Götter haben neben mir.	*Studium der Schriften und der Seele*
Du sollst dir kein Bildnis noch irgendein Gleichnis machen weder von dem, was oben im Himmel, noch von dem, was unten auf Erden, noch von dem, was im Wasser unter der Erde ist.	*Hingabe an Gott*

Wenn Yama durch die Mutterliebe verkörpert wird, so übernimmt die Rolle des Vaters die Aufgabe des Niyama, und wie die Eltern die Grundlage des Lebens bilden, so sind Yama und Niyama die Grundlage der spirituellen Entfaltung. Währenddem der Mensch durch die Kraft der Mutterliebe beginnt, seinen Mitmenschen zu dienen, so verhilft ihm die Vaterliebe zur Tugend der Selbstlosigkeit. Das Dienen am Mitmenschen (Mutter), ohne dafür etwas zu Wollen (Vater), ist das Ziel jeder Religion und die einzige Möglichkeit, in Verbindung mit dem Göttlichen zu treten. Gerade wenn wir uns nicht um das eigene Wohl bemühen, wird uns alles Notwendige gegeben, und wir werden mit Gottesbewusstsein durchdrungen. Auch in der Bibel finden wir dazu entsprechende Worte:

Darum sage ich euch: Sorgt nicht um euer Leben, was ihr essen und trinken werdet; auch nicht um euren Leib, was ihr anziehen werdet. Ist nicht das Leben mehr als Nahrung und der Leib mehr als die Kleidung?
Matthäus 6,25

Alle Gebote und Weisungen von Niyama zielen darauf hin, den Menschen davon abzuhalten, sich an den Früchten des Lebens zu vergreifen. Indem man Vater und Mutter ehrt, wird man sich bewusst, dass alle Geschenke des Lebens durch ihre Liebe geschehen und dass man selbst nichts dazu beigetragen hat. Die Ehe bezeichnet die Verbindung des Menschen zu seinem Schöpfer und das Zufriedensein mit allem, was in unserem Leben geschieht. Dies würde bedeuten, keinen Ehebruch zu begehen. Die heutige Vorstellung über die Ehe als Beziehung zwischen zwei Menschen ist die Folge der Unwissenheit. Vielleicht verstehen wir jetzt die Erklärung von Jesus Christus über die Ehe:

Er sprach zu ihnen: Dies Wort fassen nicht alle, sondern nur die, denen es gegeben ist. Denn einige sind von Geburt an zur Ehe unfähig; andere sind von Menschen zur Ehe unfähig gemacht; und wieder andere haben sich selbst zur Ehe unfähig gemacht um des Himmelreichs willen. Wer es fassen kann, der fasse es! *Matthäus 19,11–12*

Die Ehe stellt im spirituellen Sinne die Bemühung dar, mit allen Lebensumständen, die durch unser Umfeld oder unseren Ehepartner verursacht werden, zufrieden zu sein. Nun gibt es Menschen, die von Natur aus immer zufrieden sind und deswegen, obwohl vielleicht verheiratet, gar nicht zur Ehe fähig sind, da sie immer zufrieden sind. Andere wiederum erreichen den Zustand des Friedens durch konstante Bemühung und weil sie Gott gefallen möchten. Die heutige Ratlosigkeit der Kirche in Bezug auf Ehebruch und Scheidung ist das Resultat der Unwissenheit. So können wir nun feststellen, dass die Unzufriedenheit mit den Lebensumständen die Ursache der hohen Scheidungsrate ist. Es geht eben nicht, wie viele glauben, nur um das traute Zusammensein mit dem Partner, sondern die Ehe wird gemessen an der Zufriedenheit, die man in Bezug auf alle Menschen und Situationen im Leben hat. Die Gebote der Genügsamkeit, des Studiums der Schriften und der Seele sowie die Hingabe an Gott bilden den Abschluss der fünffachen Disziplin des Niyama. Niyama erweckt im Menschen die Fähigkeit, dem Verlangen nach dem Göttlichen zu folgen, ohne daraus etwas für sich zu wollen! Die genaue Beschreibung des Zustandes von Yama und Niyama finden wir in folgender Bibelstelle, mit der ich die Erläuterungen über Niyama abschliesse:

Darum sollt ihr nicht sorgen und sagen: Was werden wir essen? Was werden wir trinken? Womit werden wir uns kleiden? Nach dem allen trachten die Heiden. Denn euer himmlischer Vater weiss, dass ihr all dessen bedürft.
Trachtet zuerst nach dem Reich Gottes und nach seiner Gerechtigkeit, so wird euch das alles zufallen. *Matthäus 6,31–33*

Asana – *Yogastellung*

Asana offenbart die dritte Blüte des achtfachen Yogaweges und wird in den Yoga-Sutren von Patanjali mit folgendem Vers wiedergegeben:

sthira-sukham-asanam *Die achtblättrige Blüte des Yoga, Sutra 46*

Dies heisst, dass Asana eine Körperposition beschreibt, die stabil, bequem und angenehm ist. Sobald wir Yama und Niyama in unser Leben integriert haben, beginnt sich Asana zu manifestieren. Normalerweise lebt der Mensch seinen eigenen Interessen nach und erfreut sich zu Beginn seines Lebens optimaler Gesundheit und eines stabilen Körpers. Mit zunehmendem Alter beginnt er die Früchte seines falschen Tuns zu ernten, sodass der Körper zur zunehmenden Last werden kann. Nur wenige Menschen erkennen, dass Egoismus langfristig die Gesundheit des Körpers belasten wird. Wenn wir nun zu Beginn der dritten Stufe des Astanga-Yoga stehen, wird uns das Leben als Folge von Yama und Niyama in die Pflicht nehmen, und wir werden allen bisher vernachlässigten Pflichten nachkommen müssen, was zuerst körperliche Anstrengung mit sich bringt, aber schlussendlich zu einem gesunden und stabilen Körper führen wird. Bevor sich der Yogi entschieden hat, dem Weg des Yoga zu folgen, ist er meistens für eine bestimmte Zeit der Illusion verhaftet. Es wird deshalb für niemanden einfach sein, sich allen Pflichten zu stellen, denen man vorher ausgewichen ist. Durch das Ausüben von Asanas (Körperstellungen) versuchen wir nun Schritt für Schritt, uns mit allen uns bestimmten Pflichten des Lebens, so anstrengend sie uns zu Beginn auch erscheinen mögen, zu verbinden. Es versteht sich von alleine, dass nur ein im eigenen Leben pflichtbewusster Yogalehrer geeignet ist, anderen Menschen Asanas zu lehren. Das rein körperliche Beherrschen der Asanas ist nicht ausreichend! Asana, wie es die Sutren verstehen, bezeichnet die geistige Einstellung eines Menschen gegenüber jeglicher Pflicht. Sobald wir alle uns gestellten Aufgaben willkommen heissen und uns wohlwollend in die Pflichten begeben, ist Asana vollendet. In der christlichen Lehre finden wir im Brief des Apostels Paulus an die Römer ebenfalls eine Weisung, die den Kern von Asana genau wiedergibt:

Dem aber, der mit Werken umgeht, wird der Lohn nicht aus Gnade zugerechnet, sondern aus Pflicht. *Römer 4,4*

Durch das Ausleben der eigenen Wünsche und durch das Anhaften an materiellen Dingen verbindet sich der Mensch mit bestimmten Charaktereigenschaften, nämlich mit denjenigen, die ihn zum materiellen Erfolg geführt haben. Er definiert fortan seinen Charakter durch bestimmte Eigenschaften und benützt das Fehlen von anderen Eigenschaften als Ausrede für seine mangelnde Nächstenliebe und für sein verlorenes Pflichtbewusstsein, so als wäre dies ein Fehler der Natur. Die Menschen manövrieren sich selbst in ihre missliche Lage, und wenn sie sich dann entscheiden, in ihrem Leben etwas zu ändern, können Yoga-Asanas hilfreich sein, weil sie dem Menschen die Eigenschaften zurückgeben, die er verloren glaubte. Je mehr Eigenschaften dem Menschen abhanden gekommen sind, desto mehr wird er an mentalen Spannungen und unter Depressionen leiden, da er aufgrund seiner falschen Lebenseinstellung die Welt nur nach seinem Wohlstand und seinen Ideen definiert und alles andere von sich wegschiebt! Die Ebene der Eigenschaften bestimmt auch den Freundeskreis des Menschen, deswegen führt jede Veränderung seines Charakters auch zur Veränderung dieses Umfeldes. Weil jeder Handlung die Kraft eines Gedankens zugrunde liegt, führen mentale Spannungen langfristig zu körperlichen Beschwerden und Krankheiten. Durch das Ausüben von Yogastellungen werden geistige Qualitäten und Tugenden erarbeitet, die schlussendlich auch den Körper in die Gesundheit führen. Das Praktizieren der Asanas fördert Eigenschaften, die wir nur wenig entwickelt haben, die wir aber brauchen, um alle unsere Pflichten in der äusseren Welt zu erledigen. Asanas können bestehende Krankheiten heilen, haben aber auch präventiven Charakter. In unserer westlichen Welt haben die meisten Menschen eine falsche Vorstellung von der Wirkung einer Hatha-Yogaübung. Da wir fast alle denken, eine Krankheit entstehe aufgrund äusserer Einflüsse, sind wir auch der Meinung, die Yogaübung wirke in erster Linie auf unseren physischen Körper. Dies ist jedoch nicht so. Schon zur Zeit von Jesus Christus herrschte dieser Irrglaube:

Es gibt nichts, was von aussen in den Menschen hineingeht, das ihn unrein machen könnte; sondern was aus dem Menschen herauskommt, das ist's, was den Menschen unrein macht. *Markus 7,15*

Es sind also unsere egoistischen Bitten an die Aussenwelt, die zu mentalen Störungen führen und schliesslich zu Krankheiten. Durch Yogastellungen entwickeln wir die Tugenden und Voraussetzungen, die wir benötigen, um – als logische Folge – auch einen gesunden Körper zu haben. Alle Yoga-Asanas schenken dem Yogi sowohl eine geistige als auch eine körperliche Transformation, und dadurch erhält er Stabilität und Festigkeit in jeder Lebenslage. Sobald der Yogi allen Pflichten nachkommt, öffnet sich ihm die nächste Ebene des achtstufigen Yogaweges.

Die Pflicht eines Menschen kennt zwei Gesichter, nämlich das äussere Handeln sowie das Dulden und Lieben der Handlungen unserer Mitmenschen. Deshalb unterscheidet auch der Yogaweg zwischen äusseren und inneren Asanas, die den Menschen entsprechend in die äussere oder innere Pflicht führen. Die äusseren Asanas bestehen aus Körperstellungen; die inneren Asanas übt man, indem man den Geist von materiellen Dingen nach innen zurückzieht und sich im dritten Auge (Ajna-Chakra) konzentriert. Nur durch die Konzentration auf die Seele erreicht man inneren Frieden, Ruhe und Ausgeglichenheit. Das Üben von Yogastellungen schenkt dem Yogi mehr Energie sowie geistige und körperliche Reinheit und Ausgeglichenheit. Die Lebenskraft nimmt zu, und der ganze Körperorganismus sowie die Bewegungen des Herzens werden harmonisiert. Der Blutkreislauf wird optimiert, sodass alle Organe und Körperteile mit genügend Sauerstoff versorgt werden. Die inneren Muskeln und die Bänder werden entwickelt. Die Wirbelsäule wird beweglich erhalten, sodass wir länger gesund und jung bleiben. Während Sport und Gymnastik nur die willkürlichen Muskeln fördern, entwickeln Asanas vor allem die unwillkürlichen Muskeln (Herz usw.) und verhelfen dadurch unseren Organen zu besserer Funktion. Im Weiteren erlangen wir durch regelmässiges Üben mehr Konzentration, Unterscheidungskraft, Geduld und Liebe und erhalten dadurch den Zugang zur Seele (Atma).

Die indischen Schriften sprechen von 840 000 Asanas, von denen sich im Verlaufe der Jahrhunderte eine kleine Anzahl Yogastellungen als Kern herausgebildet hat. Die wichtigsten dieser Asanas sind auf den folgenden Seiten wiedergegeben. Die Yogaphilosophie unterscheidet zwischen *Dhyanasanas* – Meditative Stellungen oder Innere Asanas – und *Swasthyasanas*–, bekannt als Kultivierende Stellungen oder Äussere Asanas.

Es gibt fünf meditative Stellungen, die dem Menschen zur Erholung gegeben sind. Es scheint in der Natur zu liegen, dass jeweils eine in den fünf Kontinenten der Erde vorherrschend ist. So liebt es der Inder, in der *Lotusstellung* zu sitzen, während der Europäer den *Schneidersitz* als Ruhestellung bevorzugt. Asien kennt zur Entspannung den *Fersensitz*, und die Afrikaner belieben in der *Meisterstellung* zu sitzen. Die Ureinwohner Australiens schliesslich sehen die vor allem im Yoga bekannte *Angenehme Stellung* als Erholung an. Jeder Mensch praktiziert also intuitiv eine dieser fünf Stellungen, um sich zu entspannen oder um sich dem Inneren zu nähern. Alle übrigen Yogastellungen nennt man Swasthyasanas oder Kultivierende Stellungen, die dem Menschen zu mehr Gesundheit und zur Pflichterfüllung verhelfen. Die meisten Stellungen sind ihrer Bewegung und ihrem Namen nach jeweils einem Tier zugeordnet. Dies zeigt an, dass bei der jeweiligen Yogastellung genau die Eigenschaften geschult werden, die das entsprechende Tier besonders hervorheben und die der Yogi durch das Praktizieren von Asana in sein Leben zu integrieren versucht.

Bitte beachten Sie die folgenden Hinweise. Diese sind sehr wichtig und beim Üben der Asanas einzuhalten. Versuchen Sie, eine friedvolle und stressfreie Yogastunde zu gestalten, die in Harmonie mit Ihrem körperlichen Empfinden und mit Ihrer Seele ist.

Wichtige Hinweise

Grundsätzlich ist es empfehlenswert, sich durch einen Yogalehrer einführen zu lassen und die Übungen unter seiner Anleitung zu praktizieren. Achten Sie jedoch darauf, dass dieser nicht nur die technischen Fähigkeiten besitzt, sondern auch die Sprache des Herzens verwirklicht hat.

Die Asanas sollen, wenn möglich, in einem ruhigen, frisch gelüfteten Raum praktiziert werden. Eine Matte oder eine Decke dient als Unterlage. Eine lockere und bequeme Kleidung ist vorteilhaft. Nach der Einnahme einer Hauptmahlzeit soll mit dem Üben von Asanas 1½ Stunden gewartet werden. Im Allgemeinen eignet sich der Morgen vor allem für Übungen im Liegen, der Nachmittag vor allem für Übungen im Stehen.

Sofern bei den einzelnen Übungen keine spezielle Atemtechnik erwähnt ist, wird immer Nasenatmung praktiziert. Bei der Nasenatmung bleibt der Mund geschlossen, man atmet durch die Nase ein und aus. Die Nasenhärchen reinigen die Luft von Schmutzpartikeln, das Wiedereinatmen von ausgeatmeter Luft wird verhindert. Während der Nasenatmung sind die Schild- und die Nebenschilddrüsen optimal blockiert; dies verhilft zu einem ruhigen Geist.

Grundsätzlich werden jeweils drei Runden des gleichen Asanas praktiziert. Nach jeder Runde erfolgt eine Entspannung in *Savasana* (Totenstellung), die gleich lange dauern soll wie das Asana. Während dem Praktizieren eines Asanas wird in einem bestimmten Bereich unseres Körpers der Blutkreislauf unterbrochen, während der Entspannung werden demzufolge einzelne Körperteile entschlackt und richtig durchblutet.

Bei den Asanas gibt es Vorwärts- und Rückwärtsbeugungen der Wirbelsäule. Damit die Bewegungen der Wirbelsäule ausgeglichen bleiben, sollen sich bei der Übungsabfolge die Vorwärts- und Rückwärtsbeugungen abwechseln und ihre Anzahl ungefähr ausgeglichen sein. Im Weiteren unterscheidet man Vorwärts- und Rückwärtsstellungen, bei denen jeweils die Vorder- oder die Rückseite des Körpers dem Boden zugewandt ist. Entsprechend entspannt man bei Vorwärtsstellungen in Bauchlage, bei Rückwärtsstellungen in Rückenlage.

Für das Praktizieren aller Asanas ist es wichtig, die Stellung nur so weit zu praktizieren, wie es der Körper zulässt.

Beachten Sie bitte Folgendes:

- Kinder unter zwölf Jahren sollen keine Umkehrstellungen (z. B. Kerzenstellung, Kopfstand usw.) praktizieren, da die Nebenschilddrüsen, die Schilddrüsen und die Hypophyse noch nicht vollständig aktiviert sind und eine vorzeitige Aktivierung zu Störungen im Wachstumsprozess führen kann.

- Personen mit Bluthochdruck, Schilddrüsenüberfunktion, akuten Augenverletzungen oder mit Augenkrankheiten wie grauer oder grüner Star sollen extreme Umkehrstellungen wie zum Beispiel die Kerzenstellung oder den Kopfstand vermeiden.

- Personen mit einer Schilddrüsenunterfunktion sollen den Kopf nicht zu lange und ohne jeglichen Druck in den Nacken legen.

- Bis zum dritten Monat der Schwangerschaft können alle Asanas praktiziert werden. Ab dem vierten Monat bis drei Monate nach der Geburt dürfen nur gewisse Asanas – nach Absprache mit dem Yogalehrer – praktiziert werden. Die gleichen Einschränkungen gelten auch für die ersten vier Tage der Menstruation.

Padmasana – *Lotusstellung*

Technik:
Ausgangsstellung: Sitzend mit nach vorne gestreckten Beinen. Wir fassen den rechten Fuss und legen ihn auf den linken Oberschenkel, dann legen wir den linken Fuss auf den rechten Oberschenkel. Die Fersen sollten womöglich die Bauchdecke berühren. Falten Sie die Hände oder legen Sie sie auf die Knie. Achten Sie darauf, dass die Wirbelsäule möglichst aufrecht ist. Bleiben Sie ca. eine Minute in der Stellung, dann wechseln Sie die Beine und wiederholen die Übung. Praktizieren Sie drei Runden.

Konzentration:
Konzentrieren Sie sich mit geschlossenen Augen auf einen Punkt zwischen den beiden Augenbrauen. Die Atmung ist normal.

Körperliche Wirkung:
Die Knöchel und Kniegelenke werden durch diese Übung gekräftigt und gesund erhalten.

Geistige Wirkung:
In der Lotusstellung sind alle Teile des Körpers harmonisch miteinander verbunden, die Verbindung kommt jedoch nur durch eine körperliche Anspannung zustande. Körper und Geist sind unter Spannung und ermöglichen der Seele Raum zur Entfaltung. Genauso wie der Duft der Rose zwei Dinge in sich birgt, nämlich Dornen und Blütenblätter, so besteht die Lotusstellung aus der perfekten Zusammenführung von Körper (Dornen) und Geist (Blütenblätter), die, wenn Sie beide unter Kontrolle gebracht werden, die Seele (Duft) erwachen lassen.
Konzentrationsfähigkeit ist die Voraussetzung, um die Verbindung zur Seele wahrzunehmen. Dies wird während der Lotusstellung entwickelt, sodass der Gedankenfluss beruhigt wird und das Licht der Seele erscheinen kann.

Siddhasana – *Meisterstellung*

Technik:
Ausgangsstellung: Sitzend mit nach vorne gestreckten Beinen. Beugen Sie nun das linke Knie und ziehen Sie die Ferse des linken Beines zu sich heran. Sitzen Sie auf die linke Ferse, sodass die Ferse den Damm (zwischen Geschlechtsorgan und After) berührt. Dann ziehen Sie die rechte Ferse zu sich und legen sie gegen die linke Seite des Schambeins. Die Zehen schieben Sie zwischen Wade und Oberschenkel. Die Hände legen Sie auf die Knie und versuchen die Wirbelsäule möglichst aufrecht zu halten. Bleiben Sie ca. eine Minute in der Stellung, dann wechseln Sie die Beine und wiederholen die Übung. Praktizieren Sie drei Runden.

Konzentration:
Konzentrieren Sie sich mit geschlossenen Augen auf einen Punkt zwischen den beiden Augenbrauen. Die Atmung ist normal.

Körperliche Wirkung:
Die Blutzirkulation im Dammbereich wird verbessert, was zur Gesunderhaltung der Genitalorgane sowie des Afters führt. Knöchel und Kniegelenke werden ebenfalls gestärkt.

Geistige Wirkung:
Siddha bedeutet Meister oder Erfolg. In dieser Stellung wird auf die beiden Körperdrüsen, die beim Menschen am meisten Probleme verursachen, Druck ausgeübt. Unreinheiten aus dem Steissbeinzentrum (falsche Einstellung zu materiellen Dingen) und Kreuzbeinzentrum (falsche Einstellung zur Sexualität) werden dem Übenden dieser Stellung ins Bewusstsein gebracht. Kraft der Konzentration kann er diese Unreinheiten meistern und wahren Frieden (Erfolg) erhalten.

Swastikasana – *Angenehme Stellung oder Knöchelsperrstellung*

Technik:
Ausgangsstellung: Sitzend mit nach vorne gestreckten Beinen. Legen Sie die linke Ferse in die rechte Leistenbeuge, sodass die Fusssohle am rechten Oberschenkel anliegt. Nehmen Sie nun den rechten Fuss und legen ihn gegen die linke Leistenbeuge. Schieben Sie die Zehen des rechten Fusses zwischen Wadenmuskeln und Oberschenkel des linken Beines. Falten Sie die Hände oder legen Sie sie auf die Knie. Die Wirbelsäule ist aufrecht. Bleiben Sie ca. drei Minuten in dieser Stellung, dann wechseln Sie die Beine und wiederholen die Übung. Praktizieren Sie drei Runden.

Konzentration:
Konzentrieren Sie sich mit geschlossenen Augen auf einen Punkt zwischen den beiden Augenbrauen. Die Atmung ist normal.

Körperliche Wirkung:
Die Knöchel und Kniegelenke werden durch diese Übung gekräftigt und gesund erhalten.

Geistige Wirkung:
Diese Stellung kommt der Wirkung von Sukhasana und Padmasana sehr nahe. Die beiden Beine symbolisieren Gefühl und Verstand oder auch Körper und Geist, die, wenn sie harmonisch miteinander verbunden sind, die Seele im Bewusstein des Menschen erfahrbar machen.
Swastika bedeutet angenehm oder bequem. Diese Meditationsstellung ist für den westlichen Menschen besonders geeignet, da die sanfte Beinstellung im täglichen Leben den Menschen zu mehr Ausgeglichenheit und Ruhe führt. Der Übende ist dadurch in der Lage, Hektik und Stress abzubauen und mehr Lebensfreude zu geniessen.

Sukhasana – *Einfache oder Bequeme Stellung*

Technik:
Ausgangsstellung: Sitzend mit nach vorne gestreckten Beinen. Beugen Sie das rechte Bein und legen Sie die rechte Fusssohle unter den linken Oberschenkel, danach beugen Sie das linke Bein und legen die linke Fusssohle von unten her gegen den rechten Oberschenkel. Falten Sie die Hände oder legen Sie sie auf die Knie. Achten Sie darauf, dass die Wirbelsäule aufrecht ist. Bleiben Sie ca. drei Minuten in dieser Stellung, dann wechseln Sie die Beine und wiederholen die Übung. Praktizieren Sie drei Runden.

Konzentration:
Konzentrieren Sie sich mit geschlossenen Augen auf einen Punkt zwischen den beiden Augenbrauen. Die Atmung ist normal.

Körperliche Wirkung:
Die Knöchel, Kniegelenke, insbesondere jedoch die Waden, werden gestärkt und gesund erhalten.

Geistige Wirkung:
Wie Swastikasana kommt auch diese Stellung der Lotusstellung sehr nahe. Die beiden Beine symbolisieren Gefühl und Verstand oder auch Körper und Geist, die, wenn sie harmonisch miteinander verbunden sind, die Seele im Bewusstsein des Menschen erfahrbar machen. *Sukha* bedeutet glücklich oder bequem. Diese Meditationsstellung ist für den westlichen Menschen am wirksamsten. Die beiden Beine, die gegeneinander gelegt werden, stehen für unsere rationale Betrachtungsweise. Die einzige Möglichkeit für den westlichen Menschen, Verwirklichung zu erlangen, besteht darin, Alltag und Meditation oder Objekt und Subjekt als Teil der einen Wahrheit zu erkennen und demzufolge beiden Teilen der göttlichen Natur die gleiche Bedeutung zuzumessen.

Vajrasana – *Donnerstellung*

Technik:
Ausgangsstellung: Sitzen Sie mit dem Gesäss auf die Fersen. Beachten Sie, dass die Knie geschlossen sind. Fussrücken und Unterschenkel liegen ganz am Boden auf (nicht mit den Zehen abstützen). Die Hände legen Sie auf die Knie und halten die Wirbelsäule so gerade wie möglich. Bleiben Sie ca. drei Minuten in dieser Stellung. Praktizieren Sie drei Runden.

Konzentration:
Konzentrieren Sie sich mit geschlossenen Augen auf einen Punkt zwischen den beiden Augenbrauen. Die Atmung ist normal.

Körperliche Wirkung:
Die Muskeln und Nerven der Füsse, Beine und Beingelenke werden richtig durchblutet, gestärkt und gesund erhalten. Rheumatische Beschwerden können durch regelmässiges Üben geheilt werden. Vajrasana aktiviert das Verdauungsfeuer und ist deshalb nach einer Hauptmahlzeit von grossem Nutzen. Vajrasana, vor dem Schlafengehen geübt, begünstigt einen gesunden Schlaf.

Geistige Wirkung:
Vajra bedeutet Donner. In dieser Stellung wird auf das linke und rechte Bein, und somit auf deren Nerven, Druck ausgeübt. Dies führt dazu, dass während der Meditation in dieser Stellung viele Gedanken in unser Bewusstsein aufsteigen (die Wünsche werden *sichtbar*). Das innere Feuer, dass durch dieses Asana stark aktiviert wird, löst den *Donner* aus. Der Donner symbolisert die Konzentrationskraft sowie den höheren Verstand, welche durch diese Stellung voll aktiviert werden und dadurch helfen, Gedanken aufzulösen. In den Yogaschriften steht, dass wer sich in Vajrasana die Haare kämmt, nicht so schnell ergraut. Durch das verstärkte innere Feuer können abgelagerte Gedankenenergien aus unseren Haaren entfernt werden. Diese meditative Stellung ist in Asien sehr verbreitet und wird von den Frauen als sehr angenehm empfunden.

Dolasana – *Schaukelstellung*

Technik:
Ausgangsstellung: Sitzend mit nach vorne gestreckten Beinen. Beugen Sie die Knie und ziehen Sie die Füsse zum Gesäss. Fassen Sie mit Ihren Armen unter den Kniebeugen durch und verschränken Sie die Unterarme mit Ihren beiden Händen. Die Arme befinden sich zwischen Oberschenkel und Waden. Beugen Sie nun den Kopf nach vorne, und wenn möglich berühren Sie mit der Stirne die Knie. Die Wirbelsäule sollte möglichst entspannt und gerundet sein. Rollen Sie sich nun mit dem Einatmen nach hinten und achten Sie darauf, dass der Hinterkopf den Boden nicht berührt. Mit dem Ausatmen rollen Sie sich in die Ausgangsstellung zurück, sodass die Füsse wieder den Boden berühren. Versuchen Sie während der Schaukelstellung (dem Rollen) die Knie bei der Stirn zu behalten. Praktizieren Sie auf diese Weise zehn bis fünfzehn Runden. Danach erst entspannen Sie in Savasana.

Konzentration:
Konzentrieren Sie sich während dieser Übung auf die Wirbelsäule und atmen Sie, wie es unter *Technik* beschrieben wurde.

Körperliche Wirkung:
Diese Übung ist eine gute Aufwärm- beziehungsweise Vorbereitungsübung. Sie wärmt den ganzen Körper, indem alle Nerven und Zellen gut durchblutet werden. Die Wirbelsäule wird gedehnt und dadurch die Nerven und Rückenmuskulatur aktiviert und gestärkt. Der Kopf wird ebenfalls gut durchblutet.

Geistige Wirkung:
Dola bedeutet Schaukel. Wie die Schaukel in beide Richtungen nach vorne und zurück bewegt, so hilft diese Übung, geistige Ausgeglichenheit zu erreichen. Durch das Einatmen und Nach-Hinten-Rollen holen wir verdrängte Energien hervor und durch das Ausatmen und Nach-Vorne-Rollen können wir sie verarbeiten. Wir lernen Sorgen und Ängste der Umwelt mitzuteilen; dadurch erhalten wir die notwendige Kraft und Ruhe, unsere Probleme besser meistern zu können.

Utthita Padasana – *Beinhebestellung*

Technik:
Ausgangstellung: Liegend, auf dem Rücken. Schliessen Sie die Beine, legen Sie die Arme nahe dem Körper und drehen Sie die Handflächen auf den Boden. Mit dem Einatmen heben Sie nun die beiden Beine hoch, bis die Füsse dreissig Zentimeter Abstand zum Boden haben. Die Beine bleiben während der Übung gestreckt. Bleiben Sie ca. dreissig Sekunden in dieser Stellung und gehen Sie dann mit der Ausatmung in die Ausgangsstellung zurück. Praktizieren Sie drei Runden und entspannen Sie sich nach jeder Runde in Savasana.

Konzentration:
Konzentrieren Sie sich während dieser Übung auf den Bauch und die Unterleibsorgane. Die Atmung ist normal.

Körperliche Wirkung:
Diese Übung stärkt die Muskeln des Bauches und entfernt überflüssiges Fett von Unterleib und Bauch. Die Unterleibsorgane, insbesondere die Prostata, werden gut durchblutet und gesund erhalten.

Geistige Wirkung:
Utthita bedeutet heben und *Pada* bedeutet Bein. Die Beine stehen symbolisch für den täglichen Bewegungsablauf des Menschen, von dem er sich manchmal nur schwerlich loslösen kann. Dies führt dazu, dass bei den geringsten Bewegungsveränderungen materiell wie zwischenmenschlich Sicherheitsängste auftreten. Durch das Anheben der Beine versuchen wir die Verbindung zu schlechten Gewohnheiten bewusst zu werden, um uns davon loszulösen. Dadurch vermeiden wir abrupte und unwillkommene Richtungsänderungen in unserem Leben und erhalten Unabhängigkeit und Widerstandskraft.

Sarbangasana – *Kerzenstellung*

Technik:
Ausgangsstellung: Rückenlage. Legen Sie die Hände mit den Handflächen nach unten neben den Körper. Schliessen Sie die Beine und gehen Sie nun langsam in die halbe Kerze (Ardha Sarbangasana). Ihre Beine stehen nun senkrecht zum Oberkörper und die Knie sind durchgedrückt. Das Gesäss sollten Sie dabei am Boden lassen. Atmen Sie normal und bleiben Sie ca. fünfzehn Sekunden in dieser Stellung. Damit das Blut besser und schneller abfliesst, können Sie die Zehen gegen sich ziehen.
Gehen Sie dann ganz langsam in die volle Kerze (Sarbangasana), indem Sie die Hüften und den Rücken vom Boden anheben, bis Sie nur noch mit den Schultern den Boden berühren. Stützen Sie mit den Händen den Rücken und pressen Sie das Kinn an die Brust (siehe Bild). Achten Sie darauf, dass die Beine gestreckt und möglichst in einer Linie zum Oberkörper bleiben. Verweilen Sie zu Beginn ein bis drei Minuten in dieser Stellung. Mit der Zeit kann die Dauer auf zehn bis fünfzehn Minuten erhöht werden. Rollen Sie nun den Körper langsam ohne ruckartige Bewegungen Wirbel für Wirbel ab. Spüren Sie, wie das Blut langsam in den Unterleib und dann in die Beine zurückfliesst. Achten Sie darauf, dass der Kopf am Boden liegen bleibt. Praktizieren Sie nur eine Runde und entspannen Sie sich danach in Savasana.

Wichtige Hinweise:
Nach Sarbangasana ist es unbedingt notwendig, eine Rückwärtsbeugung zu praktizieren, damit die Wirbelsäule wieder entspannt wird. Geeignet dafür sind insbesondere Matsyasana (Fischstellung), Moha Setubandhasana (Grosse Brückenstellung) oder Ardha Ustrasana (Halbe Kamelstellung).

Personen mit hohem Blutdruck, Schilddrüsenüberfunktion oder mit akuten Augenkrankheiten sollten Sarbangasana nicht praktizieren. Kinder unter zwölf Jahren sollten diese Yogastellung ebenfalls nicht üben, da ihre Nebenschilddrüsen, Schilddrüsen sowie die Hypophyse noch nicht vollständig aktiviert sind, durch Sarbangasana jedoch genau diese Drüsen aktiviert werden. Eine vorzeitige Geschlechtsreife sowie ein Zurückbleiben der geistigen Entwicklung wäre das Resultat.

Konzentration:
Nachdem Sie sich in der vollen Kerze befinden, konzentrieren Sie sich zuerst auf das Gehirn und dann auf Hypophyse und Gesicht. Danach beginnen Sie, sich auf den Hals und die Nackenregion zu konzentrieren. Zum Schluss konzentrieren Sie sich auf die Herzregion, die Bronchien und die Lungen. Die Atmung ist normal.

Körperliche Wirkung:
Sarbangasana bedeutet Stellung für den ganzen Körper. So ist die Wirkung dieser Übung für den ganzen Körper von grossem Nutzen. Alle Nerven und Zellen werden richtig durchblutet und mit frischem Sauerstoff versorgt. Die Zirbeldrüse sowie die Hypophyse werden richtig durchblutet und gesund erhalten. Dadurch wird geistige Erschöpfung beseitigt und die Geisteskraft erhöht. Alle Organe im Halsbereich, sowie Schilddrüse, Nebenschilddrüsen, Mandeln usw. werden gesund erhalten. Unser Herz, das beständig gegen die Schwerkraft arbeiten muss, bekommt in dieser Stellung Erholung, denn das Blut fliesst von selber in die Kopfregion. Im Weiteren können durch dieses Asana Störungen der Leber und der Milz, Verstopfung, Gebärmuttersenkung, Krampfadern und Unterleibskrankheiten geheilt werden.

Geistige Wirkung:
Diese klassische Yogastellung hat einen grossen Einfluss auf unser Bewusstsein. Durch die extreme Vorwärtsstellung wird das ganze feinstoffliche Nervensystem aktiviert. Alle blockierten, verdrängten Energien (Gedanken) werden freigesetzt und ins Bewusstsein zurückgerufen. Die Kerzenstellung verhilft dem Yogi zur besseren Verarbeitung dieser Energien, indem er durch die Vorwärtsbeugung die Kraft erhält, sein Gedankengut der Aussenwelt mitzuteilen. Das gute Funktionieren der Schilddrüsen wäre das körperliche Resultat dieser Tugend. Im Weiteren muss das Herz während der Kerzenstellung nicht gegen die Schwerkraft arbeiten. Die Schwerkraft steht symbolisch für den Egoismus des Menschen und für seine ausschliesslich auf sich bezogenen materiellen Wünsche. Durch Sarbangasana lernen wir, unsere Wünsche im Wohl des Mitmenschen zu suchen und bekommen dadurch ein gesundes Herz sowie die Fähigkeit, frei mit der Aussenwelt kommunizieren zu können. Dieses Asana schenkt dem Yogi Ausdruckskraft sowie Kommunikationsfähigkeit, wodurch er zu mehr spirituellem Verständnis und Frieden gelangen wird.

Halasana – *Pflugstellung*

Technik:
Ausgangsstellung: Sarbangasana (Kerzenstellung). Praktizieren Sie also zuerst Sarbangasana und beugen Sie dann ganz langsam die Beine nach hinten über den Kopf. Berühren Sie wenn möglich mit den Zehen den Boden und achten Sie darauf, dass die Knie durchgedrückt sind. Die Arme legen

Sie gestreckt nach vorne, sodass die Handflächen nach unten zeigen. Atmen Sie normal und bleiben Sie zu Beginn ca. eine Minute in dieser Stellung. Mit der Zeit können Sie die Zeitspanne auf drei Minuten ausdehnen. Rollen Sie den Körper langsam, ohne ruckartige Bewegungen, Wirbel für Wirbel ab. Der Kopf sollte während dem Abrollen am Boden liegen bleiben. Praktizieren Sie eine Runde und entspannen Sie sich danach in Savasana.

Wichtige Hinweise:
Nach Sarbangasana und Halasana ist es unbedingt notwendig, eine Rückwärtsbeugung zu praktizieren, damit die Wirbelsäule wieder entspannt wird. Geeignet dafür sind insbesondere Matsyasana (Fischstellung), Moha Setubandhasana (Grosse Brückenstellung) oder Ardha Ustrasana (Halbe Kamelstellung).
Personen mit hohem Blutdruck, Schilddrüsenüberfunktion oder mit akuten Augenkrankheiten sollten Sarbangasana nicht praktizieren. Kinder unter zwölf Jahren sollten diese Yogastellung ebenfalls nicht üben, da ihre Nebenschilddrüsen, Schilddrüsen sowie die Hypophyse noch nicht vollständig aktiviert sind, durch Sarbangasana jedoch genau diese Drüsen aktiviert werden. Eine vorzeitige Geschlechtsreife sowie ein Zurückbleiben der geistigen Entwicklung wäre das Resultat.

Konzentration:
Konzentrieren Sie sich während der Übung auf die Hals- und Nackenregion. Die Atmung ist normal.

Körperliche Wirkung:
Grundsätzlich ist Halasana eine Weiterführung von Sarbangasana (Ausgangsstellung) und verstärkt dessen Wirkungen noch. Die verstärkte Vorwärtsbeugung fördert zusätzlich die Beweglichkeit der Wirbelsäule und heilt dadurch Rückenbeschwerden. Alle Organe im Halsbereich werden gut durchblutet und gesund erhalten. Rheumatische Beschwerden in Nacken, Schultern und Armen können durch diese Übung vorgebeugt beziehungsweise geheilt werden. Durch die Beugung des Unterkörpers werden ebenfalls alle Unterleibsorgane durchblutet und gestärkt.

Geistige Wirkung:
Hala bedeutet Pflug. Wie der Pflug den Acker gegen alle Widerstände pflügt, so entwickelt diese Yogastellung im Menschen die Fähigkeit, sein Gedankengut der Wahrheit willen mitzuteilen. So wie jedoch der Bauer durch das Pflügen den Acker von Unkraut befreit, so sollten wir das Gedankengut nur an die Umwelt mitteilen, wenn wir bereit sind, dadurch unsere Fehler genauer kennen zu lernen und auch den Mut haben, uns zu ihnen zu bekennen. Dieses Asana verleiht dem Übenden die Kraft, über seinen Schatten zu springen und schenkt ihm Ausdruckskraft und Mut.

Matsyasana – *Fischstellung*

Technik:

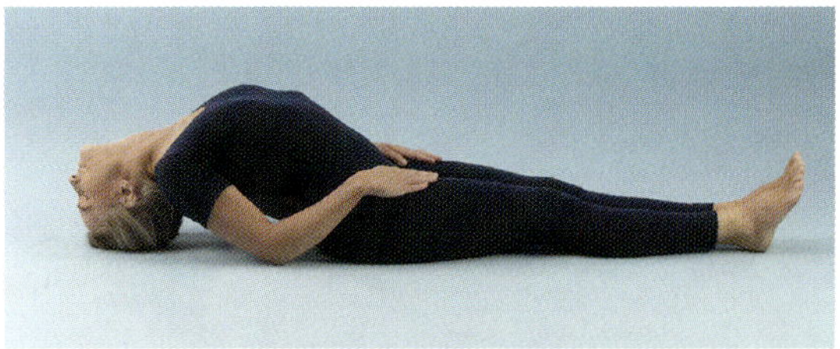

Ausgangsstellung: Sitzend, die Beine geschlossen nach vorne gestreckt. Schieben Sie nun die Hände unter das Gesäss und stützen Sie sich auf den Ellbogen ab. Legen Sie den Kopf in den Nacken und beginnen Sie, den Brustkorb zu dehnen. Jetzt beugen Sie den Kopf ganz nach hinten und versuchen mit dem mittleren Teil der Schädeldecke den Boden zu berühren. Die Hände legen Sie auf die Oberschenkel (siehe Bild). Zu Beginn ist es ratsam, nicht zu viel Gewicht auf den Nacken zu verlagern. Dehnen Sie den Brustkorb so weit wie möglich. Bleiben Sie ca. dreissig Sekunden in dieser Stellung und entspannen Sie sich danach in Savasana. Die zweite und dritte Runde können Sie aus dem Liegen praktizieren, indem Sie die Hände auf die Oberschenkel legen, den Brustkorb dehnen und den Kopf ganz in den Nacken legen, bis die Schädeldecke den Boden berührt. Entspannen Sie nach jeder Runde in Savasana.

Konzentration:
Während den ersten beiden Runden konzentrieren Sie sich auf die Nackenwirbel und die Nebenschilddrüsen. Bei der dritten Runde konzentrieren Sie sich insbesondere auf den Hals, den Kehlkopf und die Atemorgane. Die Atmung ist normal.

Körperliche Wirkung:
Matsyasana dient als Ausgleichsbewegung zu Sarbangasana (Kerzenstellung) und sollte unmittelbar nach der Kerzenstellung praktiziert werden. Die Nacken- und Halsregion wird gestärkt und gesund erhalten. Alle Muskeln und Organe in diesem Bereich werden richtig aktiviert. Matsyasana fördert das richtige Funktionieren der Nebenschilddrüsen. Die Sekretion der Nebenschilddrüsen ist für die Gesundheit des Menschen wichtig, denn sie dient der Kalziumaufnahme des Körpers. Wenn der Körper zu wenig Kalzium bereitstellt, kann dies zu Verdauungsstörungen, Verstopfung, Magengeschwüren, Muskelkrämpfen usw. führen. Matsyasana begünstigt auch die Atemorgane und die Thymusdrüse und ist heilend bei Asthmabeschwerden.

Geistige Wirkung:
Matsya bedeutet Fisch. Der Fisch liebt die Warmwasserströme und tut sein Möglichstes, in diesen Wassergefilden zu verweilen. Selbst wenn starke Gegenströmung ihn dabei behindert, unternimmt er alles, um in seiner gewohnten Umgebung zu bleiben. Die Warmwasser des Fisches sind im Menschen die Bekenntnis zu Liebe und Wahrheit, denen er verpflichtet ist, Folge zu leisten, auch wenn er dabei auf Widerstände stösst. Diese Yogastellung verhilft dem Menschen, die Tugenden zu entwickeln, die er benötigt, um sich zu Liebe und Wahrheit bekennen zu können. So lernen wir durch Matsyasana, anderen Menschen geduldig zuzu-

hören (stumm wie ein Fisch) und sich für ihre Bedürfnisse einzusetzen. Dadurch gewinnen wir die Kraft, uns über Belanglosigkeiten zu erheben und uns loszulösen von Ungeduld und Egoismus.

Bhadrasana – *Sanfte Stellung*

Technik:
Ausgangsstellung: Sitzend mit nach vorne gestreckten Beinen. Beugen Sie nun die Beine und legen Sie beide Füsse gegeneinander. Erfassen Sie die Füsse mit den Händen und ziehen Sie die Fersen langsam in Richtung des Genitalorgans, bis die Fersen den Körper berühren (falls möglich). Versuchen Sie jetzt die Knie gegen den Boden zu drücken und halten Sie dabei die Wirbelsäule aufrecht. Gehen Sie mit der Dehnung nur bis zur Schmerzgrenze. Mit der Zeit werden Sie mit den Knien den Boden berühren können. Bleiben Sie ca. dreissig Sekunden in der Stellung und entspannen Sie sich danach in Savasana. Praktizieren Sie drei Runden und entspannen Sie sich nach jeder Runde in Savasana.

Konzentration:
Konzentrieren Sie sich auf die Leisten, die Oberschenkel und das Genitalorgan. Die Atmung ist normal.

Körperliche Wirkung:
Bhadrasana aktiviert die Muskulatur des Unterleibes und hilft insbesondere bei Harnbeschwerden, Prostataleiden, Brüchen[1] und Wasserbruch[2]. Die Atmung im Unterleib wird verbessert und der Körper erhält mehr Festigkeit. Menstruationsbeschwerden werden durch diese Yogastellung gelindert und durch beständiges Üben können viele Unterleibskrankheiten geheilt werden.

Geistige Wirkung:
Das Element Wasser steht für Reinheit und Selbstlosigkeit. Die Wasserausscheidungsorgane im physischen Körper haben auf der geistigen Ebene die Aufgabe den Menschen von Undankbarkeit und egoistischen Wünschen zu befreien. Das Genitalorgan symbolisiert die Dankbarkeit im Menschen, die Voraussetzung ist, um anderen Menschen Lebensraum zu ermöglichen. Wenn wir also die Fersen zum Genitalorgan ziehen, so versuchen wir gleichzeitig dankbar zu sein für alles, was das Leben uns bereits geschenkt hat. Bhadrasana oder die Sanfte Stellung erlöst den Menschen von Undankbarkeit. Die dadurch gewonnene Lebensfreude führt zu mehr Beständigkeit und Frieden.

---

[1] Vortreten eines Eingeweideanteils in eine Ausstülpung des Bauchfells.

[2] Ausstülpung einer Scheidewand mit Flüssigkeitsansammlung.

Mandukasana – *Froschstellung*

Technik:
Ausgangsstellung: Vajrasana (Donnerstellung). Spreizen Sie nun ganz langsam die Knie und setzen Sie sich mit dem Gesäss zwischen die Fersen auf den Boden der Füsse (nicht auf den Fussboden). Die grossen Zehen berühren sich. Die Hände legen Sie mit den Handflächen nach unten auf die Knie. Spannen Sie nun den Rückenmuskel (Latissimus) und halten Sie dabei die Wirbelsäule aufrecht. Bleiben Sie jetzt eine Minute in dieser Stellung. Lockern Sie die Beine nach der ersten und zweiten Runde ein wenig und entspannen Sie erst nach der dritten Runde in Savasana.

Konzentration:
Konzentrieren Sie sich während der Übung auf die Beine, insbesondere auf die Oberschenkelmuskulatur. Die Atmung ist normal.

Körperliche Wirkung:
Der Latissimus (breiter Rückenmuskel entlang der Wirbelsäule) sowie der Schultergürtel werden angespannt und erhalten dadurch eine schöne Form. Rücken- und Kreuzschmerzen werden gelindert. Die Beinmuskulatur sowie die Knie- und Fussgelenke werden gestärkt und gesund erhalten. Mandukasana bewirkt ebenfalls eine gute Aktivierung der Ischiasnerven.

Geistige Wirkung:
Manduka bedeutet Frosch. Der Frosch kann Stunden mit Warten und Beobachten verbringen und im entscheidenden Moment seine Sprungkraft unter Beweis stellen und seine Beute schnappen. Diese Yogastellung verhilft uns daher einerseits zu mehr Wachsamkeit und Mut und andererseits wird auch die seltene Tugend der Geduld in uns entwickelt.

Simhasana – *Löwenstellung*

Technik:
Ausgangsstellung: Vajrasana (Donnerstellung). Beugen Sie sich ein wenig nach vorne und stützen Sie sich mit den Händen am Boden ab, sodass die Fingerspitzen nach vorne zeigen. Öffnen Sie den Mund und strecken Sie die Zunge so weit wie möglich heraus. Atmen Sie langsam durch den Mund ein, sodass der Atem ihre Stimmbänder aktiviert. Schliessen Sie den Mund und atmen Sie langsam durch die Nase aus. Wiederholen Sie diesen Vorgang für ca. drei Minuten (Zunge herausstrecken, einatmen, Mund schliessen und durch die Nase ausatmen). Praktizieren Sie eine Runde und erholen Sie sich danach in Savasana.

Konzentration:
Konzentrieren Sie sich während dieser Übung auf die Zungenwurzel, die Nasenspitze und auf den Hals. Gleichzeitig atmen Sie, wie es unter *Technik* beschrieben wurde.

Körperliche Wirkung:
Simhasana lindert Mandelbeschwerden und Schwerhörigkeit. Im Weiteren ist es ein hilfreiches Asana, um Stottern zu heilen. Es macht die Stimme wohlklingend und begünstigt daher besonders Sänger.

Geistige Wirkung:
Simha bedeutet Löwe. Das Löwengebrüll hat auf den Menschen zwei Wirkungen: einerseits ist es unüberhörbar, andererseits durchdringt es unser ganzes Wesen respektive versetzt uns in Schrecken. Durch die Konzentration auf die Zungenwurzel und Nase bekommen wir die Kraft, unsere wirklichen Bedürfnisse frei und offen auszusprechen auch wenn wir dabei unser Gesicht verlieren (herausgestreckte Zunge). Das heisst, wir lernen über die Dinge zu sprechen, die unser Herz wirklich bewegt und nicht über die Dinge, mit denen wir bei unseren Mitmenschen imponieren wollen. Viele Menschen sind entsetzt, als hätten Sie einen Löwen gesehen, wenn Sie das erste Mal hören, was ihren Mitmenschen wirklich belastet. Diese wunderbare Yogastellung ist für Kinder sehr geeignet und verhilft uns zu mehr Ausdrucks- und Durchsetzungskraft.

Ardha Ustrasana – *Halbe Kamelstellung*

Technik:

Ausgangsstellung: Vajrasana (Donnerstellung). Knien Sie sich so hin, dass die Oberschenkel senkrecht zum Boden stehen. Strecken Sie jetzt die Arme nach hinten, und legen Sie gleichzeitig den Kopf in den Nacken. Mit dem Oberkörper beugen Sie sich nach hinten, bis Sie mit den Händen die Fersen erfassen können. Dehnen Sie nun den Brustkorb so weit wie möglich nach oben. Die Fussrücken sollten während der ganzen Übungsdauer den Boden berühren. Bleiben Sie ca. dreissig Sekunden in dieser Stellung. Heben Sie dann zuerst ganz langsam den Kopf und dann den Oberkörper und entspannen danach in Savasana. Um anfangs allzu grossen Druck auf die Kreuzbeinregion zu vermeiden, können Sie die Füsse leicht spreizen, bevor Sie den Kopf und Oberkörper nach hinten beugen und mit den Händen die Fersen fassen. Praktizieren Sie drei Runden und entspannen Sie nach jeder Runde in Savasana.

Konzentration:
Konzentrieren Sie sich während dieser Stellung auf den Nacken, die Brust den Hals und die Kreuzbeinregion. Die Atmung ist normal.

Körperliche Wirkung:
Die Wirbelsäule wird durch Ardha Ustrasana stark rückwärts gebeugt und bleibt beweglich und gesund. Das Nervensystem und die Rückenmuskulatur werden dadurch richtig aktiviert und gesund erhalten. Die Übung ist förderlich für den ganzen Brustkorb (Dehnung). Lungen und Thymusdrüse bleiben gesund. Diese Yogastellung hilft, hohen Blutdruck zu senken und begünstigt aufgrund der Rückwärtsbeugung des Hüftbereichs auch Nieren und Nebennieren.

Geistige Wirkung:
Ustra bedeutet Kamel. Das Kamel zeichnet sich aus durch enorme Energiereserven. So kann es bis zu vierzehn Tage ohne Wasseraufnahme überleben. Durch die starke Rückwärtsbeugung der Wirbelsäule werden verdrängte Energien aus dem Steissbein-, Kreuzbein- und Nabelbereich freigesetzt und in Form von äusseren Lebensumständen auf uns zurückgeführt (Hände erfassen die Fersen). Durch die Dehnung des Brustkorbs nach oben wird unser Herz geöffnet und wir bekommen die Kraft, diese Umstände bedingungslos anzunehmen und den Grund für unsere Sorgen und Ängste in uns zu suchen. Dadurch reduziert sich der Energiekonsum unseres Körpers massiv und der Zugang zum inneren Wissen wird hergestellt. Diese Yogastellung entwickelt Ausdauer und Unterscheidungskraft.

Janusirasana – *Kopf-Knie-Stellung*

Technik:
Ausgangsstellung: Sitzend mit nach vorne gestreckten Beinen. Beugen Sie das linke Knie und legen Sie die linke Fusssohle an die Innenseite des rechten Oberschenkels. Umfassen Sie nun mit der rechten Hand die Zehen und mit der linken Hand die Fusssohle. Beugen Sie mit der Ausatmung den Oberkörper nach vorne und versuchen Sie, mit der Stirne das rechte Knie zu berühren. Die Ellbogen berühren wenn möglich den Boden. Bleiben Sie ca. dreissig Sekunden in dieser Stellung, die Atmung ist normal. Gehen Sie dann mit der Einatmung langsam in die Ausgangsstellung zurück. Dann wechseln Sie die Beine und wiederholen die Übung. Praktizieren Sie drei solcher Runden und entspannen Sie sich nach jeder Runde in Savasana.

Konzentration:
Beim Strecken des rechten Beines konzentrieren Sie sich auf die Organe rechts im Bauch, beim Strecken des linken Beines auf die Organe links im Bauch. Die Atmung ist normal.

Körperliche Wirkung:
Durch den Druck auf den Bauch wird insbesondere die Bauchspeicheldrüse aktiviert, dies hilft, die Insulinproduktion anzuregen und den Blutzuckerspiegel normal zu halten. Diabetes (Zuckerkrankheit) kann durch dieses Asana geheilt werden. Die Harnausscheidungsorgane (Blase, Nieren) werden gut durchblutet und bleiben gesund. Der Yogi erhält eine gute Verdauung und Verstopfung wird vorgebeugt. Die ganze Wirbelsäule und somit auch das Nervensystem werden ebenfalls begünstigt.

Geistige Wirkung:
Janu bedeutet Knie und *Sir* bedeutet Kopf. Der Kopf und die Stirne stehen für den Willen beziehungsweise das Licht der Seele, das Knie und der Ellbogen symbolisieren die Bewegungen in der äusseren Welt. Durch diese Yogastellung versuchen wir, uns bei allen Bewegungen des physischen Körpers auf den Willen der Seele einzustimmen. Dadurch erhalten wir die Fähigkeit, alle Umstände zu meistern, was auf der physischen Ebene eine gute Verdauung bewirkt. Unstimmigkeiten bezüglich unserem Denken und Handeln werden durch diese Yogastellung erkannt und gelöst, was zu Ausgeglichenheit und Ruhe führt.

Gomukhasana – *Kuhgesichtstellung*

Technik:

Ausgangsstellung: Sitzend mit nach vorne gestreckten Beinen. Beugen Sie das rechte Bein und legen Sie den rechten Fuss über den linken Oberschenkel, sodass die Ferse neben dem Gesäss anliegt und der Fussrücken den Boden berührt. Beugen Sie nun das linke Bein und berühren Sie mit der linken Ferse die rechte Aussenseite des Gesässes. Der Fussrücken berührt ebenfalls den Boden. Heben Sie nun den rechten Arm und beugen Sie den Ellbogen nach hinten, sodass die Hand den Rücken berührt. Beugen Sie nun den linken Ellbogen und erfassen Sie die Finger der rechten Hand von unten her (siehe Bild). Achten Sie darauf, dass die Wirbelsäule gestreckt ist. Bleiben Sie ca. dreissig Sekunden in dieser Stellung und wechseln Sie dann die Seite. Praktizieren Sie drei solcher Runden und entspannen Sie sich nach jeder Runde in Savasana.

Konzentration:
Konzentrieren Sie sich während dieser Übung auf den Unterleib, insbesondere auf die Geschlechtsdrüsen sowie auf die Handgelenke und Oberschenkel. Die Atmung ist normal.

Körperliche Wirkung:
Gomukhasana beseitigt vor allem Störungen im Bereich der Geschlechtsdrüsen und Harnwege und bewirkt ein gutes Funktionieren der Ausscheidungsorgane. Der ganze Unterleib profitiert von dieser Stellung und alle Organe werden gesund erhalten. Diese Übung lindert Ischiasschmerzen, hilft bei Hämorrhoiden und beugt rheumatischen Beschwerden vor. Schultern, Arme und Handgelenke werden gedehnt und gekräftigt. Wer an Schlaflosigkeit leidet, kann durch dieses Asana Heilung bekommen.

Geistige Wirkung:
Gomukh bedeutet Kuhgesicht. Die Kuh gibt uns einen wichtigen Bestandteil unserer Ernährung, nämlich Milch. Die Milch wirkt auf den Körper wie die Wahrheit auf den Geist. Sie ermöglicht uns Wachstum und Kraft. Die Kuh stellt für uns Menschen Frieden und Ruhe dar, was mit der Nahrung (Milch), die Sie der Menschheit zur Verfügung stellt, übereinstimmt. Aufgrund dieser speziellen Eigenschaften wird die Kuh in vielen Kulturen als heilig verehrt. Unterleibsbeschwerden und Probleme in den Geschlechtsdrüsen entstehen meistens durch einen wankelmütigen Geist und durch die unfähigkeit zu unterscheiden, was wir gegen aussen mitteilen müssen und was wir in uns verarbeiten sollten (Ausscheidungsorgane funk-

tionieren nicht). Durch diese Art des Zusammenführens des rechten und des linken Beines sowie der rechten und der linken Hand wird Sonnen- und Mondkraft in unserem Körper vollständig aktiviert und der ganze Körper wird von Unreinheiten befreit. Auf der geistigen Ebene werden wir uns der falschen Vorstellungen und Verhaltensweisen bewusst und können nun Klarheit schaffen in Bezug auf unsere Kommunikation zur Aussenwelt (bewirkt gesunde Geschlechtsdrüsen), was uns schlussendlich von Sorgen und Ängsten befreien wird. Unterscheidungskraft, Ruhe und Frieden sind die Resultate dieser Yogastellung.

Ardha Salabhasana – *Halbe Heuschreckenstellung*

Technik:

Ausgangsstellung: Savasana auf dem Bauch. Stützen Sie jetzt das Kinn am Boden ab und schliessen Sie die Beine. Die Handflächen zeigen auf den Boden. Schieben Sie die Hände nahe den Oberschenkeln und stützen Sie sich gut ab. Mit dem Einatmen heben Sie jetzt das rechte Bein so hoch wie möglich an. Das Knie muss dabei nicht durchgestreckt sein, achten Sie jedoch darauf, dass das angehobene Bein und der Oberkörper eine Linie bilden. Wichtig ist dabei, dass die Hüften nicht ausgedreht werden. Bleiben Sie ca. dreissig Sekunden in dieser Stellung. Nun gehen Sie mit dem Ausatmen in die Ausgangslage zurück und wiederholen die Übung mit dem linken Bein. Praktizieren Sie drei Runden und entspannen Sie sich nach jeder Runde in Savasana.

Konzentration:
Wenn Sie das rechte Bein heben, konzentrieren Sie sich auf die rechte Hüfte, wenn Sie das linke Bein heben, konzentrieren Sie sich auf die linke Hüfte. Die Atmung ist normal.

Körperliche Wirkung:
Dieses Asana hat eine gute Wirkung für den ganzen Unterleib, Hüftbereich sowie für die Nerven der Beine. Es massiert alle Organe im Unterleib gut durch. Allen rheumatischen Beschwerden wird vorgebeugt. Überschüssiges Fett im Hüftbereich und der Taille wird abgebaut. Menstruationsbeschwerden, Gebärmutterknickung sowie Verdauungsprobleme können durch dieses Asana ebenfalls geheilt werden.

Geistige Wirkung:
Salabh bedeutet Heuschrecke. Die Heuschrecken zerstören die Ernte der Bauern. Durch dieses Asana bekommen wir die Fähigkeit, unsere Erwartungen, die uns dauernd im Wege stehen, wahrzunehmen und loszulassen. Durch das Anheben der Beine fliesst das Blut in unseren fixierten Oberkörper. Dieser Vorgang bedeutet symbolisch, dass wir uns unserer Er-

wartungen (fixierter Oberkörper) bewusst werden müssen, um sie loslassen zu können. Das am Boden aufgestützte Kinn, das unsere Wirbelsäule nach hinten wölbt, steht für den Versuch, unsere wahrgenommenen Erwartungen der Umwelt zu übergeben. Nur so können sie sich erfüllen oder durch Kritik erlöst werden. Spannungen werden dadurch abgebaut, was zu einem gesunden Unterkörper führt. Diese Yogastellung entwickelt Hingabe und Frieden.

Bhujangasana – *Kobrastellung*

Technik:

Ausgangsstellung: Savasana in Bauchlage. Schliessen Sie die Beine, drehen Sie den Kopf gerade und berühren Sie nun mit der Stirne den Boden, währenddem Sie sich leicht mit den Händen abstützen. Die Fussrücken berühren den Boden und bleiben während der ganzen Übung in dieser Position. Arme und Hände stehen parallel zum Brustkorb. Die Finger zeigen nach vorne und reichen bis zur Höhe der Schulter. Atmen Sie ein und beugen Sie den Oberkörper so weit zurück, dass der Nabel noch den Boden berührt. Versuchen Sie zuerst den Oberkörper ein wenig anzuheben, ohne dass Sie dazu auf den Händen abstützen. Nach ein paar Sekunden stützen Sie sich jedoch auf den Händen ab. Den Kopf legen Sie in den Nacken und bleiben ca. dreissig Sekunden in dieser Stellung. Atmen Sie aus und gehen Sie langsam in die Ausgangsstellung zurück. Die Übung besteht aus drei Runden. In der zweiten Runde dehnen Sie den Oberkörper noch ein bisschen weiter nach hinten, der Nabel bleibt aber am Boden. In der dritten Runde beugen Sie den Oberkörper so weit wie möglich nach hinten. Dabei gilt es zu beachten, dass der Unterleib, die Beine und Zehen am Boden liegen bleiben. Entspannen Sie sich nach jeder Runde in Savasana (Bauchlage).

Konzentration:
Konzentrieren Sie sich während der ersten Runde auf die Steissbein- und Kreuzbeinregion. In der zweiten Runde konzentrieren Sie sich auf Leber, Milz, Galle und Magen. Bei der letzten Runde konzentrieren Sie sich auf den gesamten Brust- und Lungenbereich, insbesondere auf das Herz. Die Atmung ist normal.

Körperliche Wirkung:
Durch Bhujangasana wird die Wirbelsäule rückwärts gebeugt und Bauch und Brust gedehnt (zweifache Wirkung). Die Wirbelsäule wird dadurch beweglicher, die Rückenmuskulatur gestärkt und alle Arten von Rückenschmerzen können geheilt werden. Durch die Dehnung von Bauch und Becken werden die Leber und Milz gesund erhalten und die Durchblutung des Unterleibes, insbesondere der Gebärmutter und der Eierstöcke, erhöht. Frauenkrankheiten

kann mit diesem Asana vorgebeugt werden. Die Brust wird gedehnt, die Thymusdrüse aktiviert, Herz und Lungen geöffnet. Hoher Blutdruck kann mit dieser Übung gesenkt werden.

Geistige Wirkung
Bhujanga bedeutet Schlange. Normalerweise ordnet man der Schlange folgende Eigenschaften zu: beim kleinsten Geräusch zieht sie sich sofort zurück, ist jedoch auch bereit, wenn man ihr zu nahe kommt, zuzubeissen. Hoher Blutdruck und Herzprobleme sind meistens das Resultat von zu viel innerem Druck. Fast niemand ist sich jedoch bewusst, dass der Ursprung dieses Druckes in uns selbst liegt. So erzeugen wir mit unserem Denken Forderungen an die Handlungen der Mitmenschen und wenn sich die Dinge nicht so einstellen, wie wir es wollen, regen wir uns auf und bekommen längerfristig Probleme mit Blutdruck und Herz. Dahinter verbergen sich natürlich die egozentrischen Wünsche des Menschen. Durch die enorme Rückwärtsbeugung von Bhujangasana werden wir befähigt, unser Herz von Habgier zu befreien. Dies kann auch geschehen, indem wir unsere Wünsche anderen Menschen gegenüber offenlegen, ohne darauf zu achten, ob wir nachher gut oder schlecht dastehen werden (Schlangenbiss). Denn nur indem man auch die egoistischen Tendenzen bereit ist freizulegen, kann das Ego wahrgenommen und überwunden werden. Die Schlangenstellung entwickelt Aufrichtigkeit und die Tugend des Rücksichtnehmens auf andere.

Marjerasana – *Katzenstellung*

Technik:
Ausgangsstellung: Kniend auf dem Boden. Beugen Sie sich nach vorne und stützen Sie sich mit den Händen so auf, dass die Finger nach aussen weisen. Arme und Schultern sind dabei in einer Linie. Die Ellbogen sind durchgedrückt.

Kopf und Schultern sind entspannt. Während dem Einatmen heben Sie das rechte Bein, wie im Bild gezeigt, an und beugen gleichzeitig den Kopf nach hinten. Achten Sie darauf, dass die Hüften parallel zum Boden bleiben und nicht ausgedreht werden. Atmen Sie normal und bleiben Sie ca. dreissig Sekunden in dieser Stellung. Danach atmen Sie aus und gehen in die Ausgangslage zurück. Gleich anschliessend (ohne Pause) praktizieren Sie die Übung mit dem linken Bein und bleiben wieder ca. dreissig Sekunden in der Stellung. Gehen Sie dann in die Ausgangslage zurück und lockern Sie Schultern und Nacken ein wenig. Jetzt atmen Sie tief ein und beugen ihren Rücken wie eine Katze (Katzenbuckel). Verharren Sie mit angehaltenem Atem ein paar Sekunden in dieser Stellung und gehen Sie dann mit dem Ausatmen in die Ausgangslage zurück. Praktizieren Sie drei Runden und entspannen Sie sich nach jeder Runde in Savasana auf dem Bauch.

Konzentration:
Wenn das rechte Bein oben ist, konzentrieren Sie sich auf die rechte Hüfte, wenn das linke Bein oben ist, entsprechend auf die linke Hüfte. Die Atmung praktizieren Sie wie es unter *Technik* beschrieben wurde.

Körperliche Wirkung:
Dieses Asana hält Taille und Hüftbereich gesund. Die Hüften werden gut durchblutet und gestärkt. Überschüssiges Fett wird abgebaut. Die Ischiasnerven werden gesund erhalten. Steissbein- und Kreuzbeinregion sowie Arm- und Schultermuskeln profitieren ebenfalls von diesem Asana.

Geistige Wirkung:
Marjer bedeutet Katze. Der Katze ordnen wir vor allem zwei Eigenschaften zu, nämlich Unabhängigkeit und Festigkeit (sieben Leben). Durch diese Übung entwickeln wir genau diese beiden Eigenschaften. An der Katze können wir jedoch auch sehen, wie diese Unabhängigkeit zu verstehen ist, so gilt sie als das am weitesten verbreitete Haustier unserer Zeit und ist gleichzeitig zu ihrer Unabhängigkeit auch das am meisten vom Menschen abhängige Tier. Dies will uns zeigen, dass Unabhängigkeit nie im äusseren Leben, sondern im Herzen des Menschen gesucht werden muss. Da jede andere Form der Unabhängigkeit als Gegenstück genau gleich viel Abhängigkeit herbeiführen wird. Durch das Anheben der Beine aktivieren wir die Sonnen- und Mondkraft und bewirken im Hüftbereich eine Entschlackung von überschüssigem Fett. Dieses Fett steht für unsere falsche Vorstellung von Unabhängigkeit, die meistens gebunden ist an die Abhängigkeit von Wünschen, die sich erfüllen müssen. Diese Yogastellung befreit uns von dieser Sichtweise und gibt uns dadurch wahre Freiheit. Durch die neu gewonnene Freiheit des Herzens erhalten wir mehr Lebenskraft und Festigkeit.

Ardha Kurmasana – *Halbe Schildkrötenstellung*

Technik:
Ausgangsstellung: Vajrasana (Donnerstellung). Heben Sie nun mit dem Einatmen beide Arme über den Kopf. Die Handflächen legen Sie gegeneinander und die Oberarme berühren die Ohren. Mit dem Ausatmen beugen Sie sich nun ganz langsam nach vorne. Berühren Sie mit den gefalteten Händen sowie mit der Stirne den Boden. Pressen Sie nun Brust und Bauch auf die Oberschenkel und versuchen Sie dabei mit dem

Gesäss auf den Fersen zu bleiben. Bleiben Sie ca. dreissig Sekunden in dieser Stellung. Praktizieren Sie drei Runden und entspannen Sie sich nach jeder Runde in Savasana auf dem Bauch.

Konzentration:
Konzentrieren Sie sich während dieser Übung auf den Bauch, die Beine und die Wirbelsäule. Die Atmung ist normal.

Körperliche Wirkung:
Diese Übung ist von grossem Nutzen für die Leber. Die Leber ist das Entgiftungsorgan des Körpers. Sie wird auch als Zentrallaboratorium des Körpers bezeichnet. Sie reinigt die Nahrung von giftigen Anteilen, die ausgeschieden werden. Die Gesundheit der Leber ist daher für den Menschen lebenswichtig. Durch diese Übung wird in erster Linie Druck auf die Leber ausgeübt, diese wird dadurch in der Entspannungsphase richtig durchblutet. Verdauungsbeschwerden und Durchfall können durch dieses Asana ebenfalls geheilt werden. Knöchel und Knie werden gestärkt und gesund erhalten.

Geistige Wirkung:
Kurma bedeutet Schildkröte. Die Schildkröte wird vielerorts als heiliges Tier verehrt und steht für geistige Enthaltsamkeit. Die Leber entgiftet unseren Körper auf der geistigen Ebene von Schuldzuweisungen und solange sie gesund ist, bekommen wir die Kraft, die Schuld im eigenen Wesen zu suchen. Während dieser Yogastellung blockieren wir den ganzen Körper (Fersen, Hände und Stirne berühren den Boden) und erzeugen Druck auf die Leber, was einer Schildkröte gleichkommt, die sich in ihren Schutzschild zurückzieht. Dieser Vorgang bewirkt in unserem Bewusstsein die Tugend der Selbstanalyse. Die geschlossenen Ohren stehen symbolisch dafür, dass wir nach innen hören und den Grund für unsere Spannungen in uns suchen. Wir werden fähig zur objektiven Innenschau und erhalten eine Öffnung zum inneren Wissen.

Makarasana – *Krokodilstellung*

Technik:
Ausgangsstellung: Liegend, auf dem Rücken. Schliessen Sie die Beine, drehen Sie die Handflächen auf den Boden und strecken Sie die Arme zur Seite, sodass sie mit den Schultern eine Linie bilden. Jetzt setzen Sie die rechte Ferse fest zwischen die grosse und zweite Zehe des linken Fusses (siehe Bild). Mit dem Ausatmen drehen Sie den linken unteren Fuss sowie den Unterkörper nach links zum Boden hin, bis die grosse Zehe des rechten oberen Fusses den Boden berührt. Ober-

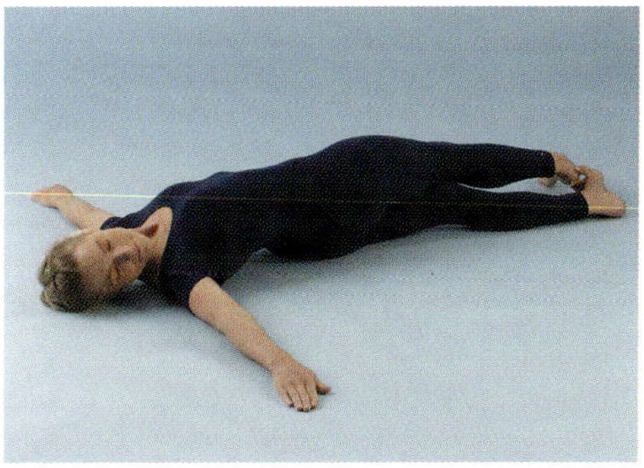

körper, Schultern, Arme und Hände bleiben gleichzeitig am Boden fixiert. Den Kopf drehen Sie nun soweit wie möglich zur rechten Seite und bleiben ca. dreissig Sekunden in dieser Stellung. Mit dem Einatmen gehen Sie in die Ausgangslage zurück und wechseln die Seite. Üben Sie drei Runden und entspannen Sie sich nach jeder Runde in Savasana.

Konzentration:
Konzentrieren Sie sich während dieses Asanas auf die Nieren und Hüften sowie auf die Steissbein- und Kreuzbeinregion. Die Atmung ist normal.

Körperliche Wirkung:
Die Beweglichkeit der Wirbelsäule wird verbessert. Die Hüften- und Nierenregion wird richtig gedehnt und durchblutet. Prostatabeschwerden sowie viele Unterleibskrankheiten können mit diesem Asana beseitigt werden. Ischiasschmerzen wird ebenfalls vorgebeugt.

Geistige Wirkung:
Makar bedeutet Krokodil. Das Krokodil lebt in der Nähe des Wassers und hat die Eigenschaft, die kleinsten Bewegungen in seinem Umfeld wahrzunehmen. Makarasana hat für den Menschen eine ähnliche Wirkung. Probleme im Hüftbereich stehen immer für das Verurteilen von Eigenschaften an unseren Mitmenschen. Meistens regen wir uns an den Charakterzügen auf, die wir am meisten selbst dringend benötigen würden. Unser ganzes Wesen wehrt sich jedoch, dies einzugestehen. Diese Yogastellung fixiert den Oberkörper und dreht den Unterkörper ab, währenddem der Kopf in die Gegenrichtung des Unterkörpers schaut. Durch diesen Vorgang sind wir in der Lage zu erkennen, dass wir von den Eigenschaften wegschauen, die wir selbst brauchen, um glücklich zu werden. Sobald wir dies festgestellt haben, werden wir mehr Verständnis und Zuneigung für unseren Mitmenschen aufbringen. Makarasana entwickelt die Fähigkeit, eigene Mängel in Bezug auf Charakter und Disziplin wahrzunehmen und zu korrigieren.

Noukasana – *Bootsstellung auf dem Rücken*

Technik:
Ausgangsstellung: Rückenlage mit geschlossenen Beinen. Legen Sie die Hände auf die Oberschenkel und heben Sie nun gleichzeitig die Beine und den Oberkörper an (siehe Bild). Die Knie bleiben durchgedrückt und die Füsse gestreckt. Versuchen Sie, den Körper auf dem Gesäss zu balancieren. Die Augen und Zehen befinden sich auf gleicher Höhe. Bleiben Sie ca. dreissig Sekunden in dieser Stellung und gehen Sie dann in die Ausgangslage zurück. Praktizieren Sie drei Runden und entspannen Sie sich nach jeder Runde in Savasana.

Konzentration:
Konzentrieren Sie sich auf die Bauchmuskulatur. Die Atmung ist normal.

Körperliche Wirkung:
Durch die Kontraktion des Bauches wird die Bauchmuskulatur aktiviert und Leber, Milz und Gallenblase gesund erhalten. Die Verdauung wird verbessert und der Darm gestärkt. Die Wirbelsäule, der Rücken und das Nervensystem werden ebenfalls begünstigt.

Geistige Wirkung:
Eine ungesunde Leber sowie schwache Bauchmuskeln sind immer das Resultat von zu viel Gift im Körper. Das Gift der Leber steht für unser Denken. Jemand, der Entscheide oder Ereignisse der äusseren Welt jederzeit anzweifelt, erzeugt inneres Gift und wird schlussendlich aufgrund dieser schlechten Gewohnheit selbst unfähig, Entscheidungen zu fällen. Durch das Zusammenziehen der Bauchmuskulatur versuchen wir den Verstand nach innen zu richten, um die Tugend der Selbstanalyse zu entwickeln, was uns die verloren gegangene Entscheidungskraft zurückbringen wird.

Noukasana – *Bootsstellung auf dem Bauch*

Technik:

Ausgangsstellung: Bauchlage mit geschlossenen Beinen. Strecken Sie beide Hände nach vorne, sodass die Arme die Ohren berühren und die Hände geschlossen sind. Die Beine und die Füsse bleiben möglichst geschlossen und gestreckt. Mit dem Einatmen heben Sie den Oberkörper sowie die Beine so weit wie möglich vom Boden hoch. Bleiben Sie ca. dreissig Sekunden in dieser Stellung. Mit der Ausatmung gehen Sie zurück in die Ausgangsstellung. Praktizieren Sie drei Runden und entspannen Sie sich nach jeder Runde in Savasana.

Konzentration:
Konzentrieren Sie sich auf das Kreuz und die Wirbelsäule. Die Atmung ist normal.

Körperliche Wirkung:
Durch die Rückwärtsbeugung der Wirbelsäule werden die Muskeln und Nerven des Rückens richtig aktiviert und Rückenschmerzen beseitigt. Die Nacken- und Schultermuskulatur wird gekräftigt. Die Bauchmuskeln werden gut gedehnt und bleiben gesund. Der Hüftbereich sowie die Beine werden ebenfalls begünstigt. Alle Organe des Unterleibes erhalten während dieser Stellung eine Massage und bleiben gesund.

Geistige Wirkung:
Die Bootsstellung auf dem Bauch verlangt vom Übenden eine grosse Anstrengung. Der Körper wird auf dem Bauch ausbalanciert, währenddem Hände und Füsse vom Boden hochgehoben werden. Die Bauchregion steht für die Entscheidungskraft des Menschen. Viele Blockaden im Rücken und im Hüftbereich entstehen, weil der Mensch seiner Natur nach immer *gut und lieb* entscheiden will. Das Gute gehört aber genauso zur Maya (Täuschung) wie das Böse. Durch Noukasana auf dem Bauch entwickeln wir die Fähigkeit über das Gute hinauszuwachsen und zu erkennen, dass jede innere Wahrheit in der äusseren Welt immer auf Gut und Böse stossen wird und dass wir lernen müssen, zu unserer inneren Wahrheit zu stehen, ob sie äusserlich auf gute oder schlechte Reaktion stösst, bestimmen nicht wir, sondern die Entwicklung unseres Mitmenschen.

Ubayapadaangusthasana – *Zehenhebestellung*

Technik:
Ausgangsstellung: Sitzend mit nach vorne gestreckten Beinen. Winkeln Sie nun die Knie an und ziehen Sie die Füsse zum Gesäss. Fassen Sie jetzt mit den Zeigefingern die grossen Zehen und strecken Sie die Beine nach oben. Wenn möglich berühren Sie mit dem Kopf die Knie. Achten Sie darauf, dass die Beine während der Übung durchgestreckt sind. Balancieren Sie auf dem Gesäss und wölben Sie die Wirbelsäule so stark wie möglich. Bleiben Sie ca. dreissig Sekunden in dieser Stellung. Praktizieren Sie drei Runden und entspannen Sie sich nach jeder Runde in Savasana.

Konzentration:
Konzentrieren Sie sich während der Übung auf das Kreuz und die Wirbelsäule. Die Atmung ist normal.

Körperliche Wirkung:
Die Unterleibsorgane werden während dieser Übung kontrahiert und dadurch gut durchblutet. Die Unterleibsmuskeln werden gekräftigt und gesund erhalten. Die Muskeln und Nerven der Beine, Hüften, Oberschenkel sowie der Knie werden richtig aktiviert und bleiben stark und gesund.

Geistige Wirkung:
Diese Stellung hat für den Menschen eine sehr wichtige geistige Wirkung. Indem wir mit den grossen Zeigefingern die Füsse nach oben ziehen und versuchen, mit der Stirne die Knie zu berühren, erarbeiten wir innerlich folgenden Vorgang: Die Füsse stehen für unsere Wünsche, die Zeigefinger und die Stirne für das *Wahrnehmen unserer Wünsche* und die Unterleibsmuskeln für unsere Entscheidungskraft. Durch dieses Asana lernen wir, unsere Wünsche nicht

mehr zu verdrängen, sondern sie anzunehmen (Kontraktion der Bauchmuskeln) und allenfalls in der äusseren Welt zu erfüllen, damit wir die ihnen zugrunde liegende Wahrheit erfahren können. Nur so lösen sich mentale Spannungen in Bezug auf unerfüllte Wünsche endgültig auf. Diese Yogastellung schenkt uns zusätzlich zur Entscheidungskraft auch Durchhaltevermögen (Balance auf dem Gesäss). Dieses Asana kann als Weiterführung von Noukasana auf dem Rücken betrachtet werden.

Moha Setubandhasana – *Grosse Brückenstellung*

Technik:

Ausgangsstellung: Rückenlage mit nach vorne gestreckten Beinen. Die Hände liegen neben dem Gesäss am Boden und zeigen nach unten. Mit dem Einatmen heben Sie nun langsam den Oberkörper nach oben, indem Sie sich mit den Händen abstützen und die Knie anwinkeln. Heben Sie den Oberkörper so weit an, bis er parallel zum Boden steht. Den Kopf legen Sie in den Nacken. Bleiben Sie ca. dreissig Sekunden in dieser Stellung. Danach gehen Sie mit der Ausatmung langsam mit dem Gesäss zum Boden zurück. Bevor Sie nun den Oberkörper auf den Boden zurücklegen, atmen Sie ein und pressen für ein paar Sekunden das Kinn gegen die Brust. Mit dem Ausatmen heben Sie den Kopf wieder an und gehen nun in die Rückenlage zurück. Praktizieren Sie drei Runden und entspannen Sie sich nach jeder Runde in Savasana.

Konzentration:
Konzentrieren Sie sich während der ersten Runde auf die Arme, Schultern und Beine. In der zweiten Runde konzentrieren Sie sich auf das Kreuz und den Nacken und in der dritten Runde auf den Brustbereich. Die Atmung ist normal.

Körperliche Wirkung:
Die Nerven und Muskeln des ganzen Körpers werden bei dieser Stellung mit einbezogen und werden deshalb gesund erhalten. Die Schulter- und Nackenmuskulatur sowie die Handgelenke werden speziell begünstigt. Rückenschmerzen können geheilt werden. Diese Stellung öffnet den Brust- und Lungenbereich und begünstigt dadurch das Herz und beugt Herzinfarkt vor. Hoher Blutdruck kann ebenfalls gesenkt werden.

Geistige Wirkung:
Bei Moha Setubandhasana bauen wir mit dem Körper eine Brücke. Diese Yogastellung ist für den Übenden sehr anstrengend. Alle Muskeln werden angespannt, um eine Brücke zu bauen. Dies steht symbolisch dafür, dass wir versuchen, unsere täglichen Handlungen (Muskeln) in den Dienst der Mitmenschen zu stellen. Die Brust, die dabei zum Himmel hin geöffnet wird, soll dadurch von Unreinheiten und Egoismus befreit werden, sodass Wahrheit und Nächs-

tenliebe in unser Herz einziehen kann. Wir werden frei von Sorgen und Ängsten und erfahren das Herz als Brücke zum Göttlichen. Durch Moha Setubandhasana entwickeln wir Toleranz und Nächstenliebe.

Ardha Matsyendrasana – *Halber Drehsitz*

Technik:
Ausgangsstellung: Sitzend mit nach vorne gestreckten Beinen. Beugen Sie das linke Knie und stellen Sie den linken Fuss neben der Aussenseite des rechten Oberschenkels auf den Boden. Beugen Sie nun das rechte Knie und legen Sie den rechten Fuss auf der linken Aussenseite des Gesässes ab. Drehen Sie den Oberkörper nach links und pressen Sie das linke Knie an die rechte Achselhöhle. Mit dem Zeigefinger der rechten Hand umfassen Sie nun die grosse Zehe des rechten Fusses. Drehen Sie sich weiter nach links und versuchen Sie nun, von der Rückseite her mit der linken Hand den Knöchel des linken Fusses zu fassen. Falls Sie den Knöchel nicht fassen können, so stellen Sie die linke Hand so weit wie möglich in der Nähe des linken Fusses auf den Boden. Atmen Sie normal und bleiben Sie ca. dreissig Sekunden in dieser Stellung. Wechseln Sie nun die Beine und praktizieren Sie die Stellung zur anderen Seite. Praktizieren Sie drei Runden und entspannen Sie sich nach jeder Runde in Savasana.

Konzentration:
Bei der Drehung nach links konzentrieren Sie sich auf die rechte Seite in der Wirbelsäule und bei der Drehung nach rechts demzufolge auf die linke Seite in der Wirbelsäule. Die Atmung ist normal.

Körperliche Wirkung:
Die Drehbewegung der Wirbelsäule bewirkt eine gute Durchblutung der Rückenmarksnerven, diese werden dadurch gestärkt und gesund erhalten. Die Wirbelsäule wird durch diese Stellung gesund und beweglich. Eine bewegliche Wirbelsäule bedeutet ebenfalls Gesundheit und Kraft für den ganzen Körper. Das Längenwachstum wird durch dieses Asana ebenfalls begünstigt. Verformungen des Oberkörpers kann entgegengewirkt werden. Der Unterleib und all seine Organe werden richtig durchblutet und gesund erhalten.

Geistige Wirkung:
Der indische Yogi Matsyendranath hat den Drehsitz entdeckt, deshalb wurde diese Stellung nach seinem Namen benannt. Im Drehsitz wird die Wirbelsäule gewunden wie ein Tuch, dies bewirkt auf der geistigen Ebene eine Aktivierung des ganzen Unterbewusstseins (Wirbelsäule). Das Zusammenführen von rechtem Fuss und rechter Hand sowie von linkem Fuss

und linker Hand kräftigt die Sonnen- und Mondkraft in uns. Dadurch werden die verdrängten Energien aus dem Unterbewusstsein in die richtigen Bahnen gelenkt. Verstrickungen zur äusseren Welt, die aufgrund unseres Egos entstanden sind, werden erkannt und aufgelöst. Im täglichen Leben werden wir unbeschwert und tolerant.

Shashangasana – *Hasenstellung*

Technik:

Ausgangsstellung: Vajrasana (Donnerstellung). Legen Sie nun den Oberkörper langsam auf die Oberschenkel. Mit der Stirn berühren Sie den Boden und mit den Händen fassen Sie die Fersen. Heben Sie nun die Oberschenkel nach oben und rollen Sie gleichzeitig den Kopf ab, sodass die Mitte der Schädeldecke den Boden berührt. Die Stirne berührt wenn möglich die Knie. Beine und Fersen bleiben geschlossen. Heben Sie die Hüften so hoch wie möglich. Halten Sie die Arme gestreckt und pressen Sie das Kinn gegen die Brust. Achten Sie darauf, dass die Fussrücken am Boden bleiben (nicht mit den Zehen abstützen). Bleiben Sie ca. dreissig Sekunden in dieser Stellung. Gehen Sie bitte langsam in die Ausgangsstellung zurück, damit Ihnen nicht übel wird. Praktizieren Sie drei Runden und entspannen Sie sich nach jeder Runde in Savasana.

Wichtige Hinweise:
Alle, die an zu hohem Blutdruck leiden und Kinder bis zu zwölf Jahren sollten dieses Asana nicht praktizieren. Bei Schilddrüsenüberfunktion sowie starken Augenverletzungen sollte man ebenfalls auf das Üben dieses Asanas verzichten.

Konzentration:
Konzentrieren Sie sich während der ersten beiden Runden auf den Kopf und die Wirbelsäule und während der letzten Runde auf die Lungen und das Herz. Die Atmung ist normal.

Körperliche Wirkung:
Durch dieses Asana wird die Beweglichkeit der Wirbelsäule verbessert. Das ganze Nervensystem wird aktiviert. Wer eine bewegliche Wirbelsäule besitzt, bleibt länger jung und gesund, hat ein längeres Leben. Diese Stellung kann bei Minderwuchs hilfreich sein (bis ans Ende der Wachstumsperiode). Durch die Dehnung der Wirbelsäule wird die Ausschüttung der roten Blutkörperchen verbessert. Anämie (Blutarmut) kann durch Shashangasana besei-

tigt werden. Der Kopf und die Hypophyse werden richtig durchblutet, und deshalb wirkt dieses Asana auch gegen geistige Erschöpfung. Die Schilddrüsen und Mandeln werden aktiviert und bleiben gesund. Husten und Erkältung wird damit vorgebeugt. Die Unterleibsorgane, insbesondere Leber, Milz und Bauchspeicheldrüse, bleiben gesund.

Geistige Wirkung:
Shashanga bedeutet Körper des Hasen. Der Hase zeichnet sich insbesondere durch zwei Eigenschaften aus. Er wittert die Gefahr und kann während der Flucht seinen Gegner irreführen, indem er dauernd die Richtung ändert. Durch diese Yogastellung erarbeiten wir genau diese beiden Eigenschaften. Die extreme Dehnung der Wirbelsäule entwickelt Flexibilität und Toleranz im Alltag. Wenn wir also eine bewegliche Wirbelsäule besitzen wollen, müssen wir unseren Mitmenschen gegenüber tolerant werden. Das heisst aber, dass wir unsere Beweglichkeit nutzen (Zickzacklauf des Hasen), um im Alltag den Mitmenschen besser verstehen zu können und nicht um ihm auszuweichen. Der ganze Körper ist in Shashangasana fixiert und das Atmen ist sehr schwierig. Dadurch erkennen wir auf der geistigen Ebene, wo wir Gefahr laufen, eingeschränkt zu werden, wenn wir nicht lernen, uns auf die wesentlichen Dinge zu konzentrieren und bereit sind, Unnötiges loszulassen (Arme sind gestreckt und die Hände fassen die Fersen). So kommen andere Menschen auch zum Zug, und wir gewinnen an Liebe. Shashangasana entwickelt Toleranz und Flexibilität sowie innere Liebe und Zuvorkommenheit für alle Menschen.

Konasana – *Winkelstellung*

Technik:
Ausgangsstellung: Sitzend mit nach vorne gestreckten Beinen. Winkeln Sie nun beide Beine an und legen Sie die Fusssohlen zusammen. Beugen Sie nun langsam während dem Ausatmen den Oberkörper nach vorne und schieben Sie die Hände von innen unter den Knien durch. Greifen Sie mit den Händen die Füsse und versuchen Sie, mit der Stirne die Fersen zu berühren. Halten Sie nun den Atem ca. zehn Sekunden an und gehen Sie dann mit der Einatmung langsam in die Ausgangsstellung zurück. Praktizieren Sie drei Runden und entspannen Sie sich nach jeder Runde in Savasana.

Konzentration:
Konzentrieren Sie sich während dieser Übung auf das Kreuz, die Wirbelsäule und den Kopf. Atmen Sie, wie es unter *Technik* beschrieben wurde.

Körperliche Wirkung:
Durch diese Übung wird die Wirbelsäule stark gedehnt, gut durchblutet und bleibt geschmeidig und gesund. Der ganze Körper bleibt gesund und voller Energie. Das Nervensystem wird beruhigt und gestärkt. Der Kopf wird gut durchblutet und die Hypophyse aktiviert, was geistiger Erschöpfung entgegenwirkt. Die Vorwärtsbeugung erzeugt Druck auf die Unterleibsorgane, die gut durchmassiert und durchblutet werden.

Geistige Wirkung:
Kon bedeutet Winkel. Durch dieses Asana wird unsere innere Kraft stark aktiviert. Währenddem wir mit den Händen die Füsse festhalten, bringen wir die Stirne zu den Fersen. Dies steht symbolisch für folgenden inneren Prozess: Die Füsse und Fersen stehen für all unsere weltlichen Wünsche, die Hände für unsere Handlungen und die Stirne für den Willen der Seele. Zusammen bilden Sie nun unter Anstrengung einen Winkel, dadurch versuchen wir, alle Handlungen des Tages in vollständige Einstimmung mit der Seele zu bringen. Egoistische Tendenzen, die uns bisher Energie entzogen haben, werden überwunden. Neue Lebenskraft wird freigesetzt und wir bekommen mehr Ausdauer und Widerstandskraft.

Hastapadasana – *Hand-Fuss-Stellung*

Technik:
Ausgangsstellung: Stehend mit geschlossenen Beinen. Heben Sie mit dem Einatmen die Arme über den Kopf. Mit der Ausatmung beugen Sie den Oberkörper so weit nach vorne, dass die Handflächen neben den Zehen (Aussenseite der Füsse) auf dem Boden aufliegen. Die Stirne berührt wenn möglich die Knie. Halten Sie nun den Atem ca. zehn Sekunden an und gehen Sie dann mit der Einatmung langsam in die Ausgangsposition zurück. Da es am Anfang sehr schwierig ist, die Handflächen am Boden aufzulegen, können Sie zu Beginn mit den Händen die Fussgelenke fassen und dann langsam die Stirn zu den Knien bewegen. Praktizieren Sie drei Runden und entspannen Sie sich erst nach der dritten Runde in Savasana.

Konzentration:
Konzentrieren Sie sich auf den Bauch. Atmen Sie, wie es unter *Technik* beschrieben wurde.

Körperliche Wirkung:
Dieses Asana erzeugt einen Druck auf den Bauch, dadurch bleiben die Leber, die Milz und die Bauchspeicheldrüse gesund. Die Nieren werden ebenfalls gut durchblutet. Die Umkehrstellung und die Dehnung der Wirbelsäule bewirken die Bildung der roten Blutkörperchen und Anämie (Blutarmut) kann geheilt werden. Die Hypophyse wird aktiviert und das Nervensystem beruhigt. Diese Übung reduziert den Herzschlag und wirkt niedrigem Blutdruck entgegen.

Geistige Wirkung:
Hasta bedeutet Hand und *Pada* Fuss. Erst wenn wir die Handflächen auf den Boden legen berührt der Kopf die Knie. Die leeren Hände, die den Boden berühren, geben uns die Kraft, loszukommen von Besitzansprüchen und Habgier, da wir nur so die Verbindung zur Seele wieder herstellen können (Kopf berührt die Knie). Die Natur und damit Gott sind die Quelle jeden Wohlstandes und jeglicher Anspruch an Besitz und Reichtum stört unsere Beziehung zu Schöpfung und Schöpfer. Diese Yogastellung löst uns von diesen negativen Tendenzen und schenkt uns Ruhe und Frieden.

Ardha Chandrasana – *Halbmondstellung zur Seite*

Technik:
Ausgangsstellung: Stehend mit geschlossenen Beinen. Heben Sie nun mit dem Einatmen beide Arme nach oben und achten Sie darauf, dass die Oberarme hinter den Ohren den Kopf berühren. Die Knie drücken Sie durch. Atmen Sie nun aus und beugen Sie den Oberkörper von der Hüfte aus so weit wie möglich nach rechts. Achten Sie darauf, dass der ganze Körper in einer Linie bleibt. Halten Sie nun den Atem ca. zehn Sekunden an und bleiben Sie in dieser Stellung. Danach gehen Sie mit dem Einatmen langsam wieder zurück und bewegen mit dem Ausatmen die Arme wieder nach unten. Praktizieren Sie diese Übung danach zur linken Seite. Üben Sie drei Runden und entspannen Sie sich erst nach der letzten Runde in Savasana.

Konzentration:
Bei der Beugung nach rechts konzentrieren Sie sich auf die linke Hüfte und die linke Niere, bei der Beugung nach links konzentrieren Sie sich auf die rechte Hüfte und die rechte Niere. Atmen Sie, wie es unter *Technik* beschrieben wurde.

Körperliche Wirkung:
Dieses Asana beseitigt überschüssiges Fett an der Taille. Die Nieren und Nebennieren werden richtig aktiviert und gesund erhalten. Rheumatischen Krankheiten wird vorgebeugt.

Geistige Wirkung:
Chandra bedeutet Mond und steht symbolisch für unser Unterbewusstsein. Zu viel Fett an der Taille sowie schlechtes Funktionieren der Nieren (Ausscheidungsorgane) zeigen an, dass wir uns zu sehr mit bestimmten Eigenschaften identifizieren (Fett) und andererseits

durch dieses Fehlverhalten bestimmte Eigenschaften von uns fernhalten (Nieren). Diese Spannung erzeugt Aggression und bewirkt eine schlechte Blutzirkulation im Hüftbereich. So wie der Mond die Aufgabe hat, das Licht der Sonne zu reflektieren, so haben wir die Aufgabe, alle Fähigkeiten und Errungenschaften des Lebens der Liebe unserer Mitmenschen zuzuordnen. Wenn wir die Lorbeeren dennoch für uns behalten, beginnen wir an oben erwähnten Beschwerden zu leiden. Diese Yogastellung verhilft zu Demut und Selbstlosigkeit.

Trikonasana – *Dreiecksstellung*

Technik:
Ausgangsstellung: Stehend. Spreizen Sie die Beine etwas auseinander. Während dem Ausatmen beugen Sie den Oberkörper langsam nach vorne und drehen ihn nach rechts. Die linke Hand legen Sie neben dem rechten Fussrücken (aussen) auf den Boden. Die Beine sind gestreckt und die Knie durchgedrückt. Den rechten Arm strecken Sie senkrecht nach oben, sodass die beiden Arme in einer Linie sind. Den Kopf drehen Sie ebenfalls in die Richtung des rechten Armes und schauen auf die nach oben gestreckten Finger der rechten Hand. Halten Sie den Atem ca. zehn Sekunden an und bleiben Sie währenddessen in der Stellung. Danach atmen Sie ein und gehen in die Ausgangsstellung zurück. Jetzt praktizieren Sie das Asana auf die andere Seite. Üben Sie drei Runden und entspannen Sie erst nachher in Savasana.

Konzentration:
Konzentrieren Sie sich während dieser Übung auf die Knie und auf den Hüftbereich. Atmen Sie, wie es unter *Technik* beschrieben wurde.

Körperliche Wirkung:
Dieses Asana erhält die Wirbelsäule beweglich und gesund. Bänder und Muskeln des Rumpfes sowie des Unterleibes werden kontrahiert und gedehnt und werden dadurch gesund und stark. Die Beinmuskulatur wird ebenfalls gestärkt.

Geistige Wirkung:
Die Beweglichkeit des Oberkörpers wird durch diese Übung verbessert und die Muskeln gesund erhalten. Ein unbeweglicher Rumpf bedeutet aufgestaute, nicht verarbeitete Energien im Brust- und Herzbereich. Der Unterkörper symbolisiert die Lebensumstände und der Oberkörper unsere Einstellung und Sichtweise. Durch das Fixieren des Unterkörpers (Dreiecksstellung) lernen wir, die Lebensumstände zu belassen wie sie sind und die Lösung in der Veränderung unserer Sichtweise zu suchen (Drehung des Oberkörpers). Indem wir den Kopf nach oben drehen und in die Richtung der Finger schauen, stimmen wir uns auf die neue

Sichtweise ein und lösen uns gleichzeitig von den vorher in uns getragenen Unreinheiten. Diese Yogastellung hilft uns, Alltagssituationen besser annehmen und meistern zu können und schenkt uns Flexibilität und Harmonie.

Virasana – *Heldstellung*

Technik:
Ausgangsstellung: Stehend. Verlagern Sie das Gewicht auf das rechte Bein und nehmen Sie das linke Bein angewinkelt nach oben. Umfassen Sie das linke Fussgelenk mit der linken Hand und versuchen Sie mit der Ferse das Gesäss zu berühren. Strecken Sie nun die rechte Hand nach oben. Suchen Sie im Raum einen Punkt und konzentrieren Sie sich auf ihn. Bleiben Sie ca. dreissig Sekunden in dieser Stellung und wechseln Sie dann die Seite. Praktizieren Sie drei Runden und entspannen Sie sich nach der dritten Runde in Savasana.

Konzentration:
Konzentrieren Sie sich auf einen Punkt im Raum. Die Atmung ist normal.

Körperliche Wirkung:
Die Muskeln, Nerven und Zellen der Beine und des Rektums werden gut durchblutet und gekräftigt. Das Gleichgewicht des Körpers wird verbessert.

Geistige Wirkung:
Vir bedeutet Held. Ein Held ist ein Mensch, der für seine Sorgen und Ängste nicht andere Menschen verantwortlich macht. Er nimmt schwierige Situationen als Spiegel seiner eigenen Unzulänglichkeit an und spendet dadurch anderen Menschen Mut und Kraft. Durch das Strecken der rechten und linken Körperseite aktivieren wir die mentale und emotionale Ebene und versuchen durch das Konzentrieren auf einen Punkt im Raum symbolisch die Verbindung herzustellen zwischen unseren Spannungen und den täglichen Lebensumständen. Sobald dieser Zusammenhang erkannt wird, bekommen wir mehr Willenskraft und Gleichgewicht.

Utkotasana – *Unsichtbarer Stuhl*

Technik:
Ausgangsstellung: Stehend mit geschlossenen Beinen. Spreizen Sie die Beine ein wenig, sodass die Füsse in einem Abstand von dreissig Zentimeter zueinander stehen. Mit dem Einatmen heben Sie beide Arme auf Schulterhöhe und strecken sie nach vorne, sodass die Handflächen nach unten zeigen. Atmen Sie nun langsam aus und beugen Sie gleichzeitig Ihre Knie. Gehen Sie so weit nach unten bis die Oberschenkel parallel zum Boden sind. Sie sitzen jetzt auf einem unsichtbaren Stuhl. Achten Sie bitte darauf, dass Sie Ihre Wirbelsäule möglichst aufrecht halten. Bleiben Sie ca. dreissig Sekunden in dieser Position und gehen Sie dann in die Ausgangsstellung zurück. Praktizieren Sie drei Runden und entspannen Sie sich erst nach der letzten Runde in Savasana.

Konzentration:
Konzentrieren Sie sich auf die Beine, insbesondere auf die Knie. Die Atmung ist normal.

Körperliche Wirkung:
Die ganze Beinmuskulatur wird gestärkt, insbesondere die Kniegelenke. Durch das Praktizieren dieser Übung können rheumatische Krankheiten in der Beinregion vermieden werden.

Geistige Wirkung:
Utkotasana bedeutet unsichtbarer Stuhl. Der unsichtbare Stuhl steht hier symbolisch für das Selbstvertrauen. Bei schwachen oder kranken Kniegelenken wird der Körper zur Last und unsere Bewegungsfreiheit stark eingeschränkt. Gleichsam kann man auf der geistigen Ebene sagen, dass wer kein Selbstvertrauen besitzt nur schwerlich Dinge im Alltag vollbringen kann. Mangelndes Selbstvertrauen entsteht durch stetiges Misstrauen im Umgang mit der Umwelt. Wie viel interpretieren wir *unsichtbar* in die Worte unserer Mitmenschen hinein und verlieren dabei selbst das Vertrauen. Utkotasana beseitigt diese Tendenz und schenkt uns das verlorene Selbstvertrauen zurück.

Briksasana – ***Baumstellung***

Technik:
Ausgangsstellung: Stehend mit geschlossenen Beinen. Beugen Sie nun das rechte Knie und stellen Sie die rechte Fusssohle gegen den linken Oberschenkel. Das linke Bein bleibt dabei gestreckt. Fixieren Sie mit den Augen einen Punkt im Raum und blicken Sie ununterbrochen auf diesen Punkt. Die Hände legen Sie (wie beim indischen Gruss) vor der Brust zusammen. Bleiben Sie nun ca. dreissig Sekunden in dieser Stellung. Wechseln Sie die Beine und wiederholen Sie die Stellung. Die Armstellung kann bei diesem Asana variiert werden (siehe Bild). Die Arme können zur Seite, nach oben oder einen Arm nach oben und den anderen zur Seite gestreckt werden. Üben Sie drei Runden und entspannen Sie sich erst nach der dritten Runde in Savasana.

Konzentration:
Konzentrieren Sie sich während dieser Stellung auf die Beine, Kniegelenke und Füsse. Die Atmung ist normal.

Körperliche Wirkung:
Die Nerven der Beine und Oberschenkel werden gut durchblutet und gestärkt. Die Muskulatur des ganzen Körpers, insbesondere der Taille, Oberschenkel und der Wirbelsäule, werden gekräftigt. Das Gleichgewicht des Körpers wird gefestigt.

Geistige Wirkung:
Briksasana bedeutet Baumstellung. Der Baum steht symbolisch für Kraft, Willen, Konzentration und Standfestigkeit. Seine Würde liegt in seiner Unberührtheit. Im Frühjahr zeigt er seine Blütenpracht, ob sie uns gefällt oder nicht, im Sommer spendet er Schatten, im Herbst schenkt er seine Früchte, ob sie uns schmecken oder nicht, und im Winter steht er karg und leer da, ebenso unberührt und standfest wie zur höchsten Blütezeit. Die Frucht die ihn im Sommer ziert, würde ihn im Winter zerstören. Kann doch nur der von jeder Frucht befreite Baum den Winter überleben und gestärkt in den nächsten Frühling gehen. Der Baum führt durch diesen Zyklus des Lebens den Menschen auf seine wahren Werte zurück. So beginnt uns als erwachsener Mensch mehr und mehr die Wurzel des Baumes zu faszinieren, und wir erachten ihre Ausstrahlung als etwas ganz Besonderes. Während dem Ausüben dieser Yogastellung konzentrieren wir uns auf die Füsse und die Beine, was uns helfen soll, das Glück in unserem Inneren, in unseren eigenen Wurzeln zu suchen und nicht in der materiellen Welt. Dadurch erhalten wir Unberührtheit, Gleichgewicht sowie Konzentrations- und Willenskraft.

Viravadrasana – *Stellung des Viravadra*

Technik:
Ausgangsstellung: Stehend mit geschlossenen Beinen. Heben Sie mit dem Einatmen beide Arme langsam nach oben, sodass die Oberarme die Ohren berühren. Die Handflächen legen Sie zusammen. Jetzt spreizen Sie die Beine ein wenig auseinander und drehen den Oberkörper sowie den rechten Fuss gleichzeitig nach rechts. Der linke Fuss wird ebenfalls ein wenig nach rechts gedreht. Beugen Sie nun das rechte Knie und strecken Sie das linke Bein nach hinten. Jetzt legen Sie zuerst den Oberkörper nach vorne, dann strecken Sie das rechte Knie durch. Der Körper liegt nun parallel zum Boden und wird auf dem rechten Bein balanciert. Heben Sie den Kopf so weit an, bis Sie mit den Augen auf die Hände sehen können. Bleiben Sie anfangs ca. zehn Sekunden in dieser Stellung und wechseln Sie dann die Beinstellung. Steigern Sie die Übungsdauer mit der Zeit auf dreissig Sekunden. Praktizieren Sie drei Runden und entspannen Sie sich nach jeder Runde in Savasana.

Wichtige Hinweise:
Dieses Asana ist sehr anstrengend und sollte daher mit Vorsicht praktiziert werden. Wer ein schwaches Herz besitzt, sollte dieses Asana nicht üben.

Konzentration:
Konzentrieren Sie sich auf den ganzen Körper. Die Atmung ist normal.

Körperliche Wirkung:
Die Knie, Knöchel und Fussgelenke werden gestärkt. Der Hüftbereich wird entschlackt und überschüssiges Fett reduziert. Durch die leichte Rückwärtsdehnung der Wirbelsäule werden Schulter- und Rückenbeschwerden gelindert und die Nackenregion entspannt.

Geistige Wirkung:
Viravadra ist gemäss der indischen Mythologie ein von Shiva erschaffener Held, der beauftragt wird, eine Opferhandlung zu zerstören. Shiva reisst sich ein Haar aus dem Kopf und erschafft Viravadra. Shiva steht für den Heiligen Geist oder für die selbstlose Handlung. Die Opferhandlung, die Viravadra zerstören sollte, steht symbolisch für die egoistische Handlung der Menschen. Durch diese Stellung entwickelt der Übende *bei der Handlung sich selbst zu vergessen* und demzufolge also Selbstlosigkeit. Der Körper liegt parallel zum Boden und steht auf einem Bein symbolisch dafür, dass wir versuchen, die Erfüllung unserer Wünsche (Bein) ausschliesslich zum Wohle unserer Mitmenschen und somit zum Wohle der Natur (parallel zum Boden) zu benützen.

Shirsasana – *Kopfstand*

Technik:
Ausgangsstellung: Vajrasana (Donnerstellung). Beugen Sie sich nach vorne. Verschränken Sie Ihre Finger und legen Sie nun die Hände und Ellbogen so auf den Boden (auf ihre Unterlage), dass Sie mit den beiden Ellbogen ein Dreieck bilden. Legen Sie nun Ihren Kopf langsam auf den Boden, sodass Sie mit dem Scheitel abstützen und die verschränkten Hände

Ihren Hinterkopf stützen. Der Druck darf nicht auf der Fontanelle sein, sondern auf dem vorderen Teil der Schädeldecke. Jetzt ziehen Sie zuerst die Beine zum Körper und versuchen das Gewicht langsam auf Kopf und Unterarme zu verlagern. Nun richten Sie den Unterkörper so weit auf, bis er senkrecht zum Boden steht. Achten Sie darauf, dass die Beine bis zu diesem Zeitpunkt angewinkelt bleiben. Halten Sie das Gleichgewicht und strecken Sie nun langsam die Beine. Zu Beginn bleiben Sie ca. dreissig Sekunden in dieser Stellung. Durch regelmässiges Üben kann die Zeitdauer bis auf zwölf Minuten erhöht werden. Danach gehen Sie langsam, ohne ruckartige Bewegungen in die Ausgangslage zurück. Bevor Sie aufstehen oder in Savasana gehen, verweilen Sie ein paar Minuten mit gesenktem Kopf am Boden, sodass sich der Blutdruck zuerst normalisieren kann. Praktizieren Sie nur eine Runde. Entspannen Sie sich anschliessend in Savasana.

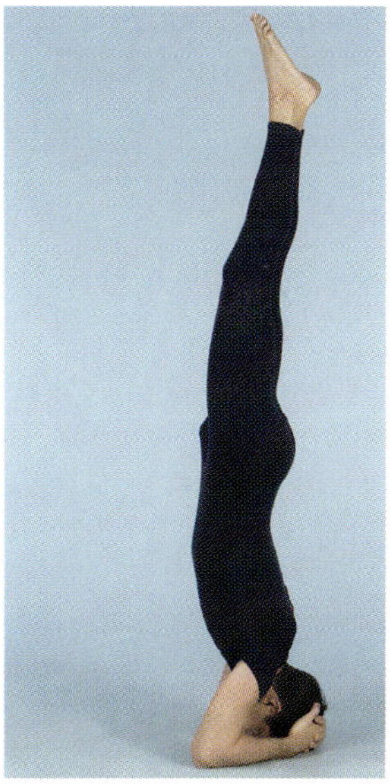

Wichtige Hinweise:
Shirsasana sollte zu Beginn immer gegen eine Wand geübt werden, sodass Sie nicht mit dem Rücken auf den Boden fallen. Für das Üben dieser Stellung nehmen Sie eine weiche Unterlage (zum Beispiel eine Decke oder ein Kissen). Achten Sie auf die Atmung und praktizieren Sie immer Nasenatmung. Es ist von Vorteil, diese Stellung anfangs unter Aufsicht eines Yogalehrers zu üben. Menschen, die an hohem Blutdruck, Herzbeschwerden oder akuten Augenkrankheiten leiden, sollten dieses Asana nicht praktizieren, ebenso Kinder unter zwölf Jahren.

Konzentration:
Konzentrieren Sie sich während dieser Stellung auf den Kopf, das Gesicht sowie Hals- und Brustbereich. Die Atmung ist normal.

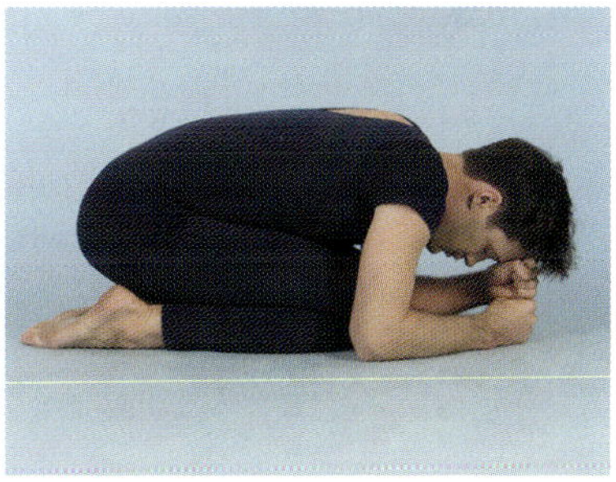

Körperliche Wirkung:
Shirsasana ist eine Ganzkörperstellung. Viele Vorteile von Sarbangasana können auch durch Shirsasana erreicht werden. Unser Herz, das beständig gegen die Schwerkraft arbeiten muss, bekommt in dieser Stellung Erholung, ebenso wie unser gesamtes Nervensystem. Das Blut fliesst von selber in die Kopfregion, dadurch werden alle Teile des Gehirns sowie Ohren, Augen und Zähne mit frischem Sauerstoff versorgt und bleiben gesund. Die Schönheit des Gesichtes nimmt zu und geistiger Erschöpfung wird vorgebeugt. Die Gehirnzellen werden ebenfalls richtig aktiviert und die Erkenntniskraft nimmt zu. Das gesamte Drüsensystem, insbesondere die Hypophyse sowie die Zirbeldrüse, werden aktiviert und ge-

sund erhalten. Im Weiteren verhindert diese Stellung Kopfschmerzen, Diabetes, Sodbrennen sowie Verstopfung, Harnbeschwerden und Hämorrhoiden können ebenfalls beseitigt werden.

Geistige Wirkung:
Shirsasana gilt gemeinhin als *König der Yogastellungen. Shirs* bedeutet das Höchste. Das Höchste im menschlichen Körper ist der Kopf, der für die Wahrheit, das Einleuchten und die Glückseligkeit steht. Den Kopf am Boden abstützen, steht symbolisch dafür, dass wir versuchen, auf direktem Weg in Beziehung zur äusseren Welt zu gehen. Diese Yogastellung führt zu einer guten Durchblutung des Kopfes und dies ermöglicht auf der geistigen Ebene das direkte Erfassen der Wahrheit. Aus allen Lebensumständen (Boden) die dahinterliegende Wahrheit erkennen zu können, ist die Fähigkeit, die wir durch Shirsasana entwickeln. Shirsasana fördert also die Konzentrations- und Erkenntniskraft. Gilt Shirsasana als König der Yogastellungen, so ist Vrischikasana die Königin, da bei Vrischikasana (Skorpionstellung) als einziger Yogastellung zusätzlich die Kraft zur Einswerdung erhöht wird.

Vrischikasana – *Skorpionstellung*

Technik:
Ausgangsstellung: Vajrasana (Donnerstellung). Beugen Sie sich nach vorne und legen Sie die Unterarme auf den Boden, sodass die Handflächen nach unten zeigen. Schwingen Sie nun Körper und Beine nach oben und balancieren Sie Ihr Körpergewicht mit den Unterarmen aus. Den Kopf legen Sie in den Nacken und versuchen ihn so weit wie möglich anzuheben. Die Beine bleiben entweder gestreckt, sodass die Fersen gegen den Himmel gerichtet sind, oder Sie versuchen, die Knie zu beugen, sodass die Fersen den Kopf berühren. Bleiben Sie ca. zehn bis zwanzig Sekunden in dieser Stellung und entspannen Sie sich danach in Savasana. Praktizieren Sie eine Runde und versuchen Sie mit der Zeit, die Dauer der Stellung zu erhöhen.

Wichtige Hinweise:
Diese Stellung erfordert grosse Beweglichkeit und Konzentration. Nur fortgeschrittene Yogastudenten sollten dieses Asana üben. Es ist von Vorteil, diese Stellung anfangs nur unter Aufsicht eines Yogalehrers zu praktizieren. Menschen, die an hohem Blutdruck, Herzbeschwerden oder akuten Augenkrankheiten leiden, sollten dieses Asana nicht ausführen, ebenso Kinder unter zwölf Jahren.

Konzentration:
Konzentrieren Sie sich während dieser Stellung besonders auf den Nacken, den Kopf, die Schultern und Hände sowie auf die Kreuzbeinregion. Die Atmung ist normal.

Körperliche Wirkung:
Vrischikasana ist eine Ganzkörperstellung und hat eine gute Wirkung für alle Teile des Körpers. Alle Organe werden richtig durchblutet und aktiviert. Die Wirbelsäule hat insbesondere grossen Nutzen von dieser Stellung. Sie wird gedehnt und alle ihre Nerven werden gestärkt und gesund erhalten. Die Lungen erfahren ebenfalls eine grosse Dehnung und werden dadurch stark und gesund. Körper, Geist und Seele werden in Einklang gebracht.

Geistige Wirkung:
Vrischika bedeutet Skorpion. Der Skorpion besitzt als einziges Tier die Fähigkeit, sich selbst zu töten. Dies steht symbolisch auch für den geistigen Nutzen dieses Asanas. *Sich selbst töten* bedeutet für den Menschen die Überwindung des Egos. Die Anstrengung der Arme ermöglichen auf der geistigen Ebene das selbstlose Handeln und die nach oben gerichteten Füsse stehen für das völlige Loslassen der eigenen Bedürfnisse und Wünsche. Durch Vrischikasana werden wir schrittweise fähig, unsere Wünsche loszulassen bis zur vollständigen Verwirklichung der Wunschlosigkeit. Diese Yogastellung führt uns von einem Leben der Abhängigkeit und Eigenliebe in wahre Freiheit und Nächstenliebe. Wie heisst es in der Bibel:

Wer sein Leben findet, der wird's verlieren; und wer sein Leben verliert um meinetwillen, der wird's finden. *Matthäus 10,39*

Vrischikasana ist die Königin der Yogastellungen, da durch sie als einziger Yogastellung die Kraft zu Einswerdung erhöht wird.

Surya Namaskar – *Sonnengebet*

1

2

3

4

5

Technik:
Ausgangsstellung: Stehend. Sie drehen sich in Richtung der Sonne. Die Lichtstrahlen durchdringen Ihren ganzen Körper. Bevor Sie mit der Übung beginnen, verweilen Sie ein paar Augenblicke in Ihrem Inneren und geniessen Sie Ruhe und Frieden. Surya Namaskar sollte wenn möglich morgens und im Freien praktiziert werden. Nun legen Sie die Hände vor der Brust zusammen, die Beine halten Sie geschlossen (1). Mit dem Einatmen heben Sie die Arme gestreckt über den Kopf und beugen den Oberkörper nach hinten. Die Oberarme berühren wenn möglich die Ohren (2). Atmen Sie aus und beugen Sie sich so weit nach vorne, dass Ihre Hände (wie bei Hastapadasana – Hand-Fuss-Stellung) neben den Füssen auf dem Boden aufliegen. Mit der Stirne berühren Sie wenn möglich die Knie (3). Mit dem Einatmen beugen Sie nun das rechte Bein und strecken gleichzeitig das linke Bein nach hinten. Ihr Blick ist nach vorne gerichtet (4). Strecken Sie jetzt ebenfalls das rechte Bein nach hinten. Ihr Körper steht jetzt auf Händen und Fusszehen (5). Mit dem Ausatmen senken Sie nun den Körper langsam zu Boden und achten darauf, dass die folgenden acht Körperteile den Boden berühren: die Zehen beider Füsse, die Knie, die Hände, die Brust und die Stirn. Das Gesäss

6

7

8

9

10

11

12

wird angehoben. Achten Sie darauf, dass Fusszehen, Knie und Hände zuerst am Boden aufliegen, danach erst sollte die Brust und dann die Stirn den Boden berühren (6). Verweilen Sie ein paar Sekunden, bevor Sie dann mit dem Einatmen den Oberkörper so weit wie möglich nach oben heben (7). Mit dem Ausatmen heben Sie das Gesäss ganz nach oben. Die Füsse und die Hände sind flach am Boden (8). Mit dem Einatmen stellen Sie den linken Fuss nahe der Innenseite der linken Hand auf den Boden. Das rechte Bein bleibt gestreckt. Der Blick ist nach vorne gerichtet (9). Mit dem Ausatmen stellen Sie nun den rechten Fuss neben den linken und richten sich gleichzeitig auf (Hastapadasana) (10). Mit dem Einatmen richten Sie sich zuerst auf und beugen dann Oberkörper und Arme so weit wie möglich nach hinten. Die Oberarme berühren die Ohren (11). Atmen Sie aus und legen Sie nun die Hände wieder vor der Brust zusammen (12). Praktizieren Sie drei Runden und entspannen Sie sich danach in Savasana.

Konzentration:
Konzentrieren Sie sich auf den ganzen Körper, sowie vor allem auf den Rhythmus. Atmen Sie, wie es unter *Technik* beschrieben wurde.

Körperliche Wirkung:
Die Wärme, die während Surya Namaskar im Körper erzeugt wird, führt zu mehr Beweglichkeit und begünstigt die Gesundheit des ganzen Körpers. Die Atmung wird harmonisch und Verdauungsstörungen können beseitigt werden. Der Blutkreislauf wird verbessert und das ganze Nervensystem gestärkt. Das Drüsensystem wird richtig aktiviert und überschüssiges Fett wird abgebaut. Schultern, Arme, Hände, Rücken, Brust- und Hüftbereich werden wohlgeformt und gesund erhalten.

Geistige Wirkung:
Surya bedeutet Sonne und *Namaskar* bedeutet Grüsse. Surya Namaskar beschreibt den Rhythmus des Lebens. In der Bewegungsabfolge von Surya Namaskar bilden wir mit unserem Körper einen Kreis. Wir lernen dadurch auf der geistigen Ebene, das Kommen und Gehen aller Dinge als Teil des Lebens zu akzeptieren. Das Leben selbst verbirgt sich hinter diesen wechselhaften Erscheinungen. Jeder Augenblick des Lebens bildet Teil dieses Lebenskreises und kann unser Wesen bereichern, wenn wir uns nicht daran festhalten, sondern ihn lernen zu geniessen. Die acht Teile des Körpers, die bei Surya Namaskar den Boden berühren, repräsentieren den achtstufigen Yogaweg genauso wie die acht Bestandteile des Lebens (Mutter / Vater / Freunde / Arbeit / Lebenspartner / Gesellschaft / Gegenwart und Glücklichsein), mit denen wir in Einklang sein müssen, um glücklich zu sein. Diese Yogaübung beschleunigt unsere Entwicklung und verhilft uns zu mehr Dankbarkeit gegenüber dem Leben selbst.

Savasana – *Totenstellung*

Technik:
Ausgangsstellung: Rückenlage mit nach vorne gestreckten Beinen. Die Hände legen Sie neben das Gesäss, sodass die Handflächen nach oben zeigen. Entspannen Sie den ganzen Körper. Alle Nerven, Muskeln und Glieder sind vollständig entspannt. Stellen Sie sich vor, Ihr Bewusstsein ist weit weg und Ihren Körper nehmen Sie

nicht mehr wahr. Alle Gedanken, Sorgen und Ängste lösen sich auf. Ihr Atem ist ganz ruhig und tief.

Es gibt verschiedene Variationen von Savasana:

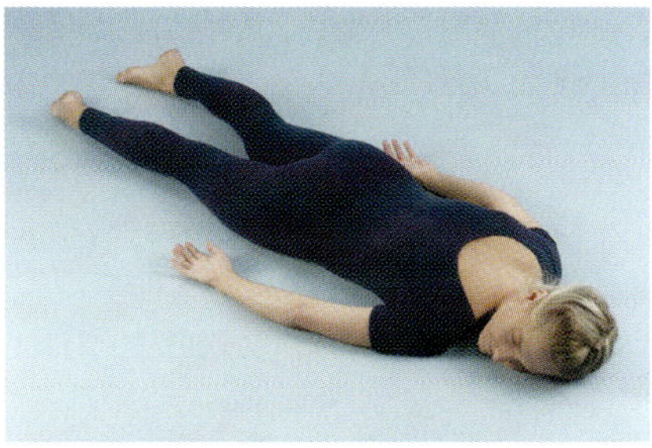

Savasana in Bauchlage:
Sie können Savasana auch in Bauchlage üben und legen dabei den Kopf entweder nach rechts oder links (siehe Bild). Die Handflächen zeigen nach oben. Achten Sie darauf, dass Sie nach dem Asana den Kopf abwechslungsweise nach rechts oder links legen.

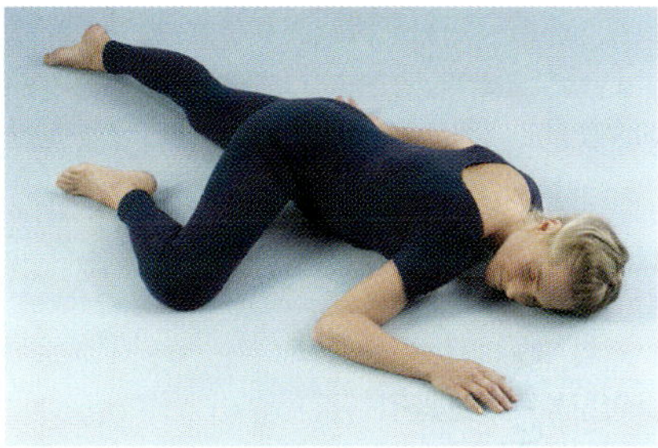

Savasana in Seitenlage:
Bei Savasana in Seitenlage liegen Sie auf dem Bauch und ziehen das rechte oder linke Bein angewinkelt nach oben und beugen den rechten oder linken Arm und legen die rechte oder linke Hand über dem Kopf auf den Boden (siehe Bild). Achten Sie darauf, dass Sie nach dem Asana abwechslungsweise in rechter und dann in linker Seitenlage entspannen.

Savasana wird jeweils zwischen den einzelnen Asanas (Yogastellungen) praktiziert. In der Regel übt man Savasana in Rückenlage nach Rückwärtsstellungen und Savasana in Bauchlage nach Vorwärtsstellungen. Die Entspannung in Savasana sollte gleich lang sein wie die Zeitdauer der vorangegangenen Yogastellung.

Konzentration:
Während Savasana konzentrieren wir uns auf die Entspannung. Die Atmung ist normal.

Körperliche Wirkung:
Savasana festigt die Wirkung der jeweils praktizierten Stellung. Durch das Üben eines Asanas wird jeweils der Blutkreislauf an einer bestimmten Stelle beschleunigt oder unterbrochen. Dadurch werden körperliche Reinigungsprozesse ausgelöst. Savasana hilft uns, diese Prozesse zu vergegenwärtigen und vollendet deren Verarbeitung.

Geistige Wirkung:
Savasana bedeutet toter Körper. Während dem Praktizieren eines Asanas werden Ablagerungen (blockierte Energien) gelöst. Diese Ablagerungen tangieren nicht nur unseren physischen Körper, sondern dringen in Form von Gedanken und Ängsten in unser Bewusstsein. Savasana hilft uns, diese Energien aufzulösen und zu überwinden, indem wir sie tot sein lassen! Dadurch kann die geistige Kraft der zuvor geübten Yogastellung erst vollständig zum Erwachen kommen. Savasana oder toter Körper steht hier symbolisch für das Sterben (Auflösen) von emotionalen und mentalen Spannungen.

Mudra – *Geste*

Die *Mudras* bilden auf dem Weg des Astanga-Yoga eine Zwischenstufe. Als Mudras bezeichnet man Yogastellungen (Asanas), die mit einer speziellen Atmung (Pranayama) verbunden sind. Mudras stehen zwischen Asana und Pranayama und verhelfen dem Yogi zu einem harmonischen Übergang von Asana zu Pranayama. Die Mudras besitzen eine grosse Wirkung und entwickeln vor allem unser ganzes Drüsensystem. Das vegetative Nervensystem[3] wird ebenfalls aktiviert, dadurch erreichen wir einen ausgewogenen Körperzustand. Mudras begünstigen das Aufsteigen von *Kundalini Shakti* und befähigen den Übenden, sich von schlechten Gewohnheiten zu lösen.

Wie unter *Asana – Yogastellung* erklärt, führen die Asanas den Menschen zu mehr Pflichtbewusstsein. Wenn wir nun beginnen, unseren Pflichten im Leben nachzukommen, werden wir zu Beginn immer wieder auf Widerstände stossen. Die alten Gewohnheiten, die darin bestanden, *das eigene Leben zu führen*, machen sich nun in Form von Spannungen bemerkbar. Wir verlieren die Geduld und machen meistens unsere Mitmenschen für unser Versagen verantwortlich. Dies führt dazu, dass die Pflichten liegen bleiben und die Spannungen zunehmen. *Mudra* bedeutet *was Freude gibt*. Wir können nun nachvollziehen, dass die Aufgabe der Mudras darin besteht, dem Suchenden die Freude an der Pflicht zurückzugeben. Denn nur dadurch kann der Yogi Pranayama oder die nächste Stufe des Astanga-Yoga erlangen.

Durch die Mudras entwickeln wir die Tugend der Selbstanalyse und beginnen, Fehler in uns selbst zu suchen. Schuldzuweisungen werden vermieden, was den Geist dem Göttlichen gegenüber öffnet. Auf diese Weise verbinden wir unser Bewusstsein mit der inneren Quelle der Weisheit. Das Aufsteigen der Kundalini Shakti beschreibt genau diesen inneren Vorgang. Viele Menschen haben eine völlig falsche Vorstellung von Kundalini Shakti. Kundalini ist die im Menschen schlummernde Transformationskraft, die darauf wartet, erweckt zu werden. Kundalini manifestiert sich im Menschen als spirituelles Wissen und als Liebe und kann nie schädlich oder irreführend und gefährlich sein! Kundalini wird durch die Gnade Gottes erweckt und nicht durch egozentrische Bemühungen. Die Mudras zeigen uns, dass die Geste gegenüber dem Mitmenschen darin besteht, alle sichtbaren Fehler der äusseren Welt im eigenen Inneren zu suchen. Auch in der christlichen Lehre finden wir die Botschaft des Mudra:

Er aber sprach zu ihnen: Wenn ihr betet, so sprecht: Vater! Dein Name werde geheiligt. Dein Reich komme. Unser tägliches Brot gib uns Tag für Tag und vergib uns unsre Sünden; denn auch wir vergeben allen, die an uns schuldig werden. Und führe uns nicht in Versuchung.
Lukas 11,2–4

[3] Das vegetative oder autonome Nervensystem besteht aus dem sympathischen und dem parasympathischen System und steuert die Lebensfunktionen wie Herzschlag, Atmung, Verdauung. Es untersteht dem Hypothalamus, welcher wiederum mit der Hypophyse in Verbindung steht. (Der Parasympathicus ist während der Entspannung aktiv, und der Sympathicus wird durch das Aktivitätshormon Adrenalin stimuliert.)

Wenn Jesus Christus hier von der Vergebung an allen spricht, die an uns schuldig sind, so beschreibt er genau die Botschaft und Wirkung von Mudra. Natürlich besteht die von Christus gemeinte Vergebung nicht darin, dass man die Schuld des anderen äusserlich vergibt, sondern dass man die am anderen gesehene Schuld bei sich selbst sucht! Nur so kann etwas wirklich erlöst werden. Gott allein ist die vergebende Kraft und nicht der Mensch. Dies kann jedoch nur durch Selbstanalyse geschehen. Die weit verbreitete andere Art der Schuldvergebung entpuppt sich bei genauerem Betrachten als eine egoistische, überhebliche Selbsteinschätzung. Denn es würde bedeuten, dass wir selbst ohne Schuld wären, und dazu steht im Johannesevangelium:

Wer unter euch ohne Sünde ist, der werfe den ersten Stein auf sie. *Johannes 8,7*

Wenn wir diese Worte ernst nehmen, so dürfen wir auch nicht anderen Menschen Sünden vergeben, sondern wir müssen jegliche Sicht einer Schuld in uns selbst suchen, denn nur dadurch geschieht wahre Vergebung. Diese muss an unserem eigenen Wesen geschehen und nicht an unseren Mitmenschen. Durch das Sehen einer Schuld widersprechen wir dem Gebot *Du sollst Dir kein Bildnis machen*. Mudra dient diesem Gebot, indem es den Yogi von jeglicher Vorstellung bezüglich Schuld der Aussenwelt erlöst.

In den indischen Schriften steht, dass die Mudras auch sexuelle Leidenschaften unter Kontrolle bringen und den Menschen von Wollust befreien können. Die Sexualität symbolisiert die Kommunikation zwischen dem Menschen und seinem Umfeld. Wenn diese Kommunikation auf Schuldzuweisungen basiert, entstehen Probleme im Sexualverhalten. Sobald der Yogi durch das Praktizieren der Mudras Selbstanalyse und Innenschau entwickelt hat, löst sich – nebst den geistigen Spannungen – auch die Anhaftung an der Sexualität auf. Wie die Mudras im Einzelnen auf den Menschen einwirken, ist nachfolgend beschrieben.

Wichtige Hinweise:
Das Ausüben der Mudras sollte unter Anleitung eines erfahrenen Yogalehrers geschehen. Kinder unter zwölf Jahren sollten keine Mudras praktizieren, da dadurch das Drüsensystem stark aktiviert wird und deshalb die körperliche Entwicklung frühzeitig beschleunigt und die geistige Entwicklung gehemmt wird. Menschen, die an Herzproblemen und an hohem Blutdruck leiden, sollten nur in Absprache mit dem Yogalehrer üben. Diese Hinweise beziehen sich nicht nur auf alle Mudras, sondern auch auf alle Atem- (Pranayama), Konzentrations- (Dharana) und Meditationsübungen (Dhyana).

Mohamudra – ***Grosse Geste***

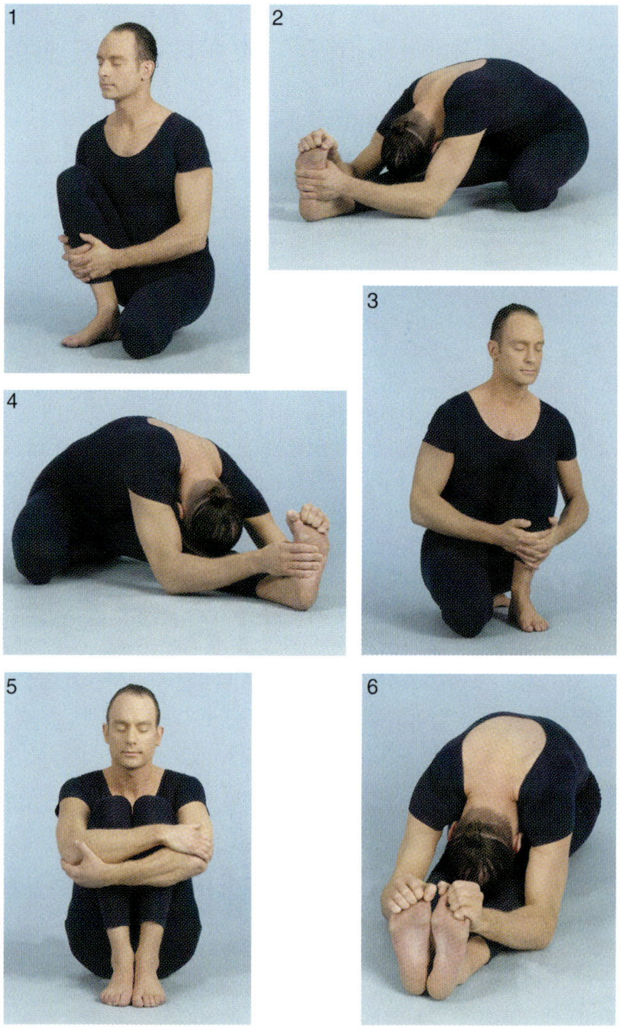

Technik:
Ausgangsstellung: Sitzend mit nach vorne gestreckten Beinen und mit geschlossenen Augen. Beugen Sie das linke Beine und setzen Sie sich auf die linke Ferse. Ziehen Sie das rechte Bein angewinkelt gegen die Brust. Mit den Händen halten Sie das Bein und pressen es gegen die rechte Seite im Bauch. Dabei sitzen Sie aufrecht und beugen den Kopf ein wenig nach vorne. Atmen Sie jetzt zweimal tief ein und aus und achten Sie darauf, dass die Ausatmung länger als die Einatmung dauert (1). Nun atmen Sie wenig ein, halten den Atem an und strecken das rechte Bein nach vorne. Mit der rechten Hand umfassen Sie die Zehen des rechten Fusses und mit der linken Hand die Fusssohle. Beugen Sie sich so weit nach vorne, bis die Stirne das rechte Knie berührt und halten Sie gleichzeitig das rechte Bein durchgestreckt. Das Knie sollte durchgestreckt bleiben, auch wenn Sie mit der Stirne das Knie nicht berühren können. Bleiben Sie mit angehaltenem Atem zehn Sekunden in dieser Stellung (2). Danach richten Sie sich auf und ziehen das rechte Bein angewinkelt an den Oberkörper zurück. Erzeugen Sie mit dem rechten Bein Druck auf die rechte Seite des Bauches und atmen Sie dann langsam aus (1). Wechseln Sie die Beinstellung und praktizieren Sie die Übung zur anderen Seite (3–4). Wenn Sie damit fertig sind, setzen Sie sich auf das Gesäss und ziehen beide Beine gegen die Brust. Mit den Händen pressen Sie die Beine fest zum Bauch. Praktizieren Sie zwei tiefe Atemzüge. Danach atmen Sie wenig ein und halten den Atem an (5). Strecken Sie beide Beine nach vorne und fassen Sie mit den Händen die Fusszehen. Mit der Stirne versuchen Sie die Knie zu berühren, dabei bleiben die Knie durchgestreckt. Bleiben Sie zehn Sekunden mit angehaltenem Atem in dieser Stellung (6) und ziehen Sie dann beide Beine zum Oberkörper zurück. Erzeugen Sie mit den Beinen

Druck auf den mittleren Teil des Bauches und atmen Sie dann aus (5). Dies ist eine Runde Mohamudra. Üben Sie drei Runden und entspannen Sie sich danach in Savasana.

Wichtige Hinweise:
Bei Schilddrüsenüberfunktion legen Sie den Kopf ein wenig nach hinten anstatt nach vorne. Beginnen Sie immer auf der linken Ferse, da der Darmverlauf von rechts nach links geht, ansonsten die Abfallprodukte unseres Körpers nicht besser ausgeschieden, sondern zurückgeschoben werden. Frauen sollten Mohamudra während den Tagen der Menstruation nicht praktizieren. Beachten Sie auch die Hinweise, die unter *Mudra – Geste* angegeben wurden.

Konzentration:
Konzentrieren Sie sich auf einen Punkt zwischen den beiden Augenbrauen (Ajna-Chakra). Atmen Sie, wie es unter *Technik* beschrieben wurde.

Körperliche Wirkung:
Mohamudra ist von grossem Nutzen für den ganzen Körper. Die Wirbelsäule sowie alle inneren und äusseren Teile des Körpers werden gesund erhalten. Das Nerven- und Drüsensystem des ganzen Körpers wird gesund erhalten. Die Hormonsekretion wird optimiert und der Übende erhält einen gesunden Körper sowie eine gute Verdauung. Die Augen, die Ohren sowie die Zähne und das Zahnfleisch werden gut durchblutet und bleiben gesund. Alle Bauchorgane sowie die Arm- und Beinmuskeln werden aktiviert und gestärkt. Der Unterleib wird durch den Druck der Beine massiert; Darm, Samenleiter und Harnröhre bleiben gesund, Hämorrhoiden und Impotenz werden geheilt.

Geistige Wirkung:
Mohamudra bedeutet grosse Geste. Als Geste bezeichnen wir eine uneigennützige Handlung zum Wohle unserer Mitmenschen. Die selbstlose Handlung hat jedoch keine äusseren Merkmale, sondern beschreibt die Disziplin der Selbstanalyse. Wer durch jede Handlung sich selbst in Veränderung führt, praktiziert konstante Selbstanalyse und damit Mohamudra. Dadurch erwacht die spirituelle Kraft (Kundalini Shakti), und der Yogi verbindet sich mit der inneren Quelle der Weisheit. Die physische Nahrung wird auf dieser Stufe als geistige Erkenntnis erkannt. Der Übende nährt sich an der Quelle der Wahrheit und öffnet sich dadurch der Ewigkeit. Schon Jesus Christus hat denselben Vorgang über das Erkennen der Nahrung als Brücke zur Ewigkeit gesprochen:

Dies ist das Brot, das vom Himmel gekommen ist. Es ist nicht wie bei den Vätern, die gegessen haben und gestorben sind. Wer dieses Brot isst, der wird leben in Ewigkeit.
Johannes 6,58

Mohamudra ist das bekannteste und wirkungsvollste Mudra. Es verhilft dem Yogi zur vollständigen Selbstanalyse und Innenschau und damit zu Gottesbewusstsein und Frieden.

Viparitkaranimudra – *Geste der Beobachtung*

Technik:

Ausgangsstellung: Liegend auf dem Rücken und mit geschlossenen Augen. Die Handflächen zeigen nach unten und liegen neben dem Körper auf. Schliessen Sie die Beine und gehen Sie nun langsam in die halbe Kerze (Ardha Sarbangasana). Ihre Beine stehen senkrecht zum Boden und die Knie sind durchgedrückt. Heben Sie nun den Unterkörper wie bei der Kerzenstellung (Sarbangasana) an. Die Hände stützen das Gesäss. Im Unterschied zur Kerzenstellung heben wir die Beine nur in einen 45°-Winkel, sodass Ihre Augen direkt auf die Knie sehen würden. Atmen Sie nun tief ein und halten Sie den Atem so lange an, wie dies ohne Anstrengung möglich ist. Danach atmen Sie aus und wiederholen diesen Atemrhythmus während drei Minuten. Üben Sie eine Runde und entspannen Sie sich dann in Savasana.

Konzentration:
Konzentrieren Sie sich auf einen Punkt zwischen den beiden Augenbrauen. Atmen Sie, wie es unter *Technik* beschrieben wurde.

Körperliche Wirkung:
Fast alle Vorteile von Sarbangasana (Kerzenstellung) können durch dieses Mudra erreicht werden. Zusätzlich werden Schild- und Nebenschilddrüsen gleichmässig aktiviert und gesund erhalten, was das Immunsystem des Körpers stärkt und Krankheiten verhindert.

Geistige Wirkung:
Viparitkarani bedeutet umgekehrt. Darin liegt auch der geistige Nutzen dieses Mudras verborgen. Die Kerzenstellung verhilft dem Übenden dazu, Gedankengut an die Aussenwelt abzugeben. Viele Menschen sprechen über ihre Probleme, erhalten aber dennoch keine Erleichterung. Dies ist meistens das Resultat mangelnder Selbstanalyse. So sprechen wir öfters über bestimmte Dinge und stellen während dem Sprechen fest, dass wir lieber nichts gesagt hätten. Das Aussprechen von Gedanken, die eigentlich im Inneren verarbeitet werden können, führt zum ewigen Widerkehren derselben Probleme und Ängste. Mit der Zeit weiss man nicht mehr zu unterscheiden, worüber man sprechen sollte und wo man besser still wäre. Viparitkaranimudra setzt diesem Chaos ein Ende und verhilft dem Yogi zu Klarheit und innerer Beobachtungsgabe.

Mulbandhamudra – *Geste der Wunschlosigkeit*

Technik:
Ausgangsstellung: Meditative Stellung mit geschlossenen Augen. Um die Wirkung des Mudras zu verstärken, können Sie sich auf die linke Ferse setzen (wie bei Siddhasana). Mit der Ferse erzeugen Sie einen Druck gegen den Damm. Ziehen Sie nun die Muskeln des Afters nach oben und atmen Sie dann ein. Bleiben Sie zehn Sekunden in dieser Stellung, danach entspannen Sie die Muskeln und atmen langsam aus. Praktizieren Sie zehn Runden und entspannen Sie sich danach in Savasana.

Konzentration:
Konzentrieren Sie sich auf einen Punkt zwischen den beiden Augenbrauen. Atmen Sie, wie es unter *Technik* beschrieben wurde.

Körperliche Wirkung:
Durch dieses Mudra können Verstopfung, Impotenz, Menstruationsbeschwerden sowie viele andere Frauenkrankheiten geheilt werden. Es hilft den Samen, Stuhl und Urin zurückzuhalten.

Geistige Wirkung:
Mul bedeutet Wurzel. Durch Mulbandhamudra werden wir auf unsere wahren Wünsche und Bedürfnisse zurückgeführt. Nur wenn wir das Wohl unseres Mitmenschen als eigene Notwendigkeit erkennen, werden wir frei von egoistischen Tendenzen. Die Wurzel des eigenen Wesens im Herzen des Mitmenschen zu suchen, ist Voraussetzung, um egoistische Wünsche in Licht und Liebe zurückzuverwandeln. Mulbandhamudra fördert diesen Transformationsprozess und schenkt uns zunehmende Wunschlosigkeit. Diese Tugend ist Grundlage der Nächstenliebe und demzufolge bewirkt sie auf der physischen Ebene das *Erzeugen und Empfangen eines gesunden Kindes.*

Shaktichalonimudra – *Geste der Verbeugung*

Technik:
Ausgangsstellung: Meditative Stellung mit geschlossenen oder offenen Augen. Halten Sie die beiden Knie mit den Händen fest. Atmen Sie nun ein und ziehen Sie gleichzeitig den After zusammen und den Bauch nach oben. Halten Sie den Atem so lange an, wie dies ohne Anstrengung möglich ist (es sollte kein Druck in Lunge und Herz entstehen). Danach lösen Sie die Kontraktion von After und Bauch und atmen langsam aus. Üben Sie zehn Runden und entspannen Sie sich nachher in Savasana.

Konzentration:
Konzentrieren Sie sich auf das Steissbeinzentrum und den After. Atmen Sie, wie es unter *Technik* beschrieben wurde.

Körperliche Wirkung:
Erkrankungen der Geschlechtsorgane können geheilt werden. Dieses Mudra hilft, sexuelle Leidenschaften zu kontrollieren und verhindert feuchte Träume. Der Samen wird im Körper zurückgehalten, dadurch wird der ganze Körper gestärkt.

Geistige Wirkung:
Shakti bedeutet Kraft und *chaloni* bedeutet transportieren. Die Geschlechtsteile des Menschen symbolisieren die Kommunikation mit der Aussenwelt. Wenn wir nur kommunizieren, um dem Leben davonzulaufen, bewirkt dies Probleme im Genitalbereich. Durch Shaktichalonimudra erhalten wir die Kraft, Lebensumstände zuzulassen, die wir bisher durch äussere Ablehnung verdrängt haben. Nur im Annehmen der Umstände liegt die Erlösung oder die Transformation in höhere Bewusstseinsebenen. Shaktichalonimudra ermöglicht uns die Verbeugung gegenüber allen Situationen im Leben, da diese nur unserer Entwicklung wegen überhaupt auftreten.

Aswinimudra – *Geste der Freundlichkeit*

Technik:
Ausgangsstellung: Meditative Stellung mit geschlossenen oder offenen Augen. Atmen Sie ein und halten Sie den Atem an. Mit angehaltenem Atem ziehen Sie den After wieder und wieder, insgesamt siebenmal, ohne Unterbrechung so weit wie möglich nach oben. Lösen Sie dann die Muskelkontraktion des Afters schnell und vollständig auf, danach atmen Sie langsam aus. Entspannen Sie sich ein wenig. Wiederholen Sie die Übung. Praktizieren Sie fünf Runden und erholen Sie sich nachher in Savasana.

Konzentration:
Konzentrieren Sie sich auf das Steissbeinzentrum und den After. Atmen Sie, wie es unter *Technik* beschrieben wurde.

Körperliche Wirkung:
Frauenkrankheiten sowie Erkrankungen im Genital- und Analbereich können geheilt werden. Hämorrhoiden und Fisteln werden beseitigt und die Muskeln des Rektums gestärkt. Der Samenerguss wird unter Kontrolle gebracht und Impotenz vorgebeugt.

Geistige Wirkung:
Aswini bedeutet Stute. Im Unterschied zu Mulbandhamudra (Geste der Wunschlosigkeit) atmen wir hier zuerst ein und kontrahieren nachher den After. Dieser Vorgang ist sehr wichtig, um die geistige Bedeutung dieses Mudras besser verstehen zu können. Währenddem Mulbandhamudra uns mit den eigentlichen Bedürfnissen unseres Wesens in Verbindung bringt, zeigt uns Aswinimudra, welche Bedürfnisse und Umstände wir nur mit uns assoziieren, um uns keine Blösse zu geben. Wir geben ein Bild von uns, das nicht der Wahrheit entspricht – natürlich, um schön und bezaubernd zu sein (Stute). Meistens kommt jedoch die Wahrheit

zum Vorschein, und wir werden ertappt. Aswinimudra verhilft dem Übenden, Eitelkeit mit Wahrheit zu ersetzen. Dadurch erhalten wir die Tugend der Freundlichkeit.

Jalandharbandhamudra – *Geste der Wahrhaftigkeit*

Technik:
Ausgangsstellung: Meditative Stellung mit geschlossenen Augen. Atmen Sie ein und pressen Sie das Kinn gegen die Brust. Bleiben Sie in dieser Stellung und halten Sie den Atem so lange an, wie dies ohne Anstrengung möglich ist (es sollte kein Druck in Lunge und Herz entstehen). Danach heben Sie den Kopf und atmen langsam aus. Praktizieren Sie fünf Runden. Allmählich können Sie die Rundenzahl steigern bis auf zwanzig Runden.

Wichtige Hinweise:
Wer an Schilddrüsenüberfunktion leidet, sollte das Kinn nicht zu stark auf die Brust pressen.

Konzentration:
Konzentrieren Sie sich auf einen Punkt zwischen den beiden Augenbrauen. Atmen Sie, wie es unter *Technik* beschrieben wurde.

Körperliche Wirkung:
Die Schilddrüsen, die Nebenschilddrüsen, die Lymphdrüsen und die Mandeln sowie der ganze Hals- und Nackenbereich werden durch dieses Mudra gesund erhalten. Die Hitze, die durch dieses Mudra erzeugt wird, neutralisiert Gift und beseitigt Husten und Erkältung.

Geistige Wirkung:
Jalandharbandhamudra ist nach dem Namen des Yogi benannt, der diese Übung entdeckt hat. Durch dieses Mudra entwickeln wir Wahrhaftigkeit. Wir erkennen die Notwendigkeit, die Wahrheit sagen zu müssen, unabhängig, ob ihre Wirkung nach aussen gut oder schlecht ist. Jalandharbandhamudra gibt uns die Kraft, verdrängtes Gedankengut (Gift) auszusprechen, sodass wir durch die Kommunikation mit der Aussenwelt eine neue Sichtweise gewinnen können. Unsere bisherigen Gedanken lösen sich dadurch auf, und wir werden befreit von Spannungen und Ängsten.

Uddianbandhamudra – *Sonnengeste*

Technik:
Ausgangsstellung: Stehend mit geschlossenen Augen. Die Beine stehen in einem Abstand von ca. dreissig Zentimeter zueinander. Gehen Sie ein wenig in die Knie und beugen Sie den Oberkörper so nach vorne, dass Sie sich mit den Händen auf den Oberschenkeln abstützen können. Atmen Sie nun vollständig aus und ziehen Sie gleichzeitig die Bauchmuskeln so weit wie möglich nach innen. Sie dürfen keinen Druck in Lunge und Herz verspüren und achten Sie darauf, dass der restliche Körper so entspannt wie möglich ist. Bleiben Sie in dieser Stellung und halten Sie den Atem fünf bis zehn Sekunden an. Danach beginnen Sie mit der Einatmung und lösen gleichzeitig die Stellung auf. Erholen Sie sich ein wenig im Stehen und atmen Sie dabei tief ein und aus. Praktizieren Sie fünf Runden und entspannen Sie sich danach in Savasana.

Wichtige Hinweise:
Bei Herzproblemen oder schwacher Bauchmuskulatur sollte man dieses Mudra nicht praktizieren.

Konzentration:
Konzentrieren Sie sich auf einen Punkt zwischen den beiden Augenbrauen. Atmen Sie, wie es unter *Technik* beschrieben wurde.

Körperliche Wirkung:
Dieses Mudra begünstigt insbesondere den Unterleib. Viele Frauenkrankheiten, Verdauungsstörungen, Verstopfung sowie Blinddarmentzündung können geheilt werden. Hämorrhoiden werden beseitigt und die Leber wird gesund erhalten. Das Verdauungsfeuer wird erhöht und das Immunsystem des ganzen Körpers wird gestärkt. Asthma und Zuckerkrankheit (Diabetes) werden dadurch geheilt.

Geistige Wirkung:
Uddianbandha bedeutet *das, was nach aussen geht, zurückziehen.* Der Bauch, der bei diesem Mudra nach innen gezogen wird, steht symbolisch für den Verstand des Menschen, der nach innen gerichtet werden muss, um geistig fortzuschreiten. Durch Uddianbandhamudra erhalten wir die Kraft zur Selbstanalyse und versuchen, Schuldzuweisungen zu vermeiden. Durch diese Tugend bleiben wir immun in Bezug auf schlechte Gedanken und erhalten auf der körperlichen Ebene eine gute Verdauung und ein gesundes Immunsystem. Durch den nach innen gerichteten Verstand treten wir in Verbindung mit dem Sonnenlicht der Seele und erwachen im Gottesbewusstsein. Der heilige Franz von Assisi hat durch seine Gebete dieselben Tugenden verwirklicht:

O Herr,
Hilf mir,
Nicht dass ich danach trachte, verstanden zu werden, sondern dass ich verstehe.
Nicht dass ich danach trachte, getröstet zu werden, sondern dass ich tröste.
Nicht dass ich danach trachte, geliebt zu werden, sondern dass ich liebe.

Nabhomudra – *Himmelsgeste*

Technik:
Ausgangsstellung: Meditative Stellung mit geschlossenen Augen. Rollen Sie die Zunge so weit wie möglich nach oben, bis die Zungenspitze den Gaumen berührt. Verweilen Sie fünf Minuten in dieser Stellung und entspannen Sie sich danach in Savasana. Erhöhen Sie die Zeitdauer der Übung allmählich bis auf dreissig Minuten. Ein Yogi sollte bei jeder Handlung, auch bei weltlichen Pflichten, die Zunge nach oben rollen. Durch regelmässiges Üben geschieht dies automatisch und ohne Anstrengung.

Konzentration:
Konzentrieren Sie sich auf einen Punkt zwischen den beiden Augenbrauen. Die Atmung ist normal.

Körperliche Wirkung:
Die drei Speicheldrüsen werden richtig aktiviert und gesund erhalten. Es gelangt genügend Speichelsaft in die Nahrung, sodass die Verdauung verbessert wird. Die Geschmacksnerven bleiben gesund und Mundgeruch wird vorgebeugt. Stottern und Sprechprobleme können ebenfalls beseitigt werden.

Geistige Wirkung:
Nabho bedeutet Himmel. Der Himmel ist die Verwirklichung von *Sat-Chit-Ananda* oder der Glückseligkeit. Die Zungenspitze berührt die grobstoffliche Nahrung und vermittelt uns Geschmack und Genuss. Die Zungenspitze kann aber auch nach oben gerollt werden und das Himmelstor (Gaumen) berühren, sodass wir die Seligkeit der Seele geniessen können. Die Zunge vermag den Genuss der Welt und die Seligkeit der Seele zu vereinen. Normalerweise trennen wir inneres und äusseres Glück und sind deshalb nicht in der Lage zu erkennen, dass jedes weltliche Glück auch Teil der Seligkeit Gottes ist. Durch Nabhomudra lösen wir diese Spaltung auf und erkennen das Glück selbst als Himmel. Anhaftung an materiellem Glück und geistige Fixierung wird durch Nabhomudra beseitigt. Das wahre Glück wird erkannt.

Yonimudra – *Geste der Bedingungslosigkeit*

Technik:
Ausgangsstellung: Meditative Stellung. Schliessen Sie die Ohren mit den Daumen, die Augen mit den Zeigfingern, die Nase mit den Mittelfingern und den Mund mit den Ringfingern. Öffnen Sie jetzt die Nasenlöcher und atmen Sie ein, indem Sie geistig **sa** sagen. Stellen Sie sich vor, der Atem fliesst vom untersten Punkt der Wirbelsäule (Steissbein) bis zum Höchsten Himmel (Fontanelle), danach schliessen Sie die Nasenlöcher und öffnen den Mund. Atmen Sie aus indem Sie geistig **ham** sagen und stellen Sie sich gleichzeitig vor, wie der Atem zum Steissbein zurückgeht. Praktizieren Sie sieben Durchgänge und entspannen Sie sich danach in Savasana.

Konzentration:
Konzentrieren Sie sich auf einen Punkt zwischen den beiden Augenbrauen. Atmen Sie, wie es unter *Technik* beschrieben wurde.

Körperliche Wirkung:
Dieses Mudra begünstigt den ganzen Kopf- und Hirnbereich. Das Gehirn, die Augen, die Ohren sowie der Nasen- und Mundbereich werden gesund erhalten. Die Atmung wird harmonisiert.

Geistige Wirkung:
Yoni bedeutet Vagina. Die Vagina ist der physische Ausdruck der weiblichen Schönheit und Fruchtbarkeit. Auf der geistigen Ebene stellt die Vagina die höchste spirituelle Weiblichkeit dar, nämlich die Dankbarkeit. Nur ein dankbares Herz kann Samadhi und Gottesbewusstsein erfahren und die Stufen der Selbstverwirklichung erklimmen. Wahre Dankbarkeit besteht darin, alle Lebensumstände ohne Wenn (Augen) und Aber (Ohren) anzunehmen. Yonimudra gibt uns die Kraft dazu und verhilft uns, den Zustand der Bedingungslosigkeit zu erreichen.

Yogamudra – *Geste der Liebe*

Technik:
Ausgangsstellung: Meditative Stellung mit geschlossenen Augen. Legen Sie die Hände auf den Rücken und falten Sie sie zum indischen Gruss (wenn sie nicht können, umfassen Sie die Arme). Atmen Sie ein und beugen Sie sich nachher mit dem Ausatmen langsam nach vorne, bis die Stirne den Boden berührt (wenn möglich). Bleiben Sie in dieser Stellung und halten Sie den Atem so lange an, wie dies ohne Anstrengung möglich ist. Danach gehen Sie mit der Einatmung in die Ausgangsstellung zurück. Praktizieren Sie sieben Runden und entspannen Sie sich danach in Savasana.

Konzentration:
Konzentrieren Sie sich auf einen Punkt zwischen den beiden Augenbrauen. Atmen Sie, wie es unter *Technik* beschrieben wurde.

Körperliche Wirkung:
Die Wirbelsäule wird stark gedehnt und bleibt beweglich und geschmeidig. Kopf- und Hirnbereich werden gut durchblutet und bleiben gesund. Die Hypophyse wird richtig aktiviert und geistiger Erschöpfung wird vorgebeugt. Alle Organe im Unterleib und Bauch werden ebenfalls begünstigt.

Geistige Wirkung:
Yogamudra erweckt Kundalini Shakti (spirituelles Wissen) und fördert ihr Aufsteigen durch den mittleren Wirbelsäulenkanal (Susumna-Nadi). Die Hände auf den Rücken legen steht hier symbolisch für das vollständige Aufgeben der ich-gebundenen Handlung. Wir verwandeln Egoismus in Liebe (Yoga) und Einssein mit der ganzen Schöpfung. Yogamudra gibt uns die Kraft zur Selbstlosigkeit und Nächstenliebe.

Shatkarma – *Sechs Reinigungssysteme*

Die Reinigung des Körpers kann durch den Geist sowie auch durch körperliche Reinigungsprozesse geschehen. Diese körperlichen Reinigungssysteme werden *Shatkarma* genannt. Übermässiges Fett sowie Schleim sind Hindernisse, um Pranayama üben zu können. Shatkarma zeigt uns den Weg, wie wir unseren Körper sowie das Nervensystem reinigen und gesund erhalten können. Dies ist Voraussetzung, um die nächste Yogastufe, Pranayama, vollenden zu können. In der heutigen Zeit, wo die tägliche Hygiene einen grossen Stellenwert in unserem Alltagsleben besitzt, ist es unnötig, alle Reinigungsübungen hier zu dokumentieren, da die meisten dieser Reinigungsprozesse mittlerweile Teil unserer täglichen Körperpflege bilden.

Vieles gilt es jedoch dennoch zu erwähnen, da Shatkarma darauf abzielt, den ganzen Menschen (Körper, Geist und Seele) in den Reinigungsprozess zu integrieren, währenddem in unserer täglichen Körperpflege meistens nur das körperliche Wohl im Vordergrund steht. Die tägliche Reinigung ist daher für viele Menschen eher eine Pflicht und nicht eine «Reinigung» im Sinne der Yogaphilosophie. Shatkarma beinhaltet insbesondere Reinigungsübungen, die in Einklang mit der Natur stehen und deshalb keine unangenehmen Nebenwirkungen besitzen, wie die meisten Medikamente, die heutzutage auch für Körperreinigung benützt werden (Abführmittel, Schleimentfernung usw.). Im geistigen Sinne symbolisieren überschüssiges Fett und Unreinheiten des physischen Körpers die egoistischen Tendenzen des Menschen, von denen er sich loslösen sollte.

***Shatkarma** besteht aus:*

Dhouti = Reinigung durch Waschen

Basti = Reinigung des Afters

Neti = Reinigung mit Hilfe eines bestimmten Stoffes

Louliki = Reinigung des ganzen Bauches

Tratak = Reinigung durch eine bestimmte Art des Schauens

Kapalabhati = Reinigung der Stirn

Dhouti – Reinigung durch Waschen

Angadhouti oder das Waschen des Körpers beinhaltet vier mögliche Reinigungsarten, nämlich:

Antardhouti: innere Waschung
Dantodhouti: Reinigung der Zähne
Hriddhouti: Reinigung des Herzens
Mulshodhan: Reinigung des Afters

Angadhouti oder das Waschen des Körpers besteht aus vielen verschiedenen Übungen, die uns anleiten, den Körper mit Wasser zu reinigen. Im Einzelnen werde ich nachher vor allem auf den Bereich des Dantodhauti eingehen, da er unsere täglichen Reinigungsübungen wohl am besten ergänzt. Wie im zweiten Kapitel beschrieben, hat die Natur den Menschen hervorgebracht und alles an *ihm* hat sein unmittelbares Gegenstück in der Natur. Das Wasser ist die Basis allen Lebens auf dieser Erde, ihr geistiges Gegenstück ist die Wahrheit und Liebe, die

Basis aller geistigen Fortschritte. Wenn also im Dhouti die Reinigung durch Wasser empfohlen wird, so bedeutet dies, dass während der Berührung mit Wasser unsere innere Wahrheit und Liebe aktiviert wird, und wir versuchen sollten, durch diese Berührung nicht in erster Linie an unser Aussehen und unsere Selbstdarstellung zu denken, sondern vor allem an die Wahrnehmung der Liebe Gottes und an die Veränderung unserer Lebenseinstellung hin zur Liebe, dann und nur dann kann von Angadhouti gesprochen werden. Man könnte Angadhouti auch sehr gut vergleichen mit der Taufe von *Johannes dem Täufer*, der seine Jünger wohl im Wasser physisch getauft hat, jedoch ganz klar das körperliche Waschen mit der Veränderung der Lebenseinstellung verknüpft hat.

Dantodhauti – *Reinigung der Zähne*

Dantodhouti oder das Reinigen der Zähne beinhaltet im Shatkarma nicht nur, wie bei uns, das Reinigen mit Zahnbürste, sondern auch das Massieren des Zahnfleisches, die Reinigung der Zunge, Ohren sowie der Stirnhöhlen.

Dantomuladhouti – *Massage des Zahnfleisches*

Nach jeder eingenommenen Mahlzeit sollte man nebst dem Zähneputzen das Zahnfleisch mit den Fingern auf beiden Seiten des Gaumens (vorne und hinten) massieren. Vor und nach der Massage sollte der Mund jeweils gut gespült werden, damit das vom Körper ausgeschiedene Gift entfernt wird.
Durch diese Übung werden insbesondere die Zahnwurzeln gut durchblutet und bleiben gesund und stark. Karies wird vorgebeugt. Die Zähne haben für den Menschen eine wichtige Bedeutung, da ohne Sie keine Nahrung richtig verdaut werden kann. Die Zahnwurzeln stehen symbolisch für den Ursprung unserer Wünsche. Sind unsere Wünsche egoistischer Art, so führt dies zu ungesunden Zahnwurzeln sowie zu Karies. Durch das tägliche Massieren des Zahnfleisches bekommen wir die Fähigkeit, die Natur unserer Wünsche klarer wahrzunehmen und egoistischen Tendenzen vorzubeugen.

Jeobhadhouti – *Reinigung der Zunge*

Spülen Sie den Mund nach dem Reinigen der Zähne mit Wasser. Jetzt legen Sie Ring-, Mittel- und Zeigefinger auf die Zunge und reiben diese gründlich bis zur Zungenwurzel. Möglicherweise löst diese Übung zu Beginn Brechreiz aus, bei regelmässigem Praktizieren ergibt sich dies jedoch.
Durch diese Übung entfernen wir allen Schleim aus Kehlkopf- und Rachenbereich. Die Zunge wird gut durchblutet. Stottern kann beseitigt werden und die Stimme wird kräftig. Die Zunge vermittelt uns den Geschmack und damit symbolisch das weltliche Glück. Die Zunge kann uns aber auch *Amrita* oder göttliche Seligkeit vermitteln. Das Wort der Zunge, die nach welt-

lichem Glück sucht, ist durchdrungen mit Eigennützigkeit und erzeugt zu viel Schleim und Mundgeruch. Durch diese Übung lösen wir uns von vergänglichem weltlichem Glück und fördern das Verlangen nach unvergänglicher göttlicher Seligkeit, die jedoch nur durch Uneigennützigkeit erreicht werden kann.

Karnarandhradhouti – *Reinigung der Ohren*

Reinigen Sie den Gehörgang mit dem Zeigefinger.
Durch diese Übung wird Schmutz und schlechter Geruch beseitigt. Das Ohr bleibt gesund. Diese kleine Übung hat einen grossen geistigen Nutzen für den Menschen. Der Zeigefinger steht symbolisch für den Willen unserer Seele. Unreinheiten in den Ohren stehen symbolisch für das Nicht-wahrnehmen-Wollen des inneren Willens. Durch die Reinigung der Ohren mit den Zeigefingern versuchen wir, die Kraft der inneren Ohren (Intuition) zu erhöhen, sodass wir dem Willen der Seele folge leisten können.

Kapalrandhradhouti – *Reinigung der Stirn*

Zuerst waschen Sie nun die Augen mit Wasser. Jetzt schütten Sie eine Hand voll Wasser gegen die Stirn. Wiederholen Sie dies etwa zwanzigmal. Dann reiben Sie die ganze Stirne mit dem rechten Daumen etwa fünfmal, vor allem die Stelle zwischen den beiden Augenbrauen und darüber.
Diese Übung beseitigt Schleim, der sich in der Stirn angesammelt hat. Sie heilt Kopfschmerzen und begünstigt ebenfalls die Stirnhöhlen sowie die Augen. Das dritte Auge steht symbolisch für Wahrheit und Liebe. Sucht der Mensch die Liebe nicht der Liebe willen oder die Wahrheit nicht der Wahrheit willen, sondern benützt erhaltene Wahrheit zur Selbstdarstellung, so setzt sich Schleim an im Stirnhöhlenbereich. Die Entfernung dieses Schleimes steht für die Entfernung unserer Eigenliebe, die uns nur Kopfbeschwerden und Leid zufügen wird.

Basti – *Reinigung des Afters*

Bei *Basti* möchte ich nicht weiter auf die einzelnen Übungen eingehen, es gilt vielleicht zu erwähnen, dass es zwei Arten von Basti gibt, nämlich:

Jalobasti: Reinigung des Afters mit Wasser
Suskabasti: Reinigung des Afters ohne Wasser

Der After steht für die Steissbeinebene, und Unreinheiten in diesem Bereich sind immer zurückzuführen auf nicht verarbeitete oder verdrängte materielle Bedürfnisse. Die wirksamste Übung den Darm, Magen und After zu reinigen und von Blockaden zu befreien, ist Basti-Kriya.

Basti-Kriya – *Reinigung des Afters durch Handeln*

Trinken Sie morgens nach dem Aufstehen einen halben Liter lauwarmes Wasser, das mit dem Saft einer Zitrone sowie mit etwas Salz vermischt ist. Üben Sie danach drei Runden Mohamudra und entleeren Sie anschliessend Darm und Magen. Danach waschen Sie Mund und Körper.
Das Zitronenwasser fördert das Verdauungsfeuer und hilft den ganzen Körper zu entschlacken und zu reinigen. Das Zitronenwasser entfernt Giftstoffe aus Magen und Darm und beschleunigt den Stuhlgang. Meistens verdrängt der Mensch gewisse Wünsche, weil er das Prinzip von Gut und Böse oder Richtig und Falsch nicht überwinden kann. Der Mensch erträgt keine Ablehnung und verdrängt lieber seine Wünsche als auf Ablehnung zu stossen. Zitronenwasser gibt uns die Kraft, auch Ablehnung als ein Teil des Ganzen zu integrieren, damit wir unsere Bedürfnisse erkennen und erlösen können.

Neti – *Reinigung mit Hilfe eines ganz bestimmten Stoffes*

Neti bezeichnet man also einen Stoff, mit dem man verschiedene Teile des Körpers reinigen kann (Nasendurchgänge, Speiseröhre usw.). Auch hier werde ich nicht auf die einzelnen Übungen eingehen, möchte aber dennoch die geistige Bedeutung kurz erläutern. Der Textilstoff, mit dem wir uns normalerweise bekleiden, steht symbolisch für unsere Vorstellungen, die uns im Wege stehen, die Wahrheit zu erkennen und demzufolge auch loslassen zu können. Durch die Reinigung mit Neti geht es also vor allem darum wahrzunehmen, welche Denkmuster unsere Weiterentwicklung verhindern und uns dauernd blockieren, sodass wir unsere eigenen Mängel (Unreinheiten) nicht erkennen können.

Louliki – *Reinigung des ganzen Bauches*

Louliki ist ähnlich wie Uddianbandhamudra, man behilft sich der Bauchmuskulatur, um den Unterleib sowie die Bauchregion von Unreinheiten zu befreien. Das Zusammenziehen der Bauchmuskulatur, wie dies bei Uddianbandhamudra und Louliki praktiziert wird, steht symbolisch für das Nach-innen-Richten des menschlichen Verstandes, damit wir nicht nach äusseren, sondern innerer Veränderung streben, dadurch bleiben die Organe im Bauch sowie im Unterleib gesund.

Tratak – *Reinigung durch eine bestimmte Art des Schauens*

Tratak ist eine sehr effiziente und wichtige Reinigungsübung, die man regelmässig praktizieren sollte, da sie unsere tägliche Körperpflege vollständig ergänzt.

Tratakyoga – *Fixierung der Augen auf ein Objekt*

Ausgangsstellung: Meditative Stellung oder stehend mit geöffneten Augen. Fixieren Sie nun einen bestimmten Punkt, schauen Sie auf die Nasenspitze oder auf den Punkt in der Mitte der beiden Augenbrauen. Blicken Sie nun ständig ohne zu blinzeln auf den gewählten Punkt, so lange bis ihre Augen zu tränen beginnen.
Die Übung reinigt die Augen und hilft, bestehende Augenkrankheiten zu heilen. Die Sehkraft wird verbessert und die Augen bleiben gesund. Diese Übung befreit den Geist von Unwissenheit und erhöht die Konzentrationskraft. Die Konzentrationskraft benötigen wir, um aus dem Lebensumstand die Bedeutung zu gewinnen. Sehen wir keine Bedeutung, lehnen wir die Umstände ab und unser Geist wird unwissend und unrein. Der fixierte Punkt steht für die hinter allen Umständen zugrunde liegende *eine* Wahrheit, die wir versuchen zu verwirklichen. Diese Übung hilft und stärkt uns dabei.

Kapalabhati – *Reinigung der Stirn*

Ausgangsstellung: Meditative Stellung mit geschlossenen Augen. Legen Sie die Hände auf die Knie. Atmen Sie jetzt sehr schnell ein und aus wie ein Blasbalg. Achten Sie darauf, dass die Einatmung länger als die Ausatmung ist. Zwischen Ein- und Ausatmung wird kein Atemanhalten praktiziert. Die Ausatmung erzeugen Sie, indem Sie die Muskeln des Unterleibes mit einem Stoss zusammenziehen. Beginnen Sie mit einer Ausatmung pro Sekunde und üben Sie zwölf Runden. Allmählich können Sie die Rundenzahl erhöhen.
Kapalabhati ist eine sehr effiziente und wichtige Reinigungsübung, die man vor dem *Pranayama* (Klassische Atemübungen) praktizieren sollte. Kapalabhati begünstigt eine harmonische Zwerchfellatmung und beseitigt Bronchialkrämpfe und Asthma. Die Lungenkapazität wird erhöht und das Herz gekräftigt. Das Blut wird gereinigt und die Zirkulation im ganzen Körper verbessert. Das Atemsystem sowie die Nasendurchgänge werden gereinigt. Geistig gesehen hat diese Übung ebenfalls eine grosse Wirkung. Wir alle kennen den Ausspruch *mit dem Kopf durch die Wand*, genau diese Tendenz führt zu den meisten der oben erwähnten Krankheiten und Probleme. Durch Kapalabhati erhalten wir die Kraft, die vor uns stehende *Wand* als ein Teil unserer selbst zu erkennen, dadurch vermeiden wir Wut, Zorn und unnötige Überreaktionen, die nur unser Herz und unser Atemsystem belasten.

Pranayama im Gehen – *Atemübung im Gehen*

Pranayama im Gehen kann ebenfalls dem Shatkarma zugeordnet werden, da es eine gute Vorbereitungsübung für Pranayama darstellt und auch den ganzen Körper reinigt.
Suchen Sie sich für diese Übung einen geeigneten Ort in der Natur und achten Sie darauf, dass der Weg möglichst eben verläuft. Achten Sie darauf, dass Sie während dem ganzen Pranayama im Gehen die Wirbelsäule möglichst aufrecht halten. Gehen Sie nun drei Schritte vorwärts, währenddem Sie einatmen und innerlich auf drei zählen. Mit dem Ausatmen gehen Sie

weitere drei Schritte und zählen wieder auf drei. Wiederholen Sie die Übung während drei Minuten. Ein- und Ausatmung sind regelmässig und von gleicher Zeitdauer. Sobald Sie diese Übung beherrschen, können Sie das Verhältnis verändern. Atmen Sie nun drei Schritte lang ein und atmen Sie fünf Schritte lang aus. Der Atemrhythmus kann nach diesem Verhältnis weiter erhöht werden. Achten Sie darauf, dass während der Übung in Lungen und Herz kein Druck entsteht. Nach Ablauf der drei Minuten gehen Sie drei Minuten mit normaler Atmung und wiederholen dann die Übung. Mit der Zeit können Sie bis zu sieben Runden praktizieren. Pranayama im Gehen stärkt die Abwehrkräfte im ganzen Körper. Lungen und Herz bleiben gesund. Asthma, hoher Blutdruck sowie Schlaflosigkeit werden geheilt. Das Blut wird gereinigt und die Widerstandskräfte im ganzen Körper werden gestärkt. Körperliche und geistige Erschöpfung wird beseitigt. Kopfschmerzen und Nervosität wird ebenfalls vorgebeugt. Die geistige Wirkung von Pranayama im Gehen ist vergleichbar mit derjenigen einer Ganzkörperübung wie Sarbangasana (Kerzenstellung). Dieses Pranayama hilft uns zur Einstimmung in den Zyklus des Lebens. Vielfach ist man im Alltag dermassen verwirrt, dass es uns unmöglich erscheint, klar festzustellen, was es anzunehmen (einatmen) oder loszulassen (ausatmen) gilt. Durch diese Verwirrung entstehen Müdigkeit, Kopfbeschwerden und schlechte Durchblutung. Pranayama im Gehen löst diese Verwirrungen auf, indem sie unsere Energien wieder richtig einordnet und in die natürlichen Bahnen unseres Wesens zurückführt.

Pranayama – *Speichern der Lebensenergie*

Pranayama repräsentiert die vierte Stufe des achtfachen Yogaweges und Patanjali gibt in den Yoga-Sutren dazu folgenden Kommentar:

tasmin sati svasa-prasvasayor gati-vicchedah pranayamah

Die achtblättrige Blüte des Yoga, Sutra 49

Dies bedeutet: Sobald der Yogi im Zustand von Asana gefestigt ist, erfolgt die Regulierung der Atmung. Dies geschieht durch ein Innehalten im Rhythmus von Ein- und Ausatmen.

Der allumfassende Schöpfer hält das Leben der ganzen Welt durch den Atem zusammen. Alle Daseinsformen sind durch den göttlichen Ursprung von Prana miteinander verbunden. Unsichtbar lebt das ganze Universum aus der ewigen Quelle von Prana. Prana ist nicht Luft, auch nicht Sauerstoff, sondern reine Lebensenergie. Alle Erscheinungsformen der Schöpfung werden durch Prana aufgebaut, erhalten und schlussendlich wieder aufgelöst. Dieser dreifache Vorgang manifestiert sich durch die drei Komponenten der Atmung. Die Einatmung wird *Puraka* genannt, die Ausatmung *Rechaka* und das Atemanhalten *Kumbhaka*. Der Atem beginnt im Moment der Empfängnis und endet mit dem letzten Atemzug. Durch das Eintreten des Todes verwandelt sich das äussere Prana (dreifache Atmung) zurück ins innere Prana (Atemlosigkeit). Als inneres Prana bezeichnen wir das allumfassende göttliche Bewusstsein, aus dem die Schöpfung und alle Lebensformen hervorgehen. Das äussere Prana beschreibt die zeitliche, gegenwärtige Erscheinungsform, die sich durch den Tod immer wieder im allumfassenden Bewusstsein auflöst. Das innere Prana stellt die Seele dar, und das äussere Prana ihr menschliches Kleid. Die Seele hat die Möglichkeit, sich immer wieder durch ein neues Kleid zu manifestieren. Schlussendlich vereint sie sich mit dem allumfassenden Bewusstsein und wird eingekleidet in ewige Seligkeit.

Prana ist alldurchdringend und kann deswegen auch über verschiedene Wege aufgenommen werden. So erhalten wir Lebensenergie über das Sonnenlicht, die Luft, das Wasser und durch die Nahrung. Wir verbrauchen die aufgenommene Energie durch alle Tätigkeiten des Körpers und des Geistes. Die Regulierung der Atmung soll dem Yogi mehr Energie zuführen und dazu verhelfen, dass er durch seine Handlungen weniger Lebenskraft verliert. Daher ist für einen Yogi die richtige Atmung das wichtigste Prinzip.

Um zu verstehen, was Pranayama in unserem täglichen Leben bewirkt, müssen wir uns die geistige Essenz von *Asana* und *Mudra* noch einmal vergegenwärtigen. Durch das Ausüben von Asanas erhält der Yogi Einstieg in die Welt der Pflichten. Die Mudras halten ihn in der Pflicht und geben ihm die Kraft zur Innenschau. Pranayama soll nun den Übenden zur Hingabe und damit zur Wunschlosigkeit führen. Der pflichtbewusste Yogi bekommt durch seine Tätigkeiten genauso einen Lohn wie alle anderen Menschen. Da er jedoch durch Asana und Mudra die Vorstellung, selber handeln zu können, aufgegeben hat, wird er auch nicht anhaften an materiellem Lohn und Gut. Er wird bereitwillig mit seiner Familie und seinen Mitmenschen teilen. Der Suchende hat sich losgelöst von den Früchten der Handlung. Die äusseren Bewegungsabläufe des Körpers werden nicht mehr als Arbeit wahrgenommen, sondern geschehen im Bewusstsein des Yogi durch die Kraft Gottes. Der Übende erkennt auf dieser Stufe die eigentliche Arbeit des Menschen, nämlich das Studium der Seele. Da der Yogi nicht mehr im Bewusstsein verweilt, den Körper bewegen zu müssen, ist er nun in der Lage, aus allen Körperbewegungen und Lebenssituationen Weisheit und Licht zu gewinnen. Dieses spirituelle Studium wird zu seiner Arbeit, und die Weisheit zu seinem Lohn. Dieselben Gesetzmässigkeiten sind auch in der Bibel wiedergegeben:

Darum sollt ihr nicht sorgen und sagen: Was werden wir essen? Was werden wir trinken? Womit werden wir uns kleiden? Nach dem allen trachten die Heiden. Denn euer himmlischer Vater weiss, dass ihr all dessen bedürft. Trachtet zuerst nach dem Reich Gottes und nach seiner Gerechtigkeit, so wird euch das alles zufallen. *Matthäus 6,31–33*

Jesus fordert die Menschen auf, nach der Gerechtigkeit Gottes zu trachten. Dies bedeutet, durch Selbstanalyse und Studium des Lebens festzustellen, dass alle eingebildeten Ungerechtigkeiten des Lebens in Wahrheit gerecht sind. Alle Lebensumstände, ob gerecht oder ungerecht, helfen dem Menschen, seiner Bestimmung näher zu kommen. Sich um diese Erkenntnis zu bemühen, ist die wahre Pflicht des Menschen. Nehmen wir diese spirituelle Arbeit an, so werden uns alle Notwendigkeiten des Lebens wie Nahrung, Kleidung und Lohn von alleine zukommen.

Die Atemübungen des Pranayama helfen dem Übenden, sich von allen egoistischen Wünschen und Unreinheiten loszulösen. Die Einatmung verbindet den Menschen entweder mit der Wahrnehmung ichbezogener Wünsche oder mit selbstlosen Wünschen, die sich zum Wohle des Mitmenschen auswirken. Die Ausatmung führt dementsprechend zu körperlicher oder geistig-spiritueller Arbeit. Das Atemanhalten wird zu blockierter Energie, was zu Krankheit und Spannungen führt oder zur Transformation ins Gottesbewusstsein. So kann man festhalten, dass die meisten Menschen, die durch die Atmung aufgenommene Lebenskraft für materiellen Wohlstand verschwenden. Der Yogi setzt den Atem geschickt ein, sodass er dadurch Kenntnis über sich selbst gewinnen kann. Wenn das Rad des Schicksals Hab und Gut von ihm nimmt, so wird ihm nichts verloren gehen, denn er lebt fest verankert im Zustand der Gotteswahrnehmung. Dieser ist sein Leben und seine Freude. Dass die Gefahr besteht, sein Herz an materielle Dinge zu binden anstatt an die Liebe Gottes, davor hat schon Christus gewarnt:

Darum, wer diese meine Rede hört und tut sie, der gleicht einem klugen Mann, der sein Haus auf Fels baute. Als nun ein Platzregen fiel und die Wasser kamen und die Winde wehten und stiessen an das Haus, fiel es doch nicht ein; denn es war auf Fels gegründet. Und wer diese meine Rede hört und tut sie nicht, der gleicht einem törichten Mann, der sein Haus auf Sand baute. Als nun ein Platzregen fiel und die Wasser kamen und die Winde wehten und stiessen an das Haus, da fiel es ein, und sein Fall war gross.
Matthäus 7,24–27

Pranayamaübungen sind sehr kraftvoll, und es versteht sich von alleine, dass nur ein spirituell fortgeschrittener Yogalehrer geeignet ist, Pranayama anzuleiten. Prana durchdringt und lenkt den ganzen Körper. Die Intelligenz, der Geist sowie alle Organe, Nerven und Zellen des Körpers werden unsichtbar von Prana geleitet. Atemübungen fördern die Gesundheit des Körpers und des Geistes und verhelfen dem Übenden zu einer guten Blutzirkulation sowie zu einem optimalen Stoffwechsel. Dies bewirkt im täglichen Leben eine offene Kommunikation mit der Aussenwelt, was notwendig ist, um Hingabe entfalten zu können. Bevor Sie mit dem Üben beginnen, beachten Sie bitte die Hinweise unter *Mudra – Geste*. Praktizieren Sie zuerst die Einfachen Atemübungen, und beginnen Sie mit den Klassischen Pranayamaübungen erst nachdem Sie alle *Einfachen Atemübungen* über längere Zeit regelmässig geübt haben.

Die Chakras und die fünf Luftarten

Die *Chakras* sind feinstoffliche Ebenen im Astralkörper, die über die Nervengeflechte entlang der Wirbelsäule mit dem grobstofflichen Körper verbunden sind. Der Atem oder die Kraft des Prana hält die Verbindung dieser beiden Körper über das Gehirn sowie über die Nerven der Wirbelsäule aufrecht, sodass wir unseren physischen Körper wahrnehmen können. Je nachdem, wo Prana im Körper aktiv ist, führt es verschiedene Funktionen aus und manifestiert eine der fünf möglichen Luftarten im menschlichen Körper. Die Luftarten können ebenfalls den fünf Elementen zugeordnet werden:

Apana-Luft	Erde
Samana-Luft	Wasser
Vyana-Luft	Feuer
Prana-Luft	Luft
Udana-Luft	Äther

Udana-Luft arbeitet vor allem zwischen dem Nackenzentrum und der Fontanelle. Jede Art von Einleuchtung und Erkenntnis ist ein Geschenk von Udana. Udana fördert die geistige Entwicklung des Menschen und verhilft ihm zur Selbstverwirklichung. Die eingeatmete Luft nennen wir Prana. Sie arbeitet vom Herzzentrum bis zum Nackenzentrum und ist zuständig für die Gesundheit von Herz und Lungen. Vyana arbeitet zwischen dem Nabel- und dem Herzzentrum und aktiviert den Blutkreislauf sowie die Abwehrkräfte des Körpers. Samana-Luft befindet sich zwischen dem Kreuzbein- und dem Nabelzentrum und kümmert sich um die Verdauung. Der Blutaufbau sowie die Ausschüttung der Hormone unterliegt ebenfalls Samana. Apana-Luft wirkt zwischen dem Steissbein- und dem Kreuzbeinzentrum und erzeugt einen Druck nach unten. Die Ausscheidung von Stuhl, Harn und Menstruationsflüssigkeit geschieht durch Apana. Die fünf Luftarten arbeiten also harmonisch miteinander zusammen und sorgen für eine optimale Gesundheit von Körper und Geist.

Übersicht: Chakras, Luftarten und Körper – Sanskrit und Deutsch:

Chakra	Element	Luft	Sinnes-organ	Handlungs-organ	Sinnes-objekt	Farbe	Drüse
Muladhara	Kshiti	Apana	Nasika	Pada	Gandha		
Steissbein	Erde		Nase	Beine	Geruch	Gelb	After
Swadisthana	Apa	Samana	Rasa	Payu	Rasa		
Kreuzbein	Wasser		Mund	After/Rektum	Geschmack	Orange	Geschlechts-drüsen
Monipura	Teja	Vyana	Shaksu	Upastha	Rupa		
Nabelebene	Feuer		Augen	Geschlechts-organ	Form	Rot	Bauch-speicheldrüse
Anahata	Morut	Prana	Twak	Pani	Sparsa		
Herzebene	Luft		Haut	Hände	Berührung	Violett	Thymusdrüse
Vishudhya	Byom	Udana	Karna	Bak	Shabda		
Nackenebene	Äther		Ohren	Rede	Geräusch	Tiefblau	Schilddrüsen
Ajna	Atma						
Markzentrum	individuelle Seelenebene		(Steuerung von Blutkreislauf und Atmung)			Hellblau	Hypophyse
Sahasrara	Paramatma						
Fontanelle	universelle Seelenebene		(Spirituelles Wissen und Transformation)			Grün	Zirbeldrüse

Der ganze menschliche Körper wird durch die Nervenstränge in der Wirbelsäule und durch das dazugehörende Drüsensystem aufgebaut und gelenkt. Das Gehirn sowie die Wirbelsäule sind also für einen Yogi sehr wichtig. Die Wirbelsäule ist innen hohl. Ein Nervenstrang führt vom Gehirn bis zum After. Dieser Nervenstrang wird im Sanskrit *Susumna Nadi* genannt. Auf beiden Seiten der Susumna befindet sich je ein weiterer Nervenstrang, die in Sanskrit *Ida* (Mondnerv) und *Pingala* (Sonnennerv) genannt werden. Diese beiden Nerven verlaufen von der Schädelbasis bis zum After. Sie kreuzen sich in jedem Chakra und können als aktiver (Pingala) und passiver (Ida) Nervenstrom bezeichnet werden:

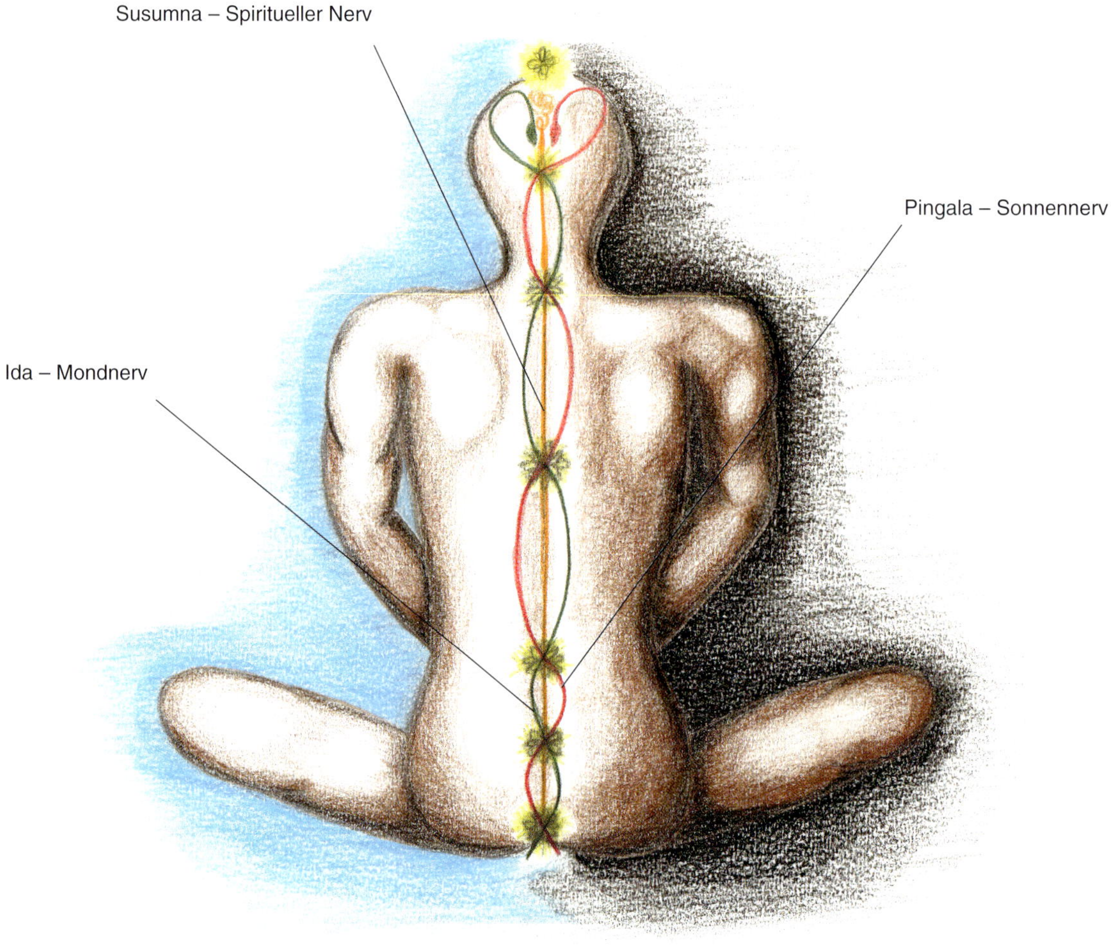

Die beiden Ströme leiten die Nervenimpulse weiter und steuern den Blutkreislauf des ganzen Körpers. Die drei Hauptnerven werden ebenfalls den drei Gunas zugeordnet. Ist Tama-Guna aktiv, dann fliesst der Atem durch Ida Nadi und tritt aus dem linken Nasenloch ein und aus. Tama-Guna ist der Nacht zugeordnet. Bei Tätigkeit von Raja-Guna fliesst der Atem durch Pingala Nadi und somit durch das rechte Nasenloch. Raja-Guna arbeitet während des Tages. Sattva-Guna ist jeweils während der Morgen- und Abenddämmerung aktiv und der Atem fliesst durch Susumna Nadi und damit durch beide Nasenlöcher. Sattva-Guna fördert das innere Wachstum des Menschen. Die indischen Schriften empfehlen deshalb spirituelle Andacht und Meditation vor allem in der Zeit des Sonnenaufganges und des Sonnenunterganges zu praktizieren. Tama- und Raja-Guna in Sattva-Guna zu transformieren und damit den Zustand des Nir-Guna zu erreichen, ist das höchste Ziel des menschlichen Lebens. Dies geschieht, indem wir die täglichen Pflichten erfüllen und unser Herz von materieller Habgier befreien. So verwandelt sich Tama- in Raja-Guna und das innere Wissen (Sattva-Guna) wird offenbart. Die Nächstenliebe erwacht und trägt uns in die Glückseligkeit (Nir-Guna).

Einfache Atemübungen

Wechselseitige Atemübung

Technik:
Ausgangsstellung: Meditative Stellung mit geschlossenen Augen. Schliessen Sie das rechte Nasenloch mit dem rechten Daumen, atmen Sie langsam durch das linke Nasenloch ein. Schliessen Sie das linke Nasenloch mit dem Ringfinger und mit dem kleinen Finger der rechten Hand. Öffnen Sie das rechte Nasenloch, atmen Sie langsam aus. Achten Sie darauf, dass die Ausatmung länger dauert als die Einatmung. Halten Sie das linke Nasenloch weiterhin geschlossen, atmen Sie nun durch das rechte Nasenloch ein. Verschliessen Sie das rechte Nasenloch mit dem rechten Daumen, öffnen Sie das linke Nasenloch, atmen Sie ganz langsam aus. Das ist eine Runde. Praktizieren Sie zehn bis fünfzehn Runden. Wenn Sie die Übung mit der Einatmung durch das rechte Nasenloch beginnen, wird das Verdauungsfeuer nach einer Mahlzeit aktiviert.

Konzentration:
Konzentrieren Sie sich auf einen Punkt zwischen den beiden Augenbrauen.

Körperliche Wirkung:
Diese Atemübung öffnet die Nasendurchgänge. Schleim in den Nasenhöhlen kann beseitigt werden. Erkältungskrankheiten und Husten werden geheilt und vorgebeugt. Der Sonnen- und der Mondnerv werden gleichmässig aktiviert; dies führt zu einem ausgewogenen Körperzustand.

Geistige Wirkung:
Mentale Spannungen und Depressionen sind das geistige Gegenstück zum Nasenschleim und die Auswirkungen einer gestörten Kommunikation mit der Aussenwelt. Der Volksspruch, *ich habe von der Sache die Nase voll*, zeigt ebenfalls an, um was es bei Nasenschleim und bei Erkältungskrankheiten geht. Durch das starke Aktivieren von Mond- und Sonnenerv holen wir unausgesprochenes Gedankengut nach oben und erhalten durch die Konzentration auf das dritte Auge die Kraft, unsere nicht verarbeiteten Gedanken und Gefühle auszusprechen, sodass unser Gleichgewicht wieder hergestellt werden kann. Dies führt zu Ruhe und innerem Frieden.

Atemübung zur Entspannung

Technik:
Ausgangsstellung: Meditative Stellung mit geschlossenen Augen. Atmen Sie ein, zählen Sie dazu innerlich auf vier. Halten Sie den Atem an, zählen Sie innerlich auf sechzehn. Atmen Sie aus, zählen Sie dabei auf acht. Während der Atemübung sollten Sie keinen Druck in Lunge und Herz verspüren. Zu Beginn, bis die Lungenkapazität entwickelt ist, können Sie auch den Atemrhythmus eins – vier – zwei wählen. Praktizieren Sie fünfzehn bis zwanzig Runden.

Konzentration:
Konzentrieren Sie sich auf einen Punkt zwischen den beiden Augenbrauen.

Körperliche Wirkung:
Die Lungenkapazität wird vergrössert und die Zwerchfellbewegungen werden harmonisch. Die Übung ist wohltuend für alle Nerven und Zellen des Körpers. Das Herz bleibt gesund, und der gesamte Luftaustausch im Körper wird verbessert.

Geistige Wirkung:
Das eingeatmete Prana wird entweder für das Erfüllen oder Auflösen unserer egoistischen Tendenzen benötigt. Wenn in unseren Atemzügen das Atemanhalten länger dauert als die Ein- und Ausatmung und wir uns gleichzeitig im dritten Auge konzentrieren, aktivieren wir dadurch die Kraft der Innenschau. So erreichen wir schlussendlich Loslösung von Habgier und Egoismus. Die Selbstlosigkeit nimmt zu, und die Konzentrationsfähigkeit wird erhöht.

Atemübung im Liegen

Technik:
Ausgangsstellung: Rückenlage mit geschlossenen oder offenen Augen. Beide Arme liegen neben den Oberschenkeln, die Handflächen zeigen nach unten. Atmen Sie tief ein, heben Sie gleichzeitig die Arme an, legen Sie sie hinter dem Kopf auf den Boden. Die Ellbogen bleiben gestreckt, die Oberarme berühren wenn möglich die Ohren. Halten Sie den Atem so lange

an, wie dies ohne Anstrengung für Sie möglich ist. Atmen Sie danach langsam aus, legen Sie gleichzeitig die Arme in die Ausgangslage zurück. Die Arme werden jeweils parallel zur Atmung angehoben und zurückgelegt. Die Ausatmung dauert immer länger als die Einatmung. Praktizieren Sie fünfzehn bis zwanzig Runden.

Konzentration:
Konzentrieren Sie sich auf den Fluss der Atmung.

Körperliche Wirkung:
Diese Atemübung vergrössert die Lungenkapazität und verbessert damit den Gasaustausch. Die Zwerchfellatmung wird harmonisiert. Das Nervensystem wird beruhigt, und der ganze Körper bekommt Erholung.

Geistige Wirkung:
Die Arme stehen symbolisch für unsere Handlungen. Durch diese Atemübung lernen wir, die Früchte der Handlung Gott zu übergeben. Wir werden fähig für offene Kommunikation und beginnen, unser Leben mit anderen Menschen zu teilen. Die zunehmende Lungenkapazität steht symbolisch für den daraus erwachsenden inneren Frieden.

Atemübung zur Verdauung

Technik:
Ausgangsstellung: Vajrasana (Donnerstellung) mit geschlossenen oder offenen Augen. Halten Sie die Wirbelsäule aufrecht, legen Sie die Handflächen nach unten zeigend auf die Oberschenkel. Atmen Sie aus, lassen Sie gleichzeitig beide Handflächen langsam über die Knie auf den Boden gleiten, bis die Hände fünfzehn bis zwanzig Zentimeter von den Knien entfernt auf dem Boden aufliegen. Halten Sie den Atem ein paar Sekunden an, gehen Sie dann mit der Einatmung in die Ausgangsstellung zurück. Die Ausatmung dauert immer länger als die Einatmung. Praktizieren Sie fünfzehn bis zwanzig Runden.

Konzentration:
Konzentrieren Sie sich auf den Fluss des Atems.

Körperliche Wirkung:
Diese Atemübung verstärkt das Verdauungsfeuer und fördert daher eine gute Durchblutung. Übersäuerung des Magens wird verhindert, Krankheiten im Bauchbereich wird vorgebeugt. Überschüssiges Fett am Bauch wird reduziert, Hämorrhoiden können beseitigt werden. Die Beine bleiben gesund, und rheumatische Beschwerden werden geheilt.

Geistige Wirkung:
Die Hände stehen symbolisch für unsere Verbindung zur äusseren Welt. So geben wir einander die Hand zur Begrüssung und auch um Abschied zu nehmen. Die Hände können

Blumen bringen, aber auch Steine werfen. Sie beschreiben unseren Umgang und unsere Kommunikation mit der Aussenwelt. Der Boden, den wir mit unseren Händen berühren, symbolisiert unser Umfeld, mit dem wir uns beschäftigen. Wenn wir mit der Ausatmung die Hände zum Boden führen, versuchen wir, uns mit weggeschobenen Tatsachen und Umständen von Neuem zu verbinden, sodass sich Spannungen auflösen und sich nicht körperlich niederschlagen. Auf die lange Bank geschobene Arbeiten führen auf der körperlichen Ebene langfristig zu Übersäuerung des Magens. Durch diese Atemübung lernen wir, mit anderen Menschen über schwierige Aufgaben zu sprechen anstatt sie zu verdrängen. So erhalten wir Hilfe und sind schlussendlich in der Lage, unsere Probleme zu meistern.

Atemübung für den Nacken

Technik:
Ausgangsstellung: Meditative Stellung mit geschlossenen Augen. Halten Sie die Wirbelsäule aufrecht. Atmen Sie aus, drücken Sie das Kinn langsam auf die Brust. Halten Sie den Atem ein paar Sekunden an. Richten Sie dann parallel zur Einatmung den Nacken langsam wieder auf. Die Ausatmung dauert immer länger als die Einatmung. Praktizieren Sie fünfzehn Runden.

Konzentration:
Konzentrieren Sie sich auf den Fluss des Atems.

Körperliche Wirkung:
Diese Atemübung beseitigt Störungen im Nacken- und Halsbereich. Erkältungen und Fieber wird vorgebeugt. Die Schilddrüsen und die Nebenschilddrüsen werden gesund erhalten. Die Haut und die Haare werden durch diese Übung ebenfalls begünstigt.

Geistige Wirkung:
Durch diese Atemübung lernen wir, unseren Mitmenschen auch die Gedanken mitzuteilen, die Leid verursachen. Das, was leidet, ist immer das Ego, nie die Seele. Das Leid führt uns zu grösserer Erkenntnis, nicht die weltliche Freude. Einem anderen Menschen um der Wahrheit willen Leid zuzufügen, braucht eine grosse Überwindung des Egos, weil wir dabei selber leiden müssen. Um dem eigenen Leid auszuweichen, unterlassen es die meisten Menschen, dies zu tun. Das Resultat sind mentale Spannungen und körperliche Beschwerden im Nackenbereich. Durch diese Übung werden diese Störungen behoben.

Atemübung für die Beine

Technik:
Ausgangsstellung: Rückenlage mit geschlossenen oder offenen Augen. Die Hände liegen neben den Oberschenkeln, die Handflächen zeigen nach unten. Mit dem Einatmen heben Sie das rechte Bein gestreckt so weit wie möglich nach oben, sodass das Bein senkrecht zum

Boden steht. Halten Sie den Atem ein paar Sekunden lang an, atmen Sie ganz langsam aus, legen Sie gleichzeitig das Bein in die Ausgangslage zurück. Praktizieren Sie danach die Übung mit dem linken Bein. Achten Sie darauf, dass die Ausatmung immer länger dauert als die Einatmung. Üben Sie fünfzehn Runden.

Konzentration:
Konzentrieren Sie sich auf den Fluss des Atems.

Körperliche Wirkung:
Durch diese Atemübung vermeiden wir rheumatische Krankheiten in der Taille, in den Hüften und in den Beinen. Die Durchblutung der Beinmuskulatur wird aktiviert. Der Luftaustausch im Unterleib wird verbessert, sodass Schwierigkeiten bei der Entleerung von Blase und Darm verhindert werden.

Geistige Wirkung:
Die Füsse und die Beine bilden zusammen die Wurzel unseres Körpers. Sie verbinden uns mit der Erde und geben uns die Möglichkeit der Bewegung. Die Erde verkörpert die allumfassende göttliche Liebe, ohne die es kein Leben gäbe. Die göttliche Liebe manifestiert sich dem Menschen über die Eltern, Freunde und Mitmenschen. Wo wir den Zugang zu dieser Liebe verlieren, entstehen Probleme im Bein- und Hüftbereich. Durch diese Atemübung versuchen wir, unsere Wurzeln und damit unsere Verbindungsfähigkeit zu Familie und Mitmensch zu intensivieren. Dadurch bekommen wir mehr Selbstvertrauen und Frieden.

Atemübung für den Hals

Technik:
Ausgangsstellung: Vajrasana (Donnerstellung) mit geschlossenen Augen. Halten Sie die Wirbelsäule aufrecht. Drehen Sie mit der Ausatmung den Kopf ganz langsam nach links. Halten Sie den Atem ein paar Sekunden lang an. Drehen Sie den Kopf mit der Einatmung langsam so weit wie möglich nach rechts, halten Sie den Atem ein paar Sekunden lang an. Drehen Sie den Kopf mit der Ausatmung ganz nach links. Fahren Sie mit der Übung auf diese Weise weiter. Praktizieren Sie zehn Runden, gehen Sie dann mit dem letzten Ausatmen in die Ausgangsstellung zurück. Üben Sie nachher weitere zehn Runden, beginnen Sie nun mit der Ausatmung und mit der Drehung des Kopfes zur rechten Seite.

Konzentration:
Konzentrieren Sie sich auf den Fluss des Atems.

Körperliche Wirkung:
Diese Atemübung entspannt den ganzen Nacken- und Schulterbereich. Rheumatische Beschwerden können geheilt werden. Die Ohren bleiben gesund, Schwerhörigkeit kann beseitigt werden. Krankheiten im Nasen-, Mund- und Kehlkopfbereich wird vorgebeugt.

Geistige Wirkung:
Nackenverspannung ist immer das Resultat nicht verarbeiteter Energien. Das Nackenzentrum steht symbolisch für den Eigenwillen des Menschen. Meistens sehen wir die Eigenwilligkeit des anderen, unser eigenes Ego bleibt unsichtbar. Bei genauerem Betrachten erkennen wir im Spiegel des Mitmenschen jedoch unsere eigenen Hartnäckigkeiten. Wenn wir dies nicht wahrhaben wollen, entstehen Probleme im Nacken- und Schulterbereich. Durch die Drehbewegung des Kopfes holen wir diese verdrängten Energien nach oben und erhalten gleichzeitig mehr Flexibilität, sodass wir über unsere Erwartungen sprechen können. Die Drehung nach rechts fördert die Kommunikation des Sprechens, die Drehung nach links die Kommunikation des Zuhörens.

Atemübung für den Bauch

Technik:
Ausgangsstellung: Rückenlage mit geschlossenen oder offenen Augen. Verschränken Sie nun die Hände hinter dem Kopf. Mit dem Ausatmen heben Sie den Oberkörper nach oben und neigen ihn nach vorne zur Aussenseite des rechten Knies. Die Arme bleiben dabei hinter dem Kopf verschränkt, die Ellbogen werden in einer Linie mit den Schultern gehalten. Versuchen Sie, die Füsse und die Beine auf dem Boden zu halten, während Sie den Oberkörper anheben. Mit dem Kopf gehen Sie bis auf ca. fünfzehn Zentimeter an das Knie heran. Halten Sie den Atem ein paar Sekunden lang an, gehen Sie dann mit dem Einatmen in die Ausgangslage zurück. Nachher praktizieren Sie die Übung zur Aussenseite des linken Knies. Dies ist eine Runde. Üben Sie zehn Runden.

Anmerkung:
Falls Sie die Füsse und die Beine nicht auf dem Boden halten können, während Sie den Oberkörper anheben, nehmen Sie sich eine Person zur Hilfe, die Ihnen die Füsse auf dem Boden hält.

Konzentration:
Konzentrieren Sie sich auf den Fluss des Atems.

Körperliche Wirkung:
Diese Atemübung verbessert die Dehnbarkeit der Wirbelsäule und heilt Erkrankungen in diesem Bereich. Die Funktion der Leber und der Milz wird verbessert. Überschüssiges Fett am Bauch wird beseitigt und die Bauchmuskulatur gestärkt. Die Geschlechtsdrüsen bleiben gesund, Krankheiten im Unterleib können geheilt werden. Impotenz wird verhindert.

Geistige Wirkung:
Der Unterkörper symbolisiert die Lebensumstände, der Oberkörper repräsentiert unsere Lebenseinstellung (Sichtweise). Den Oberkörper anheben, ohne dabei den Unterkörper zu bewegen, verlangt vom Übenden eine grosse Anstrengung. Aus geistiger Sicht ist diese Atemübung sehr nützlich, da wir lernen, die äusseren Umstände so zu belassen, wie sie sind

(Unterkörper bleibt am Boden), und dafür versuchen, unsere Lebenseinstellung zu verändern (Oberkörper wird angehoben).

Klassische Pranayamaübungen

Bhastrika – *Gabe des Lassens*

Technik:
Ausgangsstellung: Meditative Stellung mit geschlossenen Augen. Schliessen Sie den Mund, atmen Sie dann durch die Nase fünfmal hintereinander schnell ein und aus, ohne den Atem anzuhalten. Die Ausatmung sollte intensiver sein als die Einatmung. Den ganzen Vorgang können Sie vergleichen mit der Funktion eines Blasbalges. Nach einer kleinen Pause wiederholen Sie fünf solche Atemzüge. Nach dem letzten Ausatmen atmen Sie tief ein und halten den Atem so lange an, wie dies ohne Anstrengung möglich ist. Praktizieren Sie während des Atemanhaltens Mulbandha (Zusammenziehen des Afters) und Jalandharbandha (Kinn wird auf die Brust gelegt). Schliessen Sie das linke Nasenloch mit dem Ringfinger und dem kleinen Finger der rechten Hand, atmen Sie durch das rechte Nasenloch aus. Dies ist eine Runde Bhastrika. Üben Sie zu Beginn nicht mehr als drei Runden.

Wichtiger Hinweis:
Wer unter hohem Blutdruck oder unter Herzbeschwerden leidet, sollte dieses Pranayama nicht üben. Man sollte während der ganzen Übung keinerlei Beschwerden in Lunge oder Herz wahrnehmen. Beachten Sie auch die Hinweise unter *Mudra – Geste*.

Konzentration:
Konzentrieren Sie sich auf den Fluss des Atems.

Körperliche Wirkung:
Bhastrika ist einer der wirkungsvollsten Atemübungen. Sie erhöht das gastrische Feuer (innere Lebenskraft) und führt zu einer starken Schweissabsonderung, durch die das Blut vollständig gereinigt wird. Der Kreislauf des ganzen Körpers wird stabilisiert und die Blutzufuhr im Gehirn verbessert. Das Nervensystem wird gestärkt, die Entgiftungsorgane werden richtig aktiviert und bleiben gesund.

Geistige Wirkung:
Bhastrika bedeutet Blasbalg. So wie der Blasbalg dazu dient, dem Feuer mehr Sauerstoff zuzuführen, damit es besser brennt, erzeugt diese Übung in uns einen ähnlichen Vorgang. Nur ein Mensch, der unbeschwert über alle seine Empfindungen und Wahrnehmungen sprechen kann, ist entwicklungsfähig und in der Lage, die eine Wahrheit zu erfassen. Unsere Vorstellungen über Richtig und Falsch blockieren meistens diesen Entwicklungsprozess und hindern uns an offener Kommunikation mit der Aussenwelt. Das Ein- und Ausatmen steht bei

Bhastrika symbolisch für das Abschütteln oder Loslassen unserer Weltbilder, die uns in der Kommunikation mit der Aussenwelt nur behindern und unsere Erkenntnisfähigkeit blockieren. Die beiden Körperkontraktionen (Bandhas) geben die notwendige Kraft, sich in Zukunft nicht mehr von veralteten Vorstellungen irreführen zu lassen. Durch Bhastrika erhalten wir die Kraft, von schlechten Gewohnheiten abzulassen.

Shitali – *Gabe der Demut*

Technik:
Ausgangsstellung: Meditative Stellung mit geschlossenen Augen. Rollen Sie Ihre Zunge der Länge nach zu einer Röhre, lassen Sie sie ein wenig über Ihre Lippen hervorstehen. Ziehen Sie die Luft mit einem zischenden Laut (wie das Zischen einer Schlange) über die Zunge nach innen. Schliessen Sie den Mund. Halten Sie den Atem so lange an, wie dies ohne Anstrengung möglich ist. Atmen Sie danach langsam durch beide Nasenlöcher aus. Üben Sie zwanzig Runden. Dieses Pranayama kann auch im Freien, vor allem im Sommer, praktiziert werden. Im Winter sollte man Shitali nicht üben.

Konzentration:
Konzentrieren Sie sich auf den Fluss des Atems.

Körperliche Wirkung:
Diese Pranayamaübung reinigt das Blut und hilft, das Körpersystem zu kühlen. Durst wird dadurch gestillt und Gift (Wespenstich, Schlangengift) kann neutralisiert und ausgeschieden werden. Krankheiten der Entgiftungsorgane können durch Shitali geheilt werden. Fieber wird gesenkt, und Schleim und Gallenbeschwerden werden ebenfalls beseitigt.

Geistige Wirkung:
Shitala bedeutet kühlend. Shitali wirkt vor allem auf die Entgiftungsorgane in unserem Körper. Zu viel Gift im Körper steht geistig für zu viel Schuldzuweisungen. Selbstanalyse ist der Schlüssel, um dieses Gift zu beseitigen. Der von Shitali gestillte Durst steht symbolisch für die endlose Suche nach einer Wahrheit (Durst), die verdrängt wurde, weil wir ihr durch Schuldzuweisungen ausgewichen sind. Diese Pranayamaübung gibt uns Demut, sodass wir die Wahrheit in uns wiederfinden und vergangene Fehler eingestehen können.

Bhramari – *Gabe des Friedens*

Technik:
Ausgangsstellung: Meditative Stellung mit geschlossenen Augen. Atmen Sie schnell durch beide Nasenlöcher ein, erzeugen Sie dabei den Summton einer Hummel. Atmen Sie danach kurz aus. Wiederholen Sie zehn solche Atemzüge. Beim letzten Einatmen halten Sie den Atem so lange an, wie dies ohne Anstrengung möglich ist. In der Zeit des Atemanhaltens ist

es möglich, den Summton wahrzunehmen, ohne ihn erzeugen zu müssen. Nachher atmen Sie langsam aus. Üben Sie fünf Runden.

Konzentration:
Konzentrieren Sie sich auf den Fluss des Atems.

Körperliche Wirkung:
Bhramari aktiviert die Durchblutung des ganzen Körpers und stabilisiert den Blutkreislauf. Die Körperwärme wird erhöht und das Nervensystem beruhigt. Diese Pranayamaübung führt zu einer starken Schweissabsonderung, dadurch werden Giftstoffe aus dem Körper ausgeschieden. Alle Entgiftungsorgane werden gesund erhalten. Bhramari fördert einen gesunden Appetit und schenkt dem Übenden neue Lebenskraft.

Geistige Wirkung:
Bhramara bedeutet Hummel. Wie das Geräusch der Hummel uns manchmal erschreckt, da wir sie irrtümlicherweise für eine Wespe halten, so liegt die geistige Bedeutung von Bhramari genau in diesem Umstand verborgen (die Hummel ist harmlos und sticht nicht). Vielfach versuchen wir, zu lange nach dem Sinn einer Sache zu suchen (grübeln – Wespe) und erkennen nicht, dass gerade im Loslassen dieser Suche der höhere Sinn (einleuchten – Hummel) von alleine offenbar wird. Das zu lange Suchen geschieht durch falsche Motivation. Wenn wir nur nach der Wahrheit forschen, um den Pflichten des Lebens auszuweichen, führt dies zu mentalen Spannungen und zu Nachgrübeln. Den Sinn der Dinge zu verstehen, um den Pflichten nachzukommen, besänftigt den Geist und schenkt Ruhe und Frieden. Das Wahrnehmen des Summtones während des Atemanhaltens fördert diese Lebenseinstellung.

Sitkari – *Gabe des Seins*

Technik:
Ausgangsstellung: Meditative Stellung mit geschlossenen Augen. Rollen Sie nun die Zunge so nach oben, dass die Unterseite der Zungenspitze den Gaumen berührt. Atmen Sie durch den Mund ein, ziehen Sie die Luft mit einem zischenden Laut nach innen. Schliessen Sie den Mund. Halten Sie den Atem so lange an, wie dies ohne Anstrengung möglich ist. Atmen Sie danach langsam durch beide Nasenlöcher aus. Dies ist eine Runde. Praktizieren Sie zehn bis zwanzig Runden.

Konzentration:
Konzentrieren Sie sich auf den Fluss des Atems.

Körperliche Wirkung:
Sitkari erzeugt wie Shitali Kühle im Körper. Das ganze Körpersystem wird durch diese Übung begünstigt. Schmerzen werden gelindert, Schläfrigkeit kann behoben werden. Hautentzün-

dungen werden schneller geheilt, Fieber wird gesenkt. Hunger und Durst werden reduziert, und körperliche Trägheit wird beseitigt. Sitkari schenkt dem Übenden innere Schönheit und neue Lebenskraft.

Geistige Wirkung:
Sitkari bedeutet kühlen. Zu viel Hunger und Durst stehen symbolisch für zu viel Besitzenwollen und für das Verlangen des Geistes. Die Zunge stellt das äussere (Nahrungsaufnahme) oder das innere Glück (Zunge nach oben gerollt) des Menschen dar. Wenn wir der äusseren Welt zu viel Gewicht geben und beginnen, an materiellen Dingen anzuhaften, so verhilft das Nach-oben-Rollen der Zunge dazu, die inneren Werte zu vergegenwärtigen. Die Ausgewogenheit zwischen innerer und äusserer Welt ist Voraussetzung, um glücklich zu sein. Sitkari gibt uns diese Ausgeglichenheit zurück und verbindet uns mit dem Bewusstsein der Seele.

Suryaveda – *Gabe des Lichtes*

Technik:
Ausgangsstellung: Meditative Stellung mit geschlossenen Augen. Schliessen Sie mit dem Ringfinger und dem kleinen Finger der rechten Hand das linke Nasenloch. Atmen Sie langsam durch das rechte Nasenloch ein. Halten Sie den Atem an, verschliessen Sie das rechte Nasenloch mit dem Daumen. Pressen Sie das Kinn auf die Brust. Halten Sie den Atem so lange an, bis Ihre Nasenspitze Schweiss absondert, aber gehen Sie mit dem Atemanhalten nicht über Ihre Lungenkapazität hinaus. Es darf kein Druck in Lunge und Herz entstehen. Atmen Sie nachher langsam durch das linke Nasenloch aus. Üben Sie zehn Runden.

Wichtige Hinweise:
Wer an hohem Blutdruck oder an Herzbeschwerden leidet, sollte Suryaveda nur vorsichtig praktizieren (das Atemanhalten muss reduziert werden). Beachten Sie auch die Hinweise unter *Mudra – Geste*.

Konzentration:
Konzentrieren Sie sich auf den Fluss des Atems.

Körperliche Wirkung:
Der Sonnennerv (Pingala) wird durch dieses Pranayama stark aktiviert, dadurch entsteht im Körper Hitze. Der Blutkreislauf wird verbessert, das Nervensystem wird beruhigt. Schnupfen, Fieber und Erkältungen werden geheilt. Das Blut wird gereinigt, und das Immunsystem des ganzen Körpers wird stabilisiert.

Geistige Wirkung:
Surya bedeutet Sonne, *Veda* bedeutet geöffnet. Nicht vollständig verarbeitete Energien führen zu Fieber und Kreislaufproblemen. Wenn wir im täglichen Leben nach ein paar Anstren-

gungen nicht das gewünschte Resultat bekommen, werfen wir meistens die Flinte ins Korn und unterlassen jegliche weitere Handlung. Die begonnene Arbeit wird nicht zu Ende geführt. Unser Gewissen spricht zu uns, aber wir wollen es nicht hören, und schlussendlich werden wir krank. Zu grosse Erwartungen an die Früchte der Arbeit sind die Ursache solchen Verhaltens. Die Schweissabsonderung bei Suryaveda bewirkt beim Übenden ein Hingeben der egoistischen Erwartungen und Tendenzen. Die Widerstände werden beseitigt, und wir gewinnen die verlorene Handlungskraft zurück. Unser Herz öffnet sich, und wir werden durchdrungen von den inneren Lichtstrahlen der Freude.

Ujjayi – *Gabe des Gefasstseins*

Technik:
Ausgangsstellung: Meditative Stellung mit geschlossenen Augen. Schliessen Sie den Mund, und atmen Sie gleichmässig durch beide Nasenlöcher ein. Während des Einatmens dehnen Sie den Brustkorb mehr und mehr aus, bis der ganze Brustkorb von der Kehle bis zum Zwerchfell mit Luft angefüllt ist. Die Stimmritze wird bei der Einatmung teilweise verschlossen, sodass im Kehlkopfbereich ein Ton entsteht. Versuchen Sie, die Vibration dieses Tones in der Kehle und in der Nasenwurzel zu spüren. Halten Sie den Atem so lange an, wie dies ohne Anstrengung möglich ist. Praktizieren Sie während des Atemanhaltens gleichzeitig Mulbandha (Zusammenziehen des Afters) und Jalandharbandha (Kinn wird auf die Brust gelegt). Entspannen Sie zuerst die beiden Körperkontraktionen (Bandhas), atmen Sie dann langsam durch beide Nasenlöcher aus. Dies ist eine Runde Ujjayi. Üben Sie fünf Runden.

Konzentration:
Konzentrieren Sie sich auf den Fluss des Atems.

Körperliche Wirkung:
Das gastrische Feuer (innere Lebenskraft) wird durch Ujjayi verstärkt. Das Nervensystem wird beruhigt, Herzbeschwerden werden geheilt. Dieses Pranayama fördert die Durchblutung des ganzen Körpers und heilt niederen Blutdruck. Die Schilddrüsen werden gesund erhalten, sodass Erkältungen, Husten und Schleim in der Kehle vorgebeugt werden kann. Das Immunsystem wird gestärkt, der ganze Körper bleibt gesund.

Geistige Wirkung:
Ujjayi bedeutet das Erobern der eingeatmeten Luft. Das Erobern der eingeatmeten Luft symbolisiert das Auflösen aller egoistischen Wünsche. Durch Wunschlosigkeit erreicht der Yogi den Zustand der Glückseligkeit. Die egoistischen Wünsche und Tendenzen des Menschen müssen durch das reinigende Licht der Seele zerstört werden. Indem wir uns den Bitten unserer Mitmenschen hingeben, werden wir frei von Egoismus. Zuerst fühlen wir uns eingeengt (gefasst), nachher empfinden wir Liebe und Freude. Durch Ujjayi erhalten wir die Kraft für Egoüberwindung und Transformation.

Murchha – *Gabe der Einswerdung*

Technik:
Ausgangsstellung: Meditative Stellung mit geschlossenen Augen. Atmen Sie durch beide Nasenlöcher ein, halten Sie den Atem so lange an, bis Sie sich einer Ohnmacht nahe fühlen. Während dem Atemanhalten praktizieren Sie gleichzeitig Jalandharbandha. Danach atmen Sie langsam aus. Üben Sie fünf Runden.

Wichtiger Hinweis:
Murchha ist ein kraftvolles Pranayama und muss sehr vorsichtig geübt werden, da es sonst gefährlich sein kann. Gehen Sie auf keinen Fall über Ihre Kapazität hinaus. Praktizieren Sie nur unter Anleitung eines erfahrenen Yogalehrers. Beachten Sie auch die Hinweise unter *Mudra – Geste*.

Konzentration:
Konzentrieren Sie sich auf den Fluss des Atems.

Körperliche Wirkung:
Das Nervensystem des ganzen Köpers wird beruhigt. Die Schilddrüsen werden richtig aktiviert, sodass Erkältungskrankheiten vorgebeugt werden kann. Die Lungenkapazität wird verbessert, Atembeschwerden können geheilt werden. Das Immunsystem wird gestärkt, und der ganze Körper bleibt gesund.

Geistige Wirkung:
Murchha könnte man mit Auflösung übersetzen. Jalandharbandhamudra oder die Geste der Wahrhaftigkeit fördert im Übenden die Kraft der Wahrheitsfindung. Nachdem wir die Wahrheit erkannt haben, muss sie jedoch umgesetzt werden. Dies bildet für viele Menschen das nächste Hindernis. Murchha bewirkt auf der geistigen Ebene das Einswerden mit dem Erkannten, und verhilft uns dadurch zu neuer Handlungskraft und Lebensfreude. Wir handeln in Einklang mit der Seele und sind glücklich.

Plavini – *Gabe der Unberührtheit*

Technik:
Ausgangsstellung: Meditative Stellung mit geschlossenen Augen. Halten Sie die Wirbelsäule aufrecht und heben Sie beide Arme gestreckt nach oben, sodass die Oberarme die Ohren berühren. Atmen Sie jetzt durch beide Nasenlöcher ein, halten Sie den Atem an. Legen Sie sich mit angehaltenem Atem langsam auf den Rücken, verschränken Sie dabei die Hände hinter dem Kopf. Verweilen Sie in dieser Stellung so lange, wie Ihnen dies ohne Anstrengung möglich ist. Stellen Sie sich vor, dass Sie wie ein Blatt auf einem Fluss dahintreiben. Gehen Sie in die Ausgangsstellung zurück, atmen Sie nachher langsam aus. Dies ist eine Runde Plavini. Üben Sie zehn Runden.

Wichtiger Hinweis:
Wie Murchha, so ist auch Plavini nur eine Übung für Fortgeschrittene. Sie müssen sehr vorsichtig sein und sollten auf keinen Fall über Ihre Kapazität hinausgehen. Praktizieren Sie zu Beginn nur unter Anleitung eines erfahrenen Yogalehrers. Bitte beachten Sie auch die Hinweise unter *Mudra – Geste.*

Konzentration:
Konzentrieren Sie sich auf den Fluss des Atems.

Körperliche Wirkung:
Das Nervensystem wird beruhigt und der Blutkreislauf optimiert. Das Herz und die Lungen werden gesund erhalten. Das Immunsystem wird stabilisiert, und der ganze Körper bleibt gesund.

Geistige Wirkung:
Plavini könnte man mit Vollendung übersetzen. In den Schriften steht, dass Plavini dem Übenden die Fähigkeit schenkt, auf dem Wasser zu sitzen oder dahinzutreiben, ohne unterzugehen. Das Wasser steht hier symbolisch für den Fluss des Lebens und damit für alles, was in unserem Leben geschieht. Die Hände, die während des Atemanhaltens den Kopf aufstützen, bewirken in unserem Bewusstsein die Fähigkeit, allen Lebensumständen offen gegenüber zu treten. Wir lernen durch diese Pranayamaübung, schwierige Lebensumstände in den Griff zu bekommen, indem wir die Kraft erhalten, unberührt zu bleiben. Denn nur so sind wir in der Lage, Probleme effizient zu lösen und gleichzeitig mit der Seele in Verbindung zu bleiben.

Pratyahara – *Zurückziehen der Sinne*

Pratyahara oder das Zurückziehen der fünf Sinne wird die fünfte Stufe des Astanga-Yoga genannt. Patanjali beschreibt dies in den Yoga-Sutren wie folgt:

svavisaya-asamprayoge cittasya svarupa-anukara iva indriyanam pratyaharah
Die achtblättrige Blüte des Yoga, Sutra 54

Dies bedeutet: Pratyahara nennt man den Zustand, in dem die Sinne mit ihren eigenen Objekten nicht mehr in Berührung kommen und in den Geiststoff zurückgezogen werden.

In den Schriften steht weiter, dass die Sinne nicht kontrolliert werden können, ohne zuvor den Geist zu kontrollieren. Durch Pranayama meistern wir also zuerst den Geist und erreichen danach automatisch Pratyahara oder das Zurückziehen der Sinne.

Wie alle Stufen des Astanga-Yoga findet auch Pratyahara täglich in unserem Leben statt – wie sonst hätte je ein Mensch überhaupt Verwirklichung erreichen können? Jede Bewegung der Natur und somit des Menschen führt uns näher und näher zum höchsten Ziel. Normalerweise sind die Sinne des Menschen tagsüber mit den Sinnesobjekten verbunden, und man erreicht die Loslösung, wie dies von Patanjali beschrieben wird, nicht. Dennoch findet im Leben eines jeden Menschen täglich Pratyahara statt, nämlich während des Schlafens im Traumzustand. Die Sinne werden von ihren Objekten zurückgezogen, und die Anhaftung des Alltages wird uns während des Träumens aufgezeigt. Genauso wie sich während des Einschlafens die Atemfrequenz des Menschen verändert und damit die Traumphase beginnt, kann der Mensch durch Pranayama (Atemübungen) und durch das Nach-innen-Richten der Sinne ebenfalls Pratyahara oder das Zurückziehen der Sinne erreichen. Durch den Schlaf

werden die Sinne von der äusseren Welt zurückgezogen und auf unsere Seele gerichtet. Dadurch erhalten wir unbewusst, in Form von Träumen, Loslösung von Vorstellungen und Anhaftung. Dieser Vorgang vollzieht sich in der äusseren Welt durch die Partnerschaft. So werden wir meistens durch unsere Lebenspartner von egoistischen Träumereien und Fantasien befreit. Dies geschieht, indem wir durch die Kraft der Liebe wieder mit dem Boden der Realität verbunden werden. Der Partner führt uns durch seine Worte in die Pflichten des Lebens zurück und zwingt uns dadurch, unsere Sinne auf das Wesentliche auszurichten. Leider wehren wir uns gegen diese Art der Belehrung, was unsere Entwicklung blockiert. Durch Pratyahara erarbeiten wir die Fähigkeit, uns in die Pflichten führen zu lassen und eigene Widerstände loszulassen. Sobald wir diese Tugend gefestigt haben, beginnen wir, unsere vorhergegangenen Ideen als Spiegel unseres Egos zu durchschauen. Die Pflichten erhalten einen neuen Stellenwert, und wir beginnen, die Welt der Realität und ihre Ausdrucksformen als Spiegel unseres Wesens zu erfahren.

Pratyahara ist dann erreicht, wenn der Suchende in allen Sinnesobjekten dieser Welt eine Widerspiegelung der einen Seele und somit seiner selbst erkennt. Wer Pratyahara vollendet, bekommt grosse Vitalität und freut sich an allem Wahrgenommenen als Ausdruck Gottes und als Spiegel und Möglichkeit, sich selbst darin zu finden. Jede Wahrnehmung wird in diesem Zustand zum nächsten Schritt der Entwicklung. Eine Anhaftung oder Beurteilung des Umstandes findet in diesem Zustand nicht mehr statt, sondern nur noch die Suche seiner selbst. Pratyahara kann nicht gewaltsam erreicht werden, sondern gerade im Annehmen der Ablenkungen und im Ertragen und Erdulden liegt der Weg zu Pratyahara. Pratyahara als Yogaübung wird in der Regel so praktiziert, dass man die Sinne nach innen zurückzieht und versucht, sie auf einen Punkt zu richten. Dies ist die höchste Form von Pratyahara. Jede Form von Entspannung kann man als Pratyahara verstehen. Als einfache Übungsform empfehle ich Folgendes:

Entspannung im Wasser

Suchen Sie einen Badeort auf, wo Sie sich wohl fühlen. Am geeignetsten ist ein Thermalbad. Die Wassertemperatur sollte ca. 30 bis 35° betragen und die Umgebung ruhevoll sein. Gehen Sie ins Wasser und schwimmen Sie zuerst ein paar Minuten, bevor Sie mit der Übung beginnen: Legen Sie sich in Rückenlage, und lassen Sie sich vollständig vom Wasser tragen. Ihr Körperbewusstsein löst sich mehr und mehr auf, und Sie werden eins mit dem Wasser. Zu Beginn kann diese Übung auch zu zweit praktiziert werden, sodass man sich völlig entspannen kann. Die Atmung ist während dieser Übung ruhig und regelmässig, und man versucht, zwischen verlängertem Mark und Fontanelle Kurzatem zu praktizieren. Bleiben Sie fünf Minuten in dieser Stellung, und erhöhen Sie allmählich die Zeitdauer. Falls man keine Möglichkeit hat, eine Badeanstalt aufzusuchen, kann man diese Übung auch in der Badewanne praktizieren. Das Wasser sollte aber nicht mehr als 35° warm sein.

Durch diese Übung wird der ganze Körper entspannt und das Nervensystem beruhigt. Wie in *Shatkarma – Sechs Reinigungssysteme* erwähnt, steht das Wasser symbolisch für die Erkenntnis und Liebe im Menschen. Erkenntnis und Liebe bedingen die Zurückgezogenheit der Sinnesorgane, und Wasser verleiht die Kraft, die Sinnesorgane zurückzuziehen. Das Baden und Schwimmen ist gerade deshalb für den Menschen sehr nützlich und wichtig.

Entspannung im Liegen

Legen Sie sich in Rückenlage auf den Boden und stützen Sie den Kopf mit einer Decke oder einem Kopfkissen, sodass die Wirbelsäule möglichst gerade ist. Die Handflächen zeigen nach oben. Nun stellen Sie sich vor: Ihr Bewusstsein geht weit weg, hoch in den Himmel, in die Nähe der Sonne oder des Mondes. Sie werden eins mit dem Raum. Verweilen Sie in diesem Zustand etwa fünf Minuten. Die Zeitdauer kann nach Belieben erhöht werden. Bevor Sie nach der Übung aufstehen, sollten Sie sich ein wenig strecken und dehnen, sodass Ihnen beim Aufstehen nicht schwindlig wird. Vor der Entspannungsübung praktizieren Sie mit Vorteil jeweils eine Einfache Atemübung oder ein Pranayama.

Wie das Wasser, so steht auch die Sonne für Liebe und Seligkeit. Durch diese Entspannung erreichen wir also dieselben Vorteile wie bei der ersten Übung und können damit Pratyahara entwickeln.

Dharana – *Konzentration*

Dharana oder Konzentration wird die sechste Stufe des Astanga-Yoga genannt. Patanjali beschreibt Dharana in den Yoga-Sutren wie folgt:

desa-bandhas cittasya dharana — *Die achtblättrige Blüte des Yoga, Sutra 1*

Dies bedeutet: Dharana ist das Fixieren des Geiststoffes auf eine Stelle.

Das Fixieren des Geistes auf ein Objekt nennt man also Dharana, wobei jeweils innere oder äussere Objekte in Frage kommen. Als innere Objekte bezeichnet man zum Beispiel die Konzentration auf ein Chakra in der Wirbelsäule. Alle sichtbaren Objekte bezeichnet man als äussere Objekte. Die Vollendung von Dharana wird den Yogi jedoch zur Einsicht führen, dass Innen und Aussen wie Kopf und Zahl einer Münze sind. Der menschliche Geist nimmt durch den Einfluss der Täuschung die Münze entweder als Kopf oder Zahl wahr, währenddem der Yogi nur noch die Münze sieht. Ebenso verhält es sich mit der äusseren Welt: Der Mensch lebt in der Spannung von Geburt und Tod, währenddem der Yogi die Einswerdung mit dem Leben selbst erreicht.

Wie schon unter Pratyahara erklärt, finden alle Stufen des Astanga-Yoga im täglichen Leben ihr Gegenstück. Pratyahara oder das Zurückziehen der Sinne finden wir im Traumzustand wieder. Dharana, Dhyana und Samadhi beschreiben zusammen den Zustand des Tiefschlafes. Die Erinnerung an den Tiefschlaf wird aufgrund des natürlichen Dharana möglich. Dhyana oder Meditation bezeichnet die Wahrnehmung der Dunkelheit, und Samadhi den Frieden. Das natürliche Yoga des Tiefschlafes führt den Menschen im Alltag zu Erkenntnis (Dharana), Liebe (Dhyana) und Glück (Samadhi). Konzentrationsübungen verhelfen dem Yogi zu schnellerer Entwicklung von Erkenntnis und Liebe. Wenn die Liebe ihre Vollendung erreicht, lösen sich im Bewusstsein des Yogi die Zustände von Tiefschlaf, Traum und Wachbewusstsein auf und vereinen sich in der ewigen Seligkeit *Sat-Chit-Ananda*. Der Körper eines Yogi schläft, träumt und arbeitet jedoch nach wie vor; der Unterschied besteht nur in der Wahrnehmung der Zustände. Ein kleines Kind versinkt bei der Vorführung eines Theaterspieles vollständig in der Rolle der Figuren, die es beobachtet, währenddem der Erwachsene sich jederzeit des Spieles bewusst ist. Beide schauen jedoch dem Spiel zu. Auf diese Art und Weise verhält es sich auch beim Verwirklichten: Er lebt in dieser Welt wie jeder andere Mensch, und doch gehört er nicht zu ihr. Immer bleibt er im Gottesbewusstsein, unabhängig, ob er arbeitet, schläft oder träumt. Dharana oder Konzentration lernen wir im Alltag durch die öffentliche Gesellschaft. So bilden alle Schulen, Universitäten und öffentlichen Dienste das äussere Gegenstück zum inneren Lernprozess. Die Allgemeinheit nimmt uns immer wieder in die Pflicht (Steueramt, Militär) und fördert dadurch die Kraft der Ego-Überwindung, was uns zu mehr Konzentrationsfähigkeit verhilft. Die Yogaübungen von Dharana beschleunigen diese Entwicklung und schenken dadurch Ruhe und Frieden.

Dharana ist die einzige Möglichkeit, weltliche Probleme und Spannungen zu überwinden. Durch Dharana erhalten wir Erkenntniskraft und Unterscheidungsvermögen und werden fähig, den Geist zu läutern. Der Zustand der Konzentration ist dann erreicht, wenn der Yogi in der Lage ist, alle Wahrnehmungen der äusseren Welt als Bewegungen seines Selbst zu erkennen. Der Yogi erkennt sich als das Erkannte und geht in den Zustand der Meditation über. Schon Paulus hat diesen Zustand auf ähnliche Weise beschrieben:

Wir sehen jetzt durch einen Spiegel ein dunkles Bild; dann aber von Angesicht zu Angesicht. Jetzt erkenne ich stückweise; dann aber werde ich erkennen, wie ich erkannt bin.
1. Korinther 13,12

Die Konzentration oder Dharana kann auf viele verschiedene Orte gerichtet werden, innerhalb oder ausserhalb unseres Körpers. Der Ort der Konzentration vermittelt dem Yogi jeweils unterschiedliche Erfahrungen und Erkenntnisse. Der menschliche Körper ist ein vollkommenes Gegenstück zur äusseren Welt, und beide sind jederzeit miteinander verbunden, wie der Baum und der Boden. Wenn wir beginnen, die äussere Welt zu entdecken, nehmen wir unseren Körper wahr. Nur durch das Wahrnehmen der äusseren Welt entsteht im Menschen überhaupt Körperbewusstsein. Solange wir über die Sinnesorgane irgendetwas in dieser Welt begehren, bleiben wir an den Körper gebunden und glauben dadurch dem Prinzip von Geburt und Tod unterworfen zu sein. Je weniger wir in dieser Welt begehren, desto mehr vereinen wir uns mit dem Allumfassenden und erkennen uns schliesslich als das Glück, das wir irrtümlicherweise geglaubt haben, suchen zu müssen. Wir erfahren uns als das Ganze und erheben uns über Körper, Geburt und Tod. Wie das Kind die Welt betrachtet und dadurch beginnt, sein Körperbewusstsein zu entwickeln, so konzentriert sich der Yogi auf seinen Körper und beginnt dadurch Schritt für Schritt, die ganze Schöpfung als eigenen Körper zu entdecken. Schlussendlich verliert er die Vorstellung eines individuellen Körpers und nimmt sich nur noch als das Ganze wahr. Durch Dhyana (Meditation und Liebe) transformiert der Yogi sein Körperbewusstsein in höchste Glückseligkeit (Samadhi). Konzentriert er sich auf bestimmte Stellen im Körper, so verbindet er sich gleichzeitig auch mit bestimmten Lebensumständen und versucht, diese im Alltag zu integrieren. Dadurch dehnt er sein Bewusstsein schrittweise ins Unendliche aus. Im Allgemeinen konzentriert man sich auf Atma im Ajna-Chakra oder auf Paramatma im Sahasrara-Chakra. Wir versuchen dadurch, uns auf das Endziel, nämlich auf die Auflösung des Körperbewusstseins, zu konzentrieren. Was immer in dieser Welt noch betrachtet und erkannt werden muss, wird durch die Konzentration auf Atma oder Paramatma von selbst in unser Leben treten.

Die fünf Geisteszustände

Bevor wir fähig sind, irgendeinen Lebensumstand in unser Bewusstsein zu integrieren, durchlaufen wir verschiedene Spannungen in unserem Geist. Wie diese Welt aus fünf Elementen besteht, so ergeben sich fünf mögliche Geisteszustände. Diese werden wie folgt beschrieben:

Kshipta-Zustand
Der Geist ist zerstreut, und man ist nicht in der Lage, die Verbindung zu einer Sache herzustellen. Dort, wo wir meinen, dass uns Umstände nichts angehen, obwohl wir dauernd mit ihnen konfrontiert werden, befinden wir uns in diesem Zustand.

Mudha-Zustand
Der Geist ist undiszipliniert. Wir nehmen den Lebensumstand äusserlich an, aber wir weigern uns, mit ihm als Spiegel unseres Wesens in Verbindung zu gehen.

Vikshipta-Zustand
Der Geist ist unbeständig. Annehmen und Ablehnen kämpfen in unserem Inneren.

Ekagra-Zustand
Der Geist ist beständig. Wir erkennen das Integrieren der Lebensumstände als Weg zur Wahrheit und erwachen im Gottesbewusstsein. In tiefer Meditation befinden wir uns ebenfalls im Ekagra-Zustand.

Nirudha-Zustand
Der Geist löst sich in Seligkeit (Gottesbewusstsein) auf. Die Integration einer Sache ist vollendet, und wir sind glücklich. Geschieht dies in Bezug auf alle Dinge, so erreicht der Yogi den Zustand des Nirguna oder der Befreiung.

Im geläuterten Geist spiegelt sich die Seele und lenkt den Yogi in jeder Handlung Tag und Nacht. Die Intuition sowie viele geistige Tugenden können durch Dharana entwickelt werden.

Konzentrationsübungen

- Ausgangsstellung: Meditative Stellung mit geschlossenen Augen. Fixieren Sie einen Punkt zwischen den beiden Augenbrauen. Schauen Sie am Anfang zwei Minuten lang ununterbrochen auf diese Stelle. Die Atmung ist normal, jedoch immer Nasenatmung. Allmählich erhöhen Sie die Zeitspanne. Dieses Dharana fördert den Ekagra-Zustand und gibt uns Ruhe und Beständigkeit.

- Ausgangsstellung: Meditative Stellung mit geschlossenen Augen. Konzentrieren Sie sich auf das Sahasrara-Chakra (grosser Scheitel/Fontanelle). Versuchen Sie, sich mindestens zwei Minuten auf diese Stelle zu konzentrieren. Die Atmung ist normal. Die Zeitspanne kann allmählich erhöht werden. Dieses Dharana fördert den Nirudha-Zustand und gibt Frieden und Glück.

- Ausgangsstellung: Meditative Stellung mit geschlossenen Augen. Konzentrieren Sie sich auf eines der Chakras in der Wirbelsäule. Die Atmung ist normal. Wenn Sie durch Ihre Gedanken abgelenkt werden, atmen Sie tief durch, bis die Konzentration wieder möglich wird. Durch regelmässiges Üben erreicht man ebenfalls den Ekagra-Zustand.

- Ausgangsstellung: Meditative Stellung mit offenen Augen. Schauen Sie ununterbrochen auf eine Kerzenflamme, eine Blume oder ein Bild von Jesus. Versuchen Sie Ihre Konzentration während zwei Minuten auf dem Objekt zu belassen, und schliessen Sie nachher die Augen. Stellen Sie sich jetzt mit geschlossenen Augen dasselbe Objekt wieder vor; und versuchen Sie sich die Gegenwart und Herrlichkeit der Seele in diesem Objekt zu vergegenwärtigen. Durch diese Methode wird der Geist gereinigt, und man bekommt Ruhe und Frieden.

Dharana sollte nicht aus Ehrgeiz und im Ich-Bewusstsein praktiziert werden, sondern im Bewusstsein der Liebe und der Gegenwart Gottes. Atma oder die Seele meditiert und schenkt uns Konzentration und Weisheit. Es ist die Liebe Gottes, die diese Schöpfung und somit auch den

Menschen lenkt und führt. Seine Liebe ist die Quelle jeder Bewegung eines Menschen, und unsere Erwiderung dieser Liebe ist der Grad an Weisheit und Seligkeit in unserem Leben. Je mehr wir der Täuschung verfallen, aus eigener Kraft handeln zu können, desto unglücklicher und sorgenreicher wird unser Leben. Dharana ist die Möglichkeit, dieser Tendenz vorzubeugen.

Ewigkeit

Wer Taten vollbringt, ist sterblich.
Wer Recht hat, sieht Unrecht.
Wer Liebe gibt, sieht sie nicht.
Denn
Wo alles vollbracht ist, kann nichts getan werden.
Wo nur Recht geschieht, kann kein Unrecht sein.
Wo nur Liebe ist, kann man nichts geben.
Wo man nichts geben kann, braucht es kein ich mehr.
Und wo kein ich ist, beginnt die Ewigkeit.

Janakananda

Dhyana – *Meditation*

Dhyana oder Meditation wird die siebte Stufe des Astanga-Yoga genannt. Patanjali schreibt darüber Folgendes:

tatra pratyaya-ekatanata dhyanam — *Die achtblättrige Blüte des Yoga, Sutra 2*

Dies bedeutet: Dhyana bezeichnet den Zustand, in dem die Wahrnehmung ununterbrochen auf ein Objekt gerichtet ist.

Wenn der Geist vollständig und ununterbrochen auf ein Objekt gerichtet ist, bezeichnet man dies als Dhyana oder Meditation. Wie alle anderen Yogastufen findet auch Meditation täglich in unserem Leben statt.

Wie in *Dharana – Konzentration* beschrieben, leitet die Natur das Praktizieren aller Yogastufen automatisch an. Der Tiefschlaf stellt die natürliche Yogastellung für Dhyana dar. Dies führt schlussendlich zur Aktivierung von Dhyana in unserem Bewusstsein. Ist der Geist ununterbrochen auf eine Sache gerichtet und beginnen wir unser eigenes Wesen als Teil der betrachteten Sache zu erkennen, dann ist die Aufrechterhaltung von Subjekt und Objekt oder von Ich und Du unmöglich. Beginnt die Auflösung dieser Dualität, so entsteht in unserem Bewusstsein Meditation oder Liebe. Die Natur und der Alltag geben uns durch unzählige Situa-

tionen die Möglichkeit, Einstimmung und Liebe zu entwickeln, indem wir uns das Geschehene zu eigen machen. Trotz Störungen durch unser Ego sowie durch unseren Geist können wir manchmal Liebe spontan wahrnehmen. Alle Menschen werden von ihr berührt, aber nur wenige erkennen sich selbst als Liebe. Erreicht man den Zustand der göttlichen Liebe, so nimmt man die Welt nicht mehr wahr. Man sieht sie, und sieht sie doch nicht; man hört sie, und hört sie doch nicht! Alles wird als Liebe und damit als Teil unseres Selbst erkannt. Die Erfahrung der Liebe verändert unseren Alltag in göttliche Gegenwart. Nur in der Wahrnehmung des Augenblicks kann diese Liebe Gottes enthüllt werden. Meditation ist die Himmelsleiter zur Glückseligkeit und die wahre Bestimmung der Menschheit. Erinnern wir uns an dieser Stelle an die Worte von Paulus:

Nun aber bleiben Glaube, Hoffnung, Liebe, diese drei; aber die Liebe ist die grösste unter ihnen.
1. Korinther 13,13

Meditation ist die einzige Möglichkeit, Körper und Geist in Harmonie zu bringen. Durch Meditationsübungen wird unsere Entwicklung beschleunigt und wir erreichen Frieden, Reinheit und Vollendung. Dhyana befreit den Übenden schrittweise aus Illusion und Täuschung und führt ihn zur Wahrnehmung der Seele (Atma). Dhyana zerstört alle Anhaftungen und beseitigt Gier, Wollust, Zweifel und jegliche Art geistiger Spannung. Meditation führt den Yogi ins Gottesbewusstsein und schenkt ihm uneingeschränktes Verständnis aller geistigen Vorgänge. Nur durch Meditation erreicht der Yogi Meisterschaft über die Elemente und kann sein menschliches Bewusstsein zum kosmischen Bewusstsein transformieren. Ohne Meditation ist kein spiritueller Fortschritt möglich. Jede Bewegung eines Menschen, jede Handlung ist Meditation und führt ihn allmählich zur Wahrnehmung der allumfassenden Liebe und somit zur Vollendung von Dhyana.

In den Schriften spricht man von zwei Arten der Meditation, nämlich von:

Sakar Dhyana Meditation mit Form
Nirakara Dhyana Meditation ohne Form

Unter Sakar-Meditation versteht man das langsame Aufgehen im Objekt der Betrachtung. Die Vorstellung der Form bleibt im Bewusstsein aufrechterhalten, während Nirakara-Meditation das Aufgehen und die Vergegenwärtigung der Seele (Atma) im erwählten Objekt bedeutet. Sakar und Nirakara sind also sich aufbauende Schritte während der Meditation. Hierzu ein Beispiel:

- Wir stellen uns ein Bild der göttlichen Mutter vor und richten unsere Wahrnehmung ununterbrochen auf dieses Bild. Solange das Bild in unserem Geist erhalten bleibt, nennt man dies Sakar Dhyana. Bleibt unser Geist lange genug auf das Bild gerichtet, so löst sich das Bild auf und wir beginnen, die Liebe und Freude der göttlichen Mutter wahrzunehmen und in dieser Liebe aufzugehen. Dies nennt man Nirakara Dhyana.

Meditation kann man nicht lernen, sondern sie entsteht durch die Kraft und den Segen Gottes. Schenken Sie *ihm* Ihr dankbares Herz, und erwarten Sie keine Früchte aus Ihren Bemühungen. Mit Hingabe, Glauben und Regelmässigkeit werden Sie Fortschritte erzielen, und die Seele wird sich Ihnen offenbaren.

Was man bei der Meditation beachten sollte:

Ort der Meditation:	Suchen Sie sich einen ruhigen, sauberen und trockenen Raum zur Meditation aus. Schmücken Sie den Raum ein wenig mit Bildern von Heiligen, oder gestalten Sie ihn einfach so, dass Sie sich darin wohl fühlen. Kerzenlicht oder eine duftende Blume sollte Ihre Meditation begleiten. Setzen Sie sich jeweils in eine der fünf meditativen Stellungen, und beten Sie um Führung.
Zeit der Meditation:	Die Morgen- und die Abenddämmerung sind geprägt von Sattva-Guna und ermöglichen es dem Meditierenden, schneller in die Tiefe der Meditation einzutauchen. Grundsätzlich ist die Meditation jedoch nicht an bestimmte Tageszeiten gebunden. Man sollte darauf achten, immer zur selben Zeit zu meditieren, da sich der Geist darauf einstellt und man so schneller zu Ruhe und Frieden gelangt. Unmittelbar nach den Hauptmahlzeiten sollte man nicht meditieren. Praktizieren Sie Asanas und Atemübungen immer vor der Meditation.
Hinweise:	Suchen Sie sich zuerst einen qualifizierten Meditationslehrer, und folgen Sie seinen Anleitungen. Normalerweise sollte man anfangs zweimal täglich je eine halbe Stunde meditieren und über die Monate und Jahre die Zeitdauer erhöhen. Schliessen Sie den Alltag und jeden Lebensumstand in Ihre Meditation ein, nur so sind Fortschritte möglich. Man sollte in allen Belangen des Lebens bescheiden und massvoll sein, nichts unterdrücken und auch nichts übertreiben. Auf Drogen und übermässigen Alkoholgenuss sollte verzichtet werden. Von Vorteil praktizieren Sie Ihre Meditation auf einer bequemen Unterlage

(Decke oder Tierfell). Körperliche Reinigung vor der Meditation ist ebenfalls sehr wichtig.

Sakar-Meditation

- Ausgangsstellung: Meditative Stellung mit offenen Augen. Stellen Sie eine Kerze, eine Rose oder das Bild eines Heiligen vor sich hin. Blicken Sie ununterbrochen in die Flamme der Kerze, auf die Rose oder auf das Bild, bis die Augen zu tränen beginnen. Schliessen Sie nun die Augen und vergegenwärtigen Sie sich das Bild der Meditation. (Denken Sie an die Kerze und wie sie Sie von allen Unreinheiten befreit – oder denken Sie an die Blüte der Rose, ihre Farbe usw. – oder stellen Sie sich alle Einzelheiten des Bildes vor, auf das Sie sich konzentriert haben, vergegenwärtigen Sie sich der allumfassenden Liebe des Heiligen usw.) Zu Beginn ist es von Vorteil, immer dasselbe Objekt zu wählen, der Geist wird dadurch beständiger.

- Ausgangsstellung: Meditative Stellung mit offenen Augen. Stellen Sie das Bild der heiligen OM-Silbe vor sich hin, und blicken Sie ununterbrochen, ohne zu blinzeln, auf das Zeichen bis die Augen tränen. Nun schliessen Sie die Augen und stellen sich das Bild von OM vor. OM ist das Wort aller Wörter und befreit den Meditierenden von jeder Anhaftung und Unreinheit. Denken Sie an OM und gehen Sie völlig darin auf. Vergegenwärtigen Sie sich die allumfassende Kraft von OM. OM ist allwissend, allseiend und allliebend. Dieselbe Meditationsform kann auch mit anderen heiligen Silben geübt werden oder mit den Namen von Heiligen wie Krishna oder Christus.

Nirakara-Meditation

- Ausgangsstellung: Meditative Stellung mit geschlossenen Augen. Erinnern Sie sich an die Lehren von Jesus Christus und an seine Worte. Denken Sie immer intensiver daran, und versuchen Sie, die innere Bedeutung seiner Lehre zu erfassen. Alle grossen Heiligen sowie alle Heiligen Schriften der Welt sind für diese Meditation geeignet. Bei regelmässiger Übung können Ton, Licht und Schwingung wahrgenommen werden.

- Ausgangsstellung: Meditative Stellung mit geschlossenen Augen. Sie konzentrieren sich jetzt auf ein Chakra in der Wirbelsäule. Meistens wählt man dazu das Ajna-Chakra oder die Fontanelle. Sie können sich jedoch auch auf ein anderes Chakra in der Wirbelsäule konzentrieren. Versuchen Sie nun, Ihren Geist ununterbrochen und ohne Ablenkung auf dem gewählten Ort zu belassen. Mit regelmässigem Üben werden Sie mehr und mehr Ihr Körperbewusstsein vergessen und göttliche Wahrnehmung erhalten.

Wirkung von Dhyana:

Alle Meditationsübungen beruhigen das Nervensystem und verleihen Ausgeglichenheit zwischen Körper, Geist und Seele. Nach regelmässiger Meditation zeigen sich dem Yogi verschiedene Lichterscheinungen sowie das Wahrnehmen der zwölf kosmischen Klänge. Jeder Suchende nimmt diese Farben und Klänge unterschiedlich wahr, darum verzichte ich hier auf ausführliche Beschreibungen. In der Regel sieht man violettes oder blaues Licht und hört einen Ton, wie den einer Biene. Später stellen sich auch andere Töne ein, wie das Zirpen einer Grille oder das Hören von Kirchenglocken. Mit der Zeit kann man auch Bilder der Vergangenheit oder Zukunft wahrnehmen. Man sollte aber diesen Wahrnehmungen keine grosse Beachtung geben, da sie sonst den Yogi vom wahren Ziel ablenken. Ziel der Meditation ist es, die Wahrheit über sich selbst zu erfahren und über die Liebe (Meditation) zur Glückseligkeit (Samadhi) zu gelangen. Nur wenn alle diese inneren Erfahrungen dem Yogi im Alltag zu mehr Nächstenliebe und Pflichtbewusstsein verhelfen, kann von Meditation gesprochen werden.

Samadhi – *Seligkeit des Selbst*

Samadhi oder Seligkeit des Selbst wird die achte und letzte Stufe des Astanga-Yoga genannt. Patanjali schreibt darüber Folgendes:

tad eva artha-matra-nirbhasam svarupa-sunyam iva samadhih

Die achtblättrige Blüte des Yoga, Sutra 3

Dies bedeutet: Wenn im Bewusstsein des Meditierenden nur noch der Gegenstand der Meditation bestehen bleibt und das Bewusstsein des Betrachtens verloren geht, nennt man dies Samadhi.

Wenn der Geist des Meditierenden sich vollständig im Objekt der Betrachtung aufgelöst hat und nur noch das Objekt bestehen bleibt, so nennt man dies Samadhi oder die Seligkeit des Selbst. Die Seligkeit des Selbst durchdringt die ganze Schöpfung, und das vollständige Aufgehen in irgendeinem Objekt bedeutet immer die Wahrnehmung der Seligkeit. Der Mensch sucht diese eine Seligkeit hinter allen möglichen Dingen (Geld, Nahrung usw.), versucht jedoch nie, zur Quelle des Glücks vorzudringen. Jede wahrnehmbare Form in dieser Erscheinungswelt ist Ausdruck der einen Freude Brahmans. Durch den Einfluss des Egos glauben wir irrtümlicherweise, dass im Festhalten der Form die Freude bestünde, und deshalb erfahren wir Schmerzen und Leiden, die uns immer wieder von falschem Glück erlösen. Die eine Seligkeit des Selbstes verbirgt sich gleichermassen hinter der ganzen Schöpfung, und nur wer hinter allen Umständen und Begebenheiten dieselbe Liebe Brahmans fühlen kann, wird Einswerdung und Samadhi erreichen. Wie unter *Dharana* erklärt, stellt der Tiefschlaf die natürliche Yogaübung für Samadhi dar. Im Tiefschlaf findet eine unbewusste Vereinigung mit dem Selbst statt, und deshalb erhalten wir enormen Frieden und Erholung. Die bewusste Vereinigung mit dem Selbst zu erreichen, ist das Ziel des menschlichen Lebens und die wahre

Bestimmung der Menschheit. Im Zustand der Meditation lieben wir eine bestimmte Sache oder einen bestimmten Lebensumstand. Das *ich* und der Umstand bleiben jedoch in unserem Bewusstsein noch bestehen, auch wenn sich durch die Liebe beides immer mehr vereint. Sobald die Vereinigung vollendet ist, lösen sich der Umstand und das *ich* in Glücklichsein auf. Dies nennt man Samadhi.

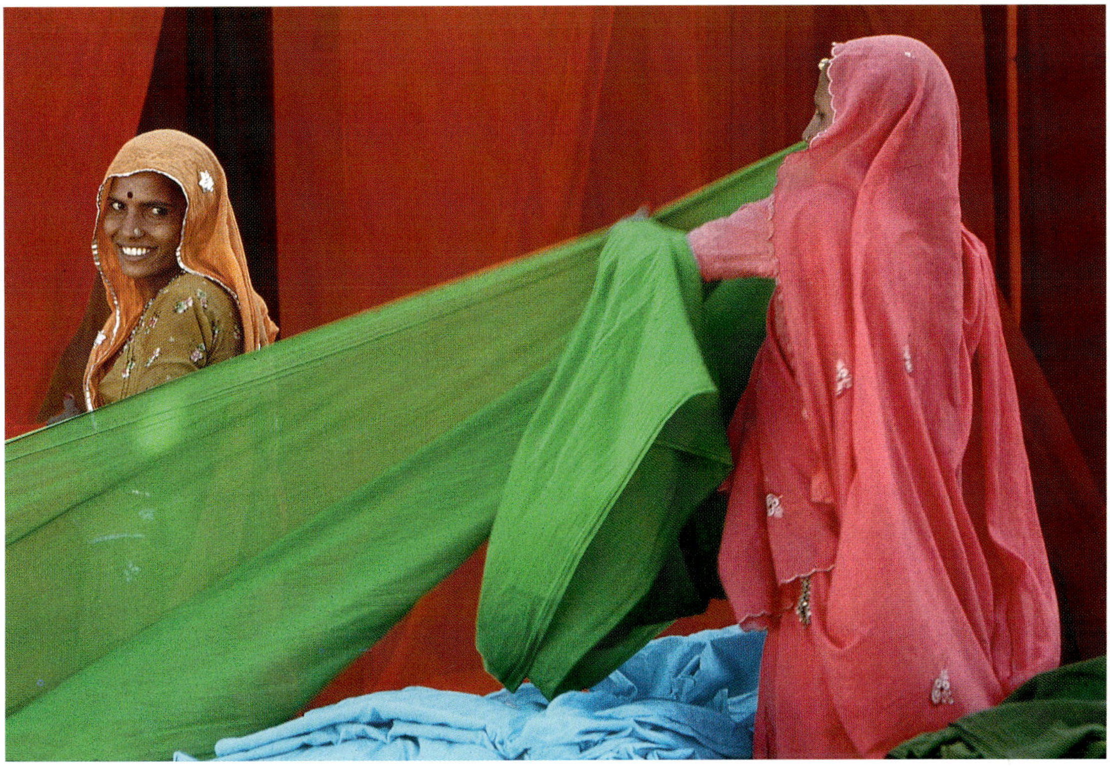

Natürlich müssen sich alle Umstände des Lebens und somit die ganze Welt auf diese Weise vereinen, damit das höchste Samadhi erreicht ist. In den Yoga-Sutren spricht Patanjali von zwei Arten des Samadhi, nämlich von:

Savikalpa Samadhi	Samadhi mit Unterscheidung oder keimhafter Samadhi
Nirvikalpa Samadhi	Samadhi ohne Unterscheidung oder keimloser Samadhi

Im Zustand des Savikalpa Samadhi vereint sich der Yogi mit der Seligkeit des Selbstes, die Dualität bleibt jedoch nach wie vor bestehen. Im Nirvikalpa Samadhi bleibt nur reines Bewusstsein, die Einswerdung mit dem Absoluten wird erlebt. Im Alltag können wir diese beiden Zustände wie folgt unterscheiden: Nach langem Nachdenken (Konzentrieren) und Meditieren sind wir plötzlich in der Lage, eine Sache anzunehmen, wie sie ist, und werden dadurch glücklich. Doch ein paar Minuten später beginnt das Nachdenken von vorne. In der Zeit des Glücklichseins haben wir uns im Savikalpa Samadhi befunden. Wiederholen wir diesen Vorgang des Nachdenkens und Meditierens, so erreichen wir plötzlich vollständige Loslösung und bleiben glücklich ohne in Spannung zurückzufallen; wir befinden uns dann in Nirvikalpa Samadhi. Natürlich beziehen sich meine Erklärungen hier nur auf ein spezielles Hindernis in unserem Bewusstsein. Um den Zustand des Nirvikalpa Samadhi zu erreichen, müssen wir zwangsläufig unser ganzes Bewusstsein transformieren. Alle Stufen des Yoga sind aber im Leben eines jeden Menschen bereits vorhanden, und alle Erfahrungen des Lebens dienen nur dazu, unser Bewusstsein mehr und mehr zur vollständigen Einswerdung zu führen. Im Savikalpa Samadhi bleibt also die Vorstellung von Wissen und Wissendem vorhanden, währenddem im Nirvikalpa Samadhi das Wissen, der Wissende und das Objekt des Wissens vollständig aufgelöst sind. Der Yogi erreicht die Befreiung erst, nachdem er den Zustand des Nirvikalpa Samadhi erfahren hat. In diesem Zustand besitzt man kein Körperbewusstsein mehr, sondern erlebt sich als göttliches, reines Bewusstsein. Im Zustand des Nirvikalpa Samadhi verbleibt keine Wahrnehmung von Dualität, der Yogi entdeckt sich als Ewigkeit und allumfassendes Bewusstsein. Man kann nichts mehr wahrnehmen ausser sich selbst und erkennt das ganze Universum als eigenes Selbst. Man erkennt das eine Selbst, das eine Leben und das eine Bewusstsein. Gott ist die einzige Realität, und es gibt nichts ausser *ihn* und nichts ausserhalb von *ihm*. Nur Menschen, die ein reines Herz haben und aufrichtig nach *ihm* verlangen, können die Erfahrung des Nirvikalpa Samadhi machen. Und nur durch Gottes Segen kann dieser Zustand erreicht werden.

Selig sind, die reinen Herzens sind; denn sie werden Gott schauen. *Matthäus 5,8*

Viele Menschen sind heute dem falschen Glauben verfallen, Samadhi wäre in erster Linie eine Art Trancezustand oder eine übernatürliche Erfahrung. Selbst die Erfahrung der höchsten Ekstase ist unnütz, wenn sie nicht zur Veränderung und Transformation unserer Sichtweise und unseres Tagesbewusstseins führt. Samadhi muss schlussendlich in jeder Handlung Tag und Nacht bestehen und nicht nur während einer Stunde Meditation. Jede innere Erfahrung gibt uns den Auftrag, die äussere Welt in neuem Lichte zu sehen, und nur dadurch kann Befreiung erreicht werden. Viele Menschen lassen die äussere Welt hinter sich, um nach innerem Licht zu suchen. Sie erkennen nicht, dass ohne die äussere Welt auch keine innere Wahrnehmung bestehen kann, da schlussendlich nur das *Eine* übrig bleibt. Nach jahrelangen Bemühungen erfahren sie dann inneres Licht, das nur den einen Zweck erfüllt, nämlich den Menschen wieder in die äussere Welt zurückzuführen. Innen und Aussen sind untrennbar miteinander verbunden, deshalb sollten wir nicht versuchen, Aussen und Innen zu trennen. Alle Umstände unseres Lebens haben ein inneres Gegenstück in unserem Herzen. Suchen wir es, und vereinen wir Aussen und Innen oder *Ich* und *Du*, so wird die Freude und Liebe in unserem Leben grenzenlos sein.

Die verschiedenen Samadhi-Stufen werden auch im Kapitel *Studium der Heiligen Schriften* erwähnt. Normalerweise unterteilt man Samadhi wie folgt:

Savikalpa Samadhi:

Savitarka Samadhi – Samadhi mit Erwägung

Der Yogi macht die Erfahrung, dass eine übergeordnete Kraft (die Seele) alle seine Bewegungen des Tages ausführt. Seine Aufgabe besteht nun darin, die Früchte der Handlung Gott zu übergeben. Er verliert die Vorstellung, der Handelnde zu sein und erkennt Gott als den einzig Handelnden.

Savicara Samadhi – Samadhi mit Ergründung

Der Yogi bekommt göttliches Wissen und ist in der Lage, aus jeder Handlung Licht zu gewinnen, nämlich überall dort, wo er die Früchte Gott übergeben hat (Savitarka).

Sananda Samadhi – Samadhi der Weisheit

Der Yogi hat das Wissen so weit entwickelt, dass er sich selbst als den Umstand des Lebens erkennt. Daraus entsteht höchste Weisheit. Die Dualität beginnt sich aufzulösen, da sich Subjekt und Objekt zu vereinen beginnen.

Sasmita Samadhi – Samadhi der Liebe

Der Yogi ist beinahe im Wissen aufgegangen und erfährt den Zustand der göttlichen Liebe. Wo das *du* in uns stärker als das *ich* ist, beginnt die Liebe. Im *ich* gibt es kein *du*, aber im *du* ein *ich*. Der Yogi ist dem Nirvikalpa Samadhi ganz nahe.

Nirvikalpa Samadhi:

Der Yogi hat die Einswerdung erreicht und erlebt sich als reines Bewusstsein und Seligkeit.

Auf dem Weg zur Vollendung erhält ein Yogi auch göttliche Kräfte (Vibhuti), die aber nicht das eigentliche Ziel des Yoga darstellen. Wenn das Ego nicht vollständig unter Kontrolle gebracht wurde, so sind diese Kräfte nur hinderlich, da sie den Yogi vom wahren Ziel des Yoga ablenken können. Im Weiteren ist die Kraft der eigenen Selbstverwirklichung das grösste Geschenk an alle Mitmenschen und die einzig wahre Vibhuti, da sie ihre Wirkung nicht nur kurze Zeit, sondern in Ewigkeit beibehält.

Samyama – *Zusammenarbeit von Dharana, Dhyana und Samadhi*

Samyama wird von Patanjali in den Yoga-Sutren wie folgt beschrieben:

trayam ekatra samyamah

Von der Versenkung zur «Sammlung», (Samyama), Sutra 4

Dies bedeutet: Die Zusammenarbeit von Dharana, Dhyana und Samadhi wird Samyama oder Sammlung genannt.

Die acht Stufen des Astanga-Yoga bilden Bestandteil jeder menschlichen Bewegung und sind jeweils voneinander abhängig. Man kann die acht Yogastufen auch wie folgt definieren:

Yama und Niyama: Ziel des Yoga (deshalb auch Grundlage).

Asana, Pranayama und Pratyahara: Beschreiben die äussere Welt des Menschen und stehen für die sichtbare Bewegung des grobstofflichen Körpers.

Dharana, Dhyana und Samadhi, genannt Samyama: Beschreiben die innere Welt des Menschen und stehen für die unsichtbaren Bewegungen der feinstofflichen Körper (Gefühls- und Denkkörper).

Diese drei Prinzipien sind jeweils voneinander abhängig und können nur miteinander bestehen. Bei der Ausführung einer weltlichen Tätigkeit sind Körperbewegungen (Asana), Atmung (Pranayama) und die Sinne (Pratyahara) kaum wegzudenken. Es ist jedoch sehr gut möglich, sich nicht richtig zu konzentrieren (Dharana). Wenn wir uns aber konzentrieren (Dharana), so erhalten wir immer ein wenig Licht (Dhyana) und Glücklichsein (Samadhi).

Samyama bezieht sich auf die drei höheren Stufen des Astanga-Yoga und dient dem Yogi zur Vollendung des Wissens. Durch Samyama erhält der Yogi das Wissen über seine wahre Natur. Er ist in der Lage, Wissen über alle Zusammenhänge des menschlichen Körpers sowie über die ganze Schöpfung zu erhalten. Prajna oder das Wissen wird in sieben Stufen unterteilt, so wie es in diesem Kapitel unter *Studium der Heiligen Schriften* erläutert wurde. Ohne Konzentration (Dharana) ist Meditation (Dhyana) unmöglich, und ohne Meditation (Dhyana) kann Samadhi nicht erreicht werden. Der Yogi übt Samyama bis er den Zustand der keimlosen Versenkung (Nirvikalpa Samadhi) erreicht hat. Zu Beginn besteht Samyama bei einem Yogi vor allem aus Konzentration und wenig Meditation und Samadhi – genauso wie normalerweise in der äusseren Welt beim Beginn einer Problemlösung auch mehr konzentriert werden muss und die Freude an der Lösung den kleineren Teil ausmacht. Der fortgeschrittene Yogi ist dermassen geübt und vollendet, dass die Konzentration für ihn den kleinsten Teil ausmacht und vor allem das Glücklichsein (Samadhi) sein Bewusstsein durchdringt. Gleichermassen werden Problemlösungen auch in der äusseren Welt mit der Zeit schneller gefunden, und man ist in der Lage, in kürzerer Zeit mehr zu vollbringen. Samyama begleitet den Yogi auf dem Weg zum allumfassenden Wissen und damit zur Selbstverwirklichung. Samyama über irgendetwas gibt dem Yogi immer ein bestimmtes Wissen. Samyama kann also über bestimmte Objekte praktiziert werden und ergibt demzufolge Wissen über alle möglichen Zusammenhänge. In der Regel wird Samyama über die Seele geübt – *Ajna-Chakra* oder *Sahasrara-Chakra* – da dies der einzige Weg ist, vollkommenes Wissen zu erhalten und damit Liebe und Seligkeit zu verwirklichen.

Studium der Heiligen Schriften

Das Studium der Heiligen Schriften ist für jeden Yogi und Christen eine sehr wichtige spirituelle Übung. Allerdings ist das Lesen und Verstehen der Heiligen Schriften nur für wenige, ernsthafte und aufrichtige Gottsucher möglich. Nur wer sein eigenes Leben wirklich verstehen und meistern will, kann aus dem Lesen der Schriften Nutzen ziehen und damit deren wahre Bedeutung auch verstehen. Wenn der Suchende beginnt, die Schriften zu studieren, so erkennt er bei jedem Studium wieder neue Zusammenhänge, und dies nicht nur ein- oder zweimal, sondern viele, ungezählte Male. Allmählich beginnt der Suchende dann plötzlich zu erkennen, dass mit jedem neuen Verstehen der Schrift sein tägliches Leben ein neues Licht bekommt. Er sieht plötzlich sein ganzes Leben als einen Teil der Heiligen Schrift und er nimmt wahr, dass jede Erkenntnis der Heiligen Schrift einer Erkenntnis über sich selbst gleich kommt. Tritt dann die Erleuchtung oder die Einswerdung mit Gott ein, so wird dem Yogi erlaubt, die letzte Zwiebelschale der Täuschung zu lüften, und er wird fähig, nun die letzte, absolute, allen Schriften zugrunde liegende Wahrheit zu erfassen. Gerade wenn das Lesen der Schriften als ein Teil der täglichen, spirituellen Andacht praktiziert wird und unser Herz dabei nach *seiner* Erklärung verlangt (und nicht nach zurechtgelegten Deutungen), wird *er* uns allmählich mit seinem Lichte durchleuchten. Auf jeden Fall kann das Verstehen und richtige Lesen der Schriften nur unter Aufsicht eines spirituell fortgeschrittenen Menschen praktiziert werden. Das Studium der Schriften ist also Teil des Samyama und bildet einen wichtigen Bestandteil auf dem Weg zur Vollendung.

Aufbau und Innenleben der Heiligen Schriften

Alle Weltenlehrer wie Moses, Christus, Krishna, Buddha oder Mohammed sowie alle anderen Propheten und Apostel dieser Welt waren von Gott erwählte Seelen, die bestimmt wurden, durch ihr äusseres, tägliches Leben dem Mitmenschen den inneren Weg zu Gott aufzuzeigen. Den inneren Werdegang eines Menschen kann man auch an seinem äusseren Lebenswandel ablesen. Deshalb sagte Jesus: *An ihren Früchten sollt ihr sie erkennen (Matthäus 7,16).* Was also ein Prophet äusserlich dem Volk lehrte, das musste er zwangsläufig in seiner vergangenen Inkarnation innerlich entwickelt haben. Der einzige Unterschied zwischen einem Weltenlehrer wie Jesus Christus und einem Propheten besteht darin, dass Jesus die Einswerdung mit dem Göttlichen in der Vergangenheit vollendet hatte, währenddem die Propheten jeweils der Vollendung eine Stufe näher gekommen sind, aber die letzte Erlösung noch nicht erreicht haben. Demzufolge verkörpert Jesus den ganzen Weg und die Propheten jeweils ein Etappenziel auf dem Weg.

Nur durch die äussere Handlung eines Menschen bekommen wir Einblick in sein Innenleben. Ist sein Innenleben erstrebenswert, so beginnen wir gleich zu handeln. Jeder Modetrend und jede neue Errungenschaft der Menschheit verbreitet sich nach diesem Prinzip. Durch die Heiligen Schriften bekommen wir, im Unterschied zum Alltag, eine Anleitung, die es uns ermöglicht, den Zugang zum Göttlichen, zur einzigen Quelle der Seligkeit und Freude, herzustellen. Die Religion sowie die Schriften sind genauso Teil der Natur wie alle anderen Dinge auch. Deshalb gelten für die Schriften exakt dieselben Gesetzmässigkeiten wie für jede andere Handlung in unserem Leben. Die Natur hat nämlich den Menschen hervorgebracht und somit auch die Religion und ihre Schriften. In der indischen Philosophie geht man davon aus, dass es keinen Unterschied zwischen Schöpfer und Schöpfung gibt. Wir Menschen sind nach seinem Ebenbild geschaffen. Und nun frage ich: Machen wir einen Unterschied zwischen der Tat und dem Täter, oder ist es für uns nicht selbstverständlich, dass der Täter und die Tat zusammengehören? Warum gäbe es sonst wohl Gefängnisse? Heute glauben doch die meisten Menschen, und so leider auch die Religionshüter, dass in dieser Welt ungerechte, schlechte und böse Dinge geschehen. Wir dürfen jedoch Gott und die Schöpfung genauso wenig voneinander trennen wie die Tat und den Täter. Was in dieser Welt geschieht, geschieht also ausschliesslich durch Gottes Hand und ist immer das Beste für den Menschen, auch wenn er sich dessen nicht immer bewusst ist. So wirken sich schwierige Lebensumstände langfristig immer positiv aus und werden alsdann als Gnade erkannt. Depressionen, Spannungen und Ängste entstehen durch Schuldzuweisungen an die äussere Welt sowie durch den Irrglauben der menschlichen Gerechtigkeit. Gott ist Liebe und Seligkeit – so steht es in jeder Heiligen Schrift dieser Welt. Wer Gott kennt, weiss, dass in dieser Welt immer nur Gottes Wille geschieht. Dies zu erkennen, ist sicher nicht einfach, aber die höchste Wahrheit, die uns zuteil werden kann. War es nicht Johannes, der sagte: *Der gerecht ist, ist gerecht, auch wenn er nicht gerecht ist (1. Johannes 3,7)*. Es gibt unzählige Hinweise, auch in der Bibel, die klar und deutlich auf diese einzig wahre Sichtweise hindeuten. Zu glauben, irgendetwas geschehe nicht nach Gottes Willen, ist das, was man in Indien *Maya* oder Täuschung (bei uns Satan) nennt. Nur wer bedingungslose Liebe gegenüber Gott und seiner Schöpfung empfindet, erfüllt die erste Voraussetzung, die Heiligen Schriften zu verstehen.

Im Weiteren gilt es zu erfassen, dass der Mensch durch seine Geburt Christ oder Buddhist wird und nicht durch seine Wahl. Wie die Sprache aus der Natur hervorgegangen ist und den Ausdruck des Gefühllebens des Menschen darstellt, so ist die Denkweise bestimmend dafür, welche Religion wo entsteht. Wo das Christentum vorherrscht, stellt dieser Weg die beste Möglichkeit für den dort lebenden Menschen dar. Yoga gibt uns die Möglichkeit, die eigene Religion besser zu verstehen, will sie aber auf keinen Fall verändern, sondern bereichern. Man sollte also mit dem Lesen *der* Schrift beginnen, die Teil unserer Kindheit und unserer Mitmenschen ist. Nur durch den Mitmenschen und durch unsere Liebe zu ihm können wir die Liebe des *einen* Gottes anziehen, sodass er sich uns offenbart. Das Verstehen der eigenen

Religion bildet den Schlüssel zum Herzen unserer Mitmenschen. Jedes Lesen der uns fremden Schriften sollte nur das *eine* Ziel haben, nämlich die eigenen Schriften noch besser zu verstehen. Lieben wir zuerst den Menschen, der täglich bei uns ist, nehmen wir ihn an in seinem ganzen Wesen, seiner Sprache und seiner Religion, und dann erst können wir uns aufrichtig, ohne aus dem eigenen Zuhause zu fliehen, einer anderen Kultur widmen, und – vor allem – sie durch unsere eigene bereichern. Wer auf der Spitze eines Berges steht, erkennt alle Felswände als Teil des einen Berges. Gleichsam erkennt der verwirklichte Yogi die Einheit aller Religionen. Diese Einheit erkennt der Suchende erst am Ende einer langen Entwicklung, und vor allem erst nachdem er die Felswand der eigenen Religion gemeistert hat.

Die sieben Stufen der Einswerdung

Durch die tägliche spirituelle Übung und durch das Lesen der Schriften wird der Suchende durch die Gnade Gottes die sieben Siegel öffnen können, oder er wird Schritt für Schritt die sieben Stufen der Vollendung und Liebe erfahren. In den indischen Schriften spricht man von den sieben Stufen von Prajna oder dem Wissen, was gleichzusetzen wäre mit den sieben Siegeln der Offenbarung nach Johannes.

Bibel	**Samkhya-Philosophie**	**Bedeutung**
1. Siegel	1. Prajna	1. Wunsch nach Erlösung
Und ich sah, dass das Lamm das erste der sieben Siegel	*Shuvechha Samadhi*	Wenn das Verlangen nach Erlösung grösser wird als alle

auftat, und ich hörte eine der vier Gestalten sagen wie mit einer Donnerstimme: Komm! Und ich sah, und siehe, ein weisses Pferd. Und der darauf sass, hatte einen Bogen, und ihm wurde eine Krone gegeben, und er zog aus sieghaft und um zu siegen.

anderen Wünsche, so öffnet sich das erste Siegel.

2. Siegel

Und als es das zweite Siegel auftat, hörte ich die zweite Gestalt sagen: Komm! Und es kam heraus ein zweites Pferd, das war feuerrot. Und dem, der darauf sass, wurde Macht gegeben, den Frieden von der Erde zu nehmen, dass sie sich untereinander umbrächten, und ihm wurde ein grosses Schwert gegeben.

2. Prajna

Vicarana Samadhi

2. Urteilskraft

Wenn der Suchende in jeder Lebenslage nach Gott verlangt und die Eigenschaften der Mitmenschen als seine eigenen erkennt, so entsteht Urteilskraft und das zweite Siegel öffnet sich.

3. Siegel

Und als es das dritte Siegel auftat, hörte ich die dritte Gestalt sagen: Komm! Und ich sah, und siehe, ein schwarzes Pferd. Und der darauf sass, hatte eine Waage in seiner Hand. Und ich hörte eine Stimme mitten unter den vier Gestalten sagen: Ein Mass Weizen für einen Silbergroschen und drei Mass Gerste für einen Silbergroschen; aber dem Öl und Wein tu keinen Schaden!

3. Prajna

Tanumanasa Samadhi

3. Unterscheidungskraft

Wenn der Suchende die Vorstellung von Richtig oder Falsch respektive von Gut oder Böse überwindet, indem er jeden Umstand bedingungslos als Teil seiner selbst und als den nächsten Schritt seiner Evolution erachtet, öffnet sich das dritte Siegel und er erfährt, wie eine übergeordnete Kraft, nämlich die Seele, seinen Körper bewegt.

4. Siegel

Und als es das vierte Siegel auftat, hörte ich die Stimme der vierten Gestalt sagen: Komm! Und ich sah, und siehe, ein fahles Pferd. Und der darauf sass, dessen Name war: Der Tod, und die Hölle folgte ihm nach. Und ihnen wurde Macht gegeben über den vierten Teil der Erde, zu töten mit Schwert und Hunger und Pest und durch die wilden Tiere auf Erden.

4. Prajna

Sattvapati Samadhi

4. Hingabe

Wenn der Suchende von allen Wünschen frei ist und wahrnimmt, dass alles durch Gott geschieht, beginnt er, die wahre Bedeutung der Dinge zu verstehen und erreicht Sattvapati oder die Öffnung des vierten Siegels.

5. Siegel

Und als es das fünfte Siegel auftat, sah ich unten am Altar die Seelen derer, die umgebracht worden waren um des Wortes Gottes und um ihres Zeugnisses willen. Und sie schrien mit lauter Stimme: Herr, du Heiliger und Wahrhaftiger, wie lange richtest du nicht und rächst nicht unser Blut an denen, die auf der Erde wohnen? Und ihnen wurde gegeben einem jeden ein weisses Gewand, und ihnen wurde gesagt, dass sie ruhen müssten noch eine kleine Zeit, bis vollzählig dazukämen ihre Mitknechte und Brüder, die auch noch getötet werden sollten wie sie.

5. Prajna

Asamshaktika Samadhi

5. Weisheit

Wenn der Suchende die höchste Weisheit erhält und sich selbst in jeder Begebenheit des Lebens erkennen kann, löst sich die Dualität auf. Somit ist die Öffnung des fünften Siegels erreicht. Der Yogi erfährt den Zustand des sa ham oder des ich bin er.

6. Siegel

Und ich sah: Als es das sechste Siegel auftat, da geschah ein grosses Erdbeben und die Sonne wurde finster wie ein schwarzer Sack, und der ganze Mond wurde wie Blut, und die Sterne des Himmels fielen auf die Erde, wie ein Feigenbaum seine Feigen abwirft, wenn er von starkem Wind bewegt wird. Und der Himmel wich wie eine Schriftrolle, die zusammengerollt wird, und alle Berge und Inseln wurden wegbewegt von ihrem Ort. Und die Könige auf Erden und die Grossen und die Obersten und die Reichen und die Gewaltigen und alle Sklaven und alle Freien verbargen sich in den Klüften und Felsen der Berge und sprachen zu den Bergen und Felsen: Fallt über uns und verbergt uns vor dem Angesicht dessen, der auf dem Thron sitzt, und vor dem Zorn des Lammes! Denn es ist gekommen der grosse Tag ihres Zorns und wer kann bestehen?

Die Versiegelten
Danach sah ich vier Engel stehen an den vier Ecken der Erde, die hielten die vier Winde der Erde fest; damit kein Wind über die Erde blase noch über das Meer noch über irgendeinen Baum. (Dieser Satz beschreibt das Erwachen der göttlichen Liebe.)

6. Prajna

Pararthabhavini Samadhi

6. Liebe

Wenn unser Geist im Gedanken an *Ihn* sich im Göttlichen auflöst und wir demzufolge alle Menschen und die ganze Welt als Teil unserer Selbst erfahren, so hat sich das sechste Siegel geöffnet und wir erreichen den Zustand des *ich bin*.

7. Siegel

Und als das Lamm das siebente Siegel auftat, entstand eine Stille im Himmel etwa eine halbe Stunde lang. Und ich sah die sieben Engel, die vor Gott stehen, und ihnen wurden sieben Posaunen gegeben. Und ein anderer Engel kam und trat an den Altar und hatte ein goldenes Räuchergefäss; und ihm wurde viel Räucherwerk gegeben, dass er es darbringe mit den Gebeten aller Heiligen auf dem goldenen Altar vor dem Thron. Und der Rauch des Räucherwerks stieg mit den Gebeten der Heiligen von der Hand des Engels hinauf vor Gott. Und der Engel nahm das Räuchergefäss und füllte es mit Feuer vom Altar und schüttete es auf die Erde. Und da geschahen Donner und Stimmen und Blitze und Erdbeben.

Johannesoffenbarung 6,1–8,5

7. Prajna

Turyaga Samadhi oder Nirvikalpa Samadhi

7. Seligkeit

Wenn unser Geist ohne Anstrengung immer im Gottesbewusstsein verweilt und wir nichts mehr wahrnehmen ausser uns selbst, so erreichen wir die Befreiung und damit die Öffnung des siebten Siegels.

Alle Heiligen Schriften zeigen uns also den Weg, den wir gehen müssen, um diese sieben Bewusstseinszustände zu verwirklichen. Jede Heilige Schrift beginnt demzufolge in ihrer Geschichte beim ersten Siegel und zeigt durch ihre Handlungen und Propheten den Weg zur Vollendung oder zur Befreiung der Seele. Patanjali hingegen beschreibt in den Yoga-Sutren vor allem die inneren Prüfungen und Zustände, die wir auf diesem Weg erfahren werden.

Die Bibel und die Yoga-Sutren kann man in folgende Entwicklungsstufen einteilen:

Entwicklungsstufe	**Bibel**	**Patanjali**
1. Siegel	Adam und Eva Wunschbaum	Was ist Yoga?
2. Siegel	Noah	Die neun wesentlichen Hindernisse
3. Siegel	Kain und Abel	Die letzte grosse Spannung, nämlich Gut und Böse
	Abraham	Wird die Spannung überwunden, so erreicht man Savitarka Samadhi oder Samadhi mit Erwägung
4. Siegel	Josef, Moses, David	Savicara Samadhi oder Samadhi mit Ergründung
5. Siegel	Salomo	Sananda Samadhi Samadhi der Weisheit
6. Siegel	Jeremia	Sasmita Samadhi Samadhi der Liebe
7. Siegel	Elias, Jesus	Nirvikalpa Samadhi Befreiung

Diese Aufteilung ist sehr grob, und man könnte natürlich gewisse Propheten mehreren Siegeln oder Stufen zuordnen. Allerdings ist ihr äusseres Leben meistens Ausdruck nur einer Stufe. Die einzelnen Samadhi-Zustände sind in *Samadhi – Seligkeit des Selbst* ausführlich beschrieben. Meine Erläuterungen können Leitfaden sein, aber nie die Gnade Gottes ersetzen, die es braucht, um die Geheimnisse des Lebens zu verstehen.

Kriya-Yoga

Ursprung des Kriya-Yoga

Kriya-Yoga ist eine der ältesten Yogatraditionen, so wird bereits in der *Bhagavadgita* (Kapitel aus dem 13. Buch des *Mahabharata*), die als bekannteste Heilige Schrift Indiens gilt und die philosophischen Gespräche zwischen *Krishna* (göttliche Inkarnation) und seinem Schüler *Arjuna* wiedergibt, über Kriya-Yoga gesprochen. Auch Patanjali, der ca. im zweiten Jahrhundert nach Christus die Yoga-Sutren (Lehrsprüche des Yoga) geschrieben hat, erwähnt den Kriya-Yoga in seinen Versen:

Sadhana Pada (Lehrsprüche über die Übung)

tapah-svadhyaya-isvarapranidhanani kriya-yogah *Der Yoga der Tat, Sutra 1*

Dies bedeutet: Disziplin, Studium des eigenen Wesens durch Lesen der Heiligen Schriften sowie Hingabe an Gott machen den Yoga der Tat (Kriya-Yoga) aus.

In allen Schriften wird Kriya-Yoga stets als ein Weg erwähnt, der nicht das Tun zu verändern sucht, sondern das Tun mit vollständigem Bewusstsein erfüllt. Der Kriya-Yoga verwandelt egozentrische Handlungen in Licht und Gottesbewusstsein, ohne dass dabei die Handlungen selbst aufgegeben werden müssten. Wenn der angehende Yogi trotz seiner spirituellen Übungen alle weltlichen Pflichten erfüllt, hat Kriya-Yoga einen optimalen Nährboden. Wohl deswegen hat der unsterbliche *Mahavatar Babaji* (göttliche Inkarnation) den Kriya-Yoga vor rund hundertfünfzig Jahren an einen einfachen, bescheidenen Familienvater übergeben. Kriya-Yoga ist während der dunklen Zeit des *Kali-Yuga* (gemäss *Sri Yukteswar* 701 v. Chr. bis 1699 n. Chr.) infolge der egoistischen Tendenzen der Menschen verloren gegangen.

Im Jahre 1828 wurde *Lahiri Mahasaya* geboren und erhielt im 33. Altersjahr von Babaji den Auftrag, Kriya-Yoga der Welt zurückzugeben. Lahiri Mahasaya, der sein ganzes Leben als einfacher Angestellter und als Familienvater seinen täglichen Pflichten nachgekommen ist, verhalf durch sein beispielhaftes Leben dem Kriya-Yoga zum Durchbruch, und er wird zurecht der Vater des Kriya-Yoga genannt. Tausende erfuhren durch ihn Einweihung in den Kriya-Yoga und konnten trotz bindenden Familienpflichten auf spirituelle Transformation hoffen. So war es ebenfalls Lahiri Mahasaya, der als einer der ersten grossen indischen Meister auch Frauen als Schüler aufnahm. Aus seiner Schülerschaft gingen mehrere verwirklichte Meister hervor, die ebenfalls dazu berufen wurden, den Kriya-Yoga zu lehren. Einer dieser Meister war Sri Yukteswar, der spätere Lehrer und Guru[4] von *Paramahansa Yogananda*. Sri Yukteswar war ebenfalls Familienvater. Er entschied sich jedoch nach dem Tod seiner Frau und seiner Tochter für das Mönchsleben und trat daraufhin in den *Swami*-Orden ein. Unter seiner Leitung entstanden mehrere Ashrams, in welchen die Grundprinzipien des Kriya-Yoga gelehrt wurden.

---

[4] Guru ist Gott selbst. In seiner stellvertretenden Form in der Welt ist Guru ein von Gott berufener Lehrer.

Sein wohl grösster Schüler wurde der 1893 in Kalkutta geborene Paramahansa Yogananda, der unter der Obhut von Sri Yukteswar innert kürzester Zeit Kriya-Yoga verwirklichte und während fast zehn Jahren auf seine grosse Aufgabe als Bote des Yoga für den Westen vorbereitet wurde. Im Jahre 1920 wurde Paramahansa Yogananda auf den Kongress der Weltreligionen nach Boston eingeladen, wo er erstmals vor grossem westlichem Publikum über Yoga sprechen konnte. Aufgrund seiner aussergewöhnlichen, Gott gesegneten Persönlichkeit war er in der Lage, viele Menschen für seine Botschaft des Kriya-Yoga zu gewinnen. Von nun an bereiste er ganz Amerika und hielt Vorträge und Seminare in allen grossen Städten. Tausende empfingen durch ihn die Technik des Kriya-Yoga, und er errichtete mehrere grosse *Ashrams*, in denen er durstige Seelen aufnahm und ihnen Kriya-Yoga vermittelte. Paramahansa Yogananda kehrte von 1920 bis zu seinem Tod im Jahre 1952 nur einmal für eine achtzehnmonatige Reise nach Indien zurück und lebte über dreissig Jahre im Westen. Er war damit der erste indische Weltenlehrer, der einen grossen Teil seines Lebens im Westen verbrachte. Er verstand es wie niemand vor ihm, die östliche und westliche Kultur zusammenzuführen, was ihn bis heute zu einem der beliebtesten und grössten spirituellen Lehrer des Westens macht.

Nachdem in den Sechzigerjahren der Flugverkehr zu einem Beförderungsmittel für alle Menschen wurde, begann das grosse Reisen in ferne Länder. Diese neue Situation beschleunigte den kulturellen Austausch und hat dafür gesorgt, dass Yoga auch in unserer Gesellschaft mehr und mehr bekannt wurde. Der Austausch des Yoga hat jedoch grösstenteils nur an der Oberfläche stattgefunden, und so ist die wahre Blüte des Yoga bis heute verborgen geblieben. Natürlich sind die Spuren der Zeit auch am Lebensbaum des Kriya-Yoga nicht vorbeigegangen. Mittlerweile gibt es heute Hunderte wenn nicht gar über tausend verschiedene Angebote bezüglich Kriya-Yoga. Der von Babaji ins Leben gerufene Kriya-Yoga hat sich seither über die ganze Erde verteilt. Unter Kriya-Yoga werden viele Techniken angeboten, die sich untereinander nicht mehr vergleichen lassen, da sich die einzelnen Richtungen des Kriya-Yoga im Laufe der Zeit stark verändert haben. So wurde die Technik jeweils den Bedingungen der Gegenwart angepasst, was bei unterschiedlichen Gruppierungen von Menschen langfristig zu verschiedenen Techniken geführt hat. Viele Menschen sind heute verunsichert und wissen nicht, worauf sie bei ihrer Suche nach einem spirituellen Weg achten sollen. Auf dem Yogapfad ist der spirituelle Lehrer unabkömmlich, daher ist die Reinheit und die Kraft seiner Person äusserst wichtig. Nicht die Bekanntheit des Lehrers und seine allenfalls vorhandenen okkulten Kräfte sind massgebend für die Gewissheit, auf dem richtigen Weg zu sein, als vielmehr die Wirkung seiner Lehre im eigenen Leben. Über jeden Menschen und über jede Technik gibt es negative und positive Meinungen. Der angehende Yogi muss deshalb lernen, sich seine eigene Meinung zu bilden und versuchen zu beobachten, was das Ausüben von Kriya-Yoga in seinem Leben bewirkt. Sofern er Berührung mit dem von Babaji geschenkten Kriya-Yoga hat, wird sich sein Leben verändern und schrittweise seine Sicht der Dinge durch mehr Verstehen und Liebe prägen. Die nachfolgenden Darlegungen über Kriya-Yoga werden Klarheit geben, welche Transformation und welche Veränderungen in unserem Leben durch das Praktizieren von Kriya-Yoga ausgelöst werden, sodass der Yogasuchende sich daran orientieren kann. Natürlich ist der Weg des Kriya-Yoga parallel zum ganzen Yogaweg zu verstehen, so wie ich ihn in diesem Buch dargelegt habe; der Unterschied liegt lediglich in der Intensität. Kriya-Yoga kann von allen Menschen geübt werden. Es sind keine speziellen Essgewohnheiten oder sonstige Einschränkungen im Leben notwendig. Ein gemässigtes Leben fördert die Wirkung des Kriya-Yoga. Auf zu viel Alkohol sowie auf Drogen sollte verzichtet werden!

Das tägliche Praktizieren von Kriya-Yoga öffnet dem Suchenden alle Pforten zum Himmel, der Alltag wird unbeschwert und glücklich, und schrittweise offenbart sich der ewige Frieden unserer Seele. Im Jahre 1995 habe ich den *Verein Yoga für Alle*[5] gegründet in der Hoffnung, einen Bienenstock des Kriya-Yoga zu schaffen, damit wahrheitssuchenden Menschen in Europa und insbesondere im deutschsprachigen Raum ein Leitfaden zur Verfügung steht und sie die Möglichkeit haben, ohne Umwege die Essenz des Yoga zu erfahren.

[5] Verein Yoga für Alle, Kunzenbadstrasse 13, CH-4800 Zofingen AG,
ab August 2003: Friedensstrasse, CH-4629 Fulenbach SO, Internet: www.yfa.ch

Wissenschaft des Kriya-Yoga

Der Begriff Kriya-Yoga stammt aus dem Sanskrit und bedeutet *Verbindung zur Seele in jeder Handlung.* Wie in *Yoga – Botschaft der Liebe* erwähnt, beinhaltet die Technik des Kriya-Yoga Bestandteile aus allen vier ursprünglichen Yogawegen und bewirkt demzufolge eine gleichmässige, effiziente und ganzheitliche Weiterentwicklung aller menschlichen Daseinsebenen. Durch das Ausüben von Kriya-Yoga wird das Handeln eines Menschen mit der Seele – und damit mit vollständigem Bewusstsein – erfüllt. Setzt der Mensch seinen freien Willen egoistisch ein, entsteht Unwissenheit in seinem Geist; er verliert die Kontrolle über seine Gedanken, und schlussendlich auch über seinen Körper. Die Kraft des freien Willens wird dadurch vergeudet, und wir beginnen, an unserem eigenen Egoismus zu leiden. Auch in der Bibel finden wir eine Parabel über den richtigen Gebrauch des freien Willens:

Vom Sämann

An demselben Tage ging Jesus aus dem Hause und setzte sich an den See.
Und es versammelte sich eine grosse Menge bei ihm, so dass er in ein Boot stieg und sich setzte, und alles Volk stand am Ufer.
Und er redete vieles zu ihnen in Gleichnissen und sprach: Siehe, es ging ein Sämann aus, zu säen.
Und indem er säte, fiel einiges auf den Weg; da kamen die Vögel und frassen's auf.
Einiges fiel auf felsigen Boden, wo es nicht viel Erde hatte, und ging bald auf, weil es keine Erde hatte.
Als aber die Sonne aufging, verwelkte es, und weil es keine Wurzel hatte, verdorrte es.
Einiges fiel unter die Dornen; und die Dornen wuchsen empor und erstickten's.
Einiges fiel auf gutes Land und trug Frucht, einiges hundertfach, einiges sechzigfach, einiges dreissigfach.
Wer Ohren hat, der höre! *Matthäus 13*

Dieses wohl bedeutendste Gleichnis von Jesus Christus zeigt auf, welche Auswirkungen der Missbrauch des freien Willens mit sich bringt. Das Saatgut ist gleichzustellen mit dem Willen eines Menschen. Setzen wir unseren freien Willen nur ein, wenn wir als Gegenleistung etwas erhalten, so geht die Willenskraft verloren durch *den Vogel, der den Samen isst*, was das Entstehen eines nicht kontrollierbaren Verlangens darstellt und damit den Menschen in mentale Spannung und in Eigenliebe führt. Wenn *das Saatgut auf Fels fällt* und zu schnell aufgeht, bedeutet dies, dass wir durch den Gebrauch unseres freien Willens vor allem persönliche Selbstdarstellung und Anerkennung suchen, was uns die Freiheit nehmen wird, indem wir zunehmend von Müdigkeit, emotionaler Spannung sowie von Unwissenheit geplagt werden. *Das Saatgut, das durch die Dornen erstickt wird*, stellt den Menschen dar, der seinen freien Willen anderen Menschen aufzwingt, um sich selbst zu bereichern; Schmerzen und Unzufriedenheit werden die entsprechende Ernte sein. Wenn nun die Saat auf fruchtbaren Boden fällt, spricht Jesus vom richtigen Gebrauch des freien Willens, was dem Menschen Liebe (hundertfache Frucht), Weisheit (sechzigfache Frucht) und Hingabe (dreissigfache Frucht) bringen wird.

Die Methode des Kriya-Yoga ermöglicht dem Übenden die Einstimmung der Willenskraft mit Gott und Natur, und dies bedeutet für den Menschen Freiheit und Glückseligkeit.

Das falsche Einsetzen des freien Willens bewirkt auf der physischen Ebene eine übermässige Ansammlung von venösem Blut. Dadurch wird der Zerfall der Zellen in Gang gebracht, und der Alterungsprozess des Menschen fängt an. Als weitere Folge dieses Zyklus beginnt der Mensch krank zu werden und stirbt schlussendlich. Der Atem wird durch die immer mehr fehlende Willenskraft des Menschen schwach und ist kaum noch in der Lage, dem Blut neuen Sauerstoff zuzuführen. In den indischen Schriften fordert Krishna seinen Jünger Arjuna auf, die Atmung der Seele darzubringen, indem er die Einatmung der Ausatmung und die Ausatmung der Einatmung opfert. Die Einatmung steht für das Prinzip des freien Willens, die Ausatmung für den göttlichen Willen. Die Einatmung der Ausatmung zu opfern bedeutet, den freien Willen auf den göttlichen Willen einzustimmen. Die Ausatmung der Einatmung darzubringen heisst, den göttlichen Willen als freien Willen anzunehmen, was letztlich Befreiung bringen wird. Die Methode des Kriya-Yoga verhilft dem Menschen zur richtigen Atmung. Bei dieser wird dem menschlichen Blut Kohlendioxyd entzogen und neuer Sauerstoff zugeführt. Der neu zugeführte Sauerstoff wird in Lebensenergie umgewandelt, was zu einer kraftvollen Aktivierung der Wirbelsäule, des Gehirns sowie der Rückenmarksnerven führt. Ein fortgeschrittener Kriya-Yogi verwandelt auf diese Weise seine Körperzellen in reine Energie. Auf der geistigen Ebene bedeutet diese Umwandlung der Körperzellen eine vollständige Veränderung der Sichtweise, eine Offenbarung der Weisheit, die den Yogi die Welt mit neuen Augen schauen lässt. Am Ende dieser Transformation erkennt der Yogi die Welt als reines Bewusstsein und erhöht damit sich selbst in die Gefilde des ewigen Lichtes. Das Neue Testament stellt diese Erweiterung des Bewusstsein wie folgt dar:

Das Auge ist das Licht des Leibes. Wenn dein Auge lauter ist, so wird dein ganzer Leib licht sein.
Wenn aber dein Auge böse ist, so wird dein ganzer Leib finster sein... *Matthäus 6,22*

Diese Aussage von Jesus Christus bedeutet, dass der durch Einstimmung auf den göttlichen Willen von Unwissenheit und Eigenliebe geläuterte Mensch die ganze Welt als Ausdruck göttlichen Bewusstsein erkennen wird. Dies ist die Voraussetzung, um sich selbst als Licht und Seligkeit erfahren zu können. Wer Schlechtes sieht, wird selbst von Dunkelheit befallen, reduziert dadurch sein Bewusstsein auf den physischen Körper und leidet an geistiger Blindheit. Kriya-Yoga bewirkt grobstofflich eine Veränderung der Atmung und ein nach Innenfliessen der Lebensenergie, was auf der geistigen Ebene die Sichtweise des Menschen verändert. Die ursprüngliche Technik des Kriya-Yoga, wie sie von Lahiri Mahasaya der Welt übergeben wurde, besteht aus sieben Einzelteilen, die symbolisch die sechs Handlungsebenen des Menschen anzeigen sowie als siebten Bestandteil seine Empfindung über Glück und Unglück. So handelt der Mensch in Bezug auf Eltern, Freunde, Arbeit, Partnerschaft, Gesellschaft und Gegenwart. Dies alles tut er natürlich, um glücklich zu sein. Die egoistische Handlungsweise führt den Menschen ins Unglück und dadurch auf die Suche nach seinem Selbst. Kriya-Yoga durchdringt die sechs Felder der Handlung mit Bewusstsein und führt den Yogi auf die siebte Ebene, in die Befreiung und Seligkeit. Die sieben feinstofflichen Chakren in der Wirbelsäule, die bei der Ausübung der Kriya-Technik ebenfalls eine grosse Rolle spielen, symbolisieren die entsprechenden sieben Bewusstseinsebenen. Grundlage der egoistischen Handlung ist Unverständnis und Eigenwilligkeit. Das Üben des Kriya-Yoga führt demzufolge zuerst zu einem höheren Verstehen, danach zu einer selbstlosen Handlung und als letztes zu einem erweiterten Bewusstsein. In dieser Reihenfolge wird eine Ebene nach der anderen gereinigt und mit göttlichem Bewusstsein erfüllt. Nachfolgend werde ich die sieben Bestandteile der Kriya-Technik erläutern, möchte aber klar festhalten, dass das Praktizieren von Kriya-Yoga immer unter der Anleitung eines verwirklichten Lehrers erlernt werden sollte, da sonst die gewünschten Resultate ausbleiben werden.

Die Bestandteile der Kriya-Yoga-Technik

Atemübung

Während dieser Übung versucht der Kriya-Yogi, das Einatmen der Ausatmung und das Ausatmen der Einatmung darzubringen. Dies geschieht, indem er sich vorstellt, vom untersten Punkt der Wirbelsäule (Steissbeinzentrum) her einzuatmen bis zum höchsten Punkt des Körpers, dem grossen Scheitel (Fontanelle). Nach kurzem Atemanhalten atmet er aus und stellt sich vor, wie der Atem zurückgeht zum Steissbeinzentrum. Während der ganzen Atemübung ist die Konzentration im dritten Auge.

Atem symbolisiert die Kommunikation zwischen den Menschen, und das richtige Atmen ist die Fähigkeit, wie oben beschrieben, sich durch richtiges Kommunizieren auf den göttlichen Willen einzustimmen. Die Welt und alle darin lebenden Wesen sind äusserer Ausdruck des transzendenten, unsichtbaren Gottes und der göttliche Willen manifestiert sich dem Menschen zuerst über seine Mitmenschen.

Diese erste Technik des Kriya-Yoga führt den Suchenden dahin, auf alle Forderungen und Wünsche der äusseren Welt einzugehen. Um jegliche Form der Meditation richtig verstehen zu können, muss man sich vergegenwärtigen, dass das äussere Gegenstück des dritten Auges die Gestalt und das Wort eines jeden Menschen ausmacht. Sich im dritten Auge konzentrieren bedeutet also zu lernen, sich allen Menschen und Worten bedingungslos hinzugeben, da diese, wie wir selbst, Teil des einen göttlichen Bewusstseins sind. Eins zu werden mit dem geistigen Auge heisst gleichzeitig auch, eins zu werden mit Gestalt und Wort aller Menschen.

Magnetisierungsübung

In dieser zweiten Kriya-Technik versucht der Yogi, durch Konzentrations- und Vorstellungskraft den Atem zu vergeistigen und mit der neu gewonnenen Lebenskraft seine Wirbelsäule zu beleben. Dies führt zu Schwingung in der Wirbelsäule sowie im ganzen Körper.

Diese zweite Übung stellt nun auch im Alltag den logisch folgenden Schritt dar: Nachdem der Yogi fähig wurde, auf die Wünsche der äusseren Welt einzugehen, muss er nun auch die Bereitschaft haben, sich für die Wünsche des anderen einzusetzen. Das zwingt ihn, die eigenen Wünsche loszulassen, was wiederum mit Schwierigkeiten und inneren Spannungen verbunden ist, da man bis jetzt das Ziel in der Erfüllung der eigenen Wünsche gesehen hat. Die Magnetisierungsübung führt den Yogi in Schwingung und damit im Alltag in die Welt der Pflichten.

Mohamudra (Grosse Geste)

Während der dritten Kriya-Technik bringt der Yogi seine Stirne zum Knie, gleichzeitig hält er den Atem an. Während dem Praktizieren von Mohamudra bleibt der Geist im dritten Auge konzentriert. Diese Übung erzeugt Druck auf Bauch und Bauchspeicheldrüse und wird, aufgrund des Darmverlaufes, immer nach rechts begonnen, da sonst die Abfallprodukte des Körpers nicht ausgeschieden, sondern zurückgeschoben werden. Sie bewirkt eine gute Verdauung sowie die Aktivierung des ganzen vegetativen Nervensystems[6]. Der ganze Körper wird vitalisiert und gesund erhalten.

Nachdem der Yogi durch die Magnetisierungsübung gelernt hat, seinen weltlichen Pflichten nachzukommen, gibt ihm Mohamudra die Kraft, aus der täglichen Pflichterfüllung keinen Lohn als Gegenleistung zu verlangen, da sonst keine Auflösung der Wünsche, sondern ein Aufstauen der Wünsche die Folge wäre und man nicht von wahrer Pflichterfüllung sprechen könnte. Die gute Verdauung steht symbolisch für das Auflösen der egoistischen Bedürfnisse. Mohamudra befreit den Übenden von jeglicher Form des Egoismus und führt ihn zu Uneigennützigkeit und selbstlosem Handeln.

Kriya-Proper (Reinigung des Geistes)

In dieser Übung verbindet der Yogi seine Lebenskraft mit dem heiligen Samen-Mantram des Kriya-Yoga und lenkt danach seine Lebensenergie durch alle Rückenmarkszentren vom Steissbeinzentrum zum grossen Scheitel und wieder zurück. Diese Übung wird siebenmal wiederholt und bewirkt eine Magnetisierung aller Rückenmarkszentren (Steissbein-, Kreuzbein-, Nabel-, Herz-, Nacken-, Markzentrum und Fontanelle) sowie der ganzen Wirbelsäule. Die um die empfindsamen Rückenmarksnerven gelenkte Energie bewirkt einen subtilen Fortschritt des Menschen, der mit nichts vergleichbar ist. Paramahansa Yogananda schrieb in

---

[6] Siehe Erklärung unter *Mudra – Geste.*

seiner *Autobiographie eines Yogi*, dass eine halbe Minute Praktizieren der Kriya-Proper-Technik dem Yogi einen Fortschritt eines ganzen Jahres natürlicher geistiger Entwicklung einbringt.

Da der fortgeschrittene Kriya-Yogi im Alltag zur Selbstlosigkeit geführt wurde, ist er nun in der Lage, aus allen Handlungen des Lebens zu lernen. Das Rezitieren von Mantrams bewirkt im Alltag die Tugend, alle Umstände der äusseren Welt auf sich zu beziehen, was notwendig ist, um Erkenntnis und Transzendenz zu erhalten. Die vierte Kriya-Technik führt den Yogi in die grosse geistige Arbeit, alle Bewegungen und Handlungen der äusseren Welt als Teil seines Wesens zu integrieren. Nur so kann er zu spirituellem Wissen gelangen. Da infolge der Selbstlosigkeit die eigene Handlung nicht mehr im Vordergrund steht, beginnt der Yogi, seine Aufmerksamkeit auf die Handlung seines Mitmenschen zu richten und erkennt darin plötzlich die Möglichkeit, sich selbst zu erkennen.

Paravasta (Gedankenfreier Zustand)

Während dieser Übung bleibt der Yogi entweder im Meditationssitz, oder er legt sich in Rückenlage auf den Boden. Er versucht sich völlig vom Körperbewusstsein zu lösen, indem er sich vorstellt, sein Bewusstsein dehne sich ins Unendliche aus. Dieser Zustand beschreibt den gedankenlosen Zustand von *Para* oder dem Absoluten.

Die fünfte Kriya-Technik gibt dem Yogi die Erkenntnis, dass die Gedanken, die ihn während der Meditation belasten, sich im Alltag widerspiegeln als Handlung und Willen des Mitmenschen. Durch das Praktizieren von Paravasta lernt er, sich dem Willen und dem Handeln des Mitmenschen völlig hinzugeben. Dadurch gewinnt er unendliche Weisheit und vollständiges spirituelles Wissen und die Gedanken beginnen sich allmählich aufzulösen.

Yotimudra (Lichttechnik)

Der Kriya-Yogi schliesst mit den Zeigfingern die Augen und mit den Daumen die Ohren und hält seine Arme so, dass sein Körper ein Kreuz beschreibt. Nun versucht er durch eine bestimmte Atemweise seine Lebensenergie durch alle Rückenmarkszentren zu führen und mit dem Quell des Lebens, mit der Fontanelle, zu verbinden. Im dritten Auge kann der Yogi Lichterscheinungen und verschiedene Farben beobachten.

Diese geheimnisvolle Technik bewirkt im täglichen Leben eine neue Art der Wahrnehmung. Nachdem der Kriya-Yogi durch Paravasta die Vollendung an spirituellem Wissen erhält, führt ihn diese Übung zum Einssein mit der Handlung, dem Willen und dem Wort des Mitmenschen. Dies bedeutet, dass er zu lieben beginnt. Alle Bewegungen werden zu seinen Bewegungen, und durch die Kraft der göttlichen Liebe lösen sich alle Widerstände augenblicklich auf. Die Augen und Ohren, die während dieser Übung geschlossen werden, stehen symbolisch dafür, dass kein Wenn und kein Aber mehr notwendig ist, um irgendeinen Menschen zu lieben, wie er ist.

Gebet

Das Gebet bildet die letzte Übung der Kriya-Technik und damit auch den Höhepunkt der ganzen Abfolge. Die vorangehenden Übungen sind Vorbereitung, um in unseren Gebeten Effizienz zu erreichen. Wie viel denken wir nach, bevor wir wichtige Gespräche mit der Aussenwelt führen! Das Gebet sollte der wichtigste Augenblick des Tages sein, und die Technik des Kriya-Yoga lernt den Menschen, so zu beten, dass seine Gebete auch erhört werden. In den indischen Schriften steht geschrieben, dass ein Leben ohne Gebete kein Leben ist. Die Kraft des Gebetes vereint den liebenden Yogi mit dem Objekt seiner Liebe, der Aussenwelt. Dadurch wird er eins mit der Bewegung des Lebens und erwacht zu ewiger Glückseligkeit. Alle glücklichen Momente des Lebens sind Ausdruck des spontanen Gebets. Wort und Gestalt des Menschen werden als eins erkannt. Wir erfahren, wie Christus es sagte, *das Kommen des Menschensohnes* und damit das Gewahrsein ewiger Freude.

Die *Essenz des Kriya-Yoga* zeigt uns auf, welche inneren Vorgänge durch das Praktizieren von Kriya-Yoga eingeleitet werden und wie sie sich in unserem Leben auswirken. Ebenfalls wird die stufenweise Transformation des Bewusstseins von der Dunkelheit zum Licht erläutert.

Essenz des Kriya-Yoga

Wie unter *Wissenschaft des Kriya-Yoga* dargelegt, befindet sich ein verwirklichter Yogi im Zustand der Seligkeit. Schrittweise hat er erkannt, dass Gott der Alleinhandelnde ist und dass jegliche Vorstellung, eine Handlung zu tätigen, in Wahrheit eine Täuschung ist. In diesem Bewusstsein wird alles zur Freude, und in welche Richtung das Leben auch geht, nichts vermag die Seligkeit zu trüben, da man sich selbst als diese erkannt hat. Auch in der Bibel finden wir Worte von Jesus Christus über diese Geburt im ewigen Leben:

Jesus antwortete und sprach zu ihm: Wahrlich, wahrlich, ich sage dir: ***Es sei denn, dass jemand von neuem geboren werde, so kann er das Reich Gottes nicht sehen.***
Nikodemus spricht zu ihm: Wie kann ein Mensch geboren werden, wenn er alt ist? Kann er denn wieder in seiner Mutter Leib gehen und geboren werden?
Jesus antwortete: Wahrlich, wahrlich, ich sage dir: ***Es sei denn, dass jemand geboren werde aus Wasser und Geist, so kann er nicht in das Reich Gottes kommen.***
Was vom Fleisch geboren ist, das ist Fleisch, und was vom Geist geboren ist, das ist Geist. Wundere dich nicht, dass ich dir gesagt habe: Ihr müsst von neuem geboren werden.
Der Wind bläst, wo er will, und du hörst sein Sausen wohl, aber du weißt nicht, woher er kommt und wohin er fährt. *So ist es bei jedem, der aus dem Geist geboren ist...*

Johannes und Nikodemus 3,3

Diese Worte zeigen das Einssein von Jesus Christus mit der letzten Wirklichkeit und beschreiben auf wunderbare Weise den Zustand der Vollendung, so wie er auch in der Lehre des Kriya-Yoga verstanden wird. Nikodemus glaubt zuerst, Jesus spreche von einer körperlichen Wiedergeburt und kann daher mit den Worten nichts anfangen. Jesus spricht ein zweites Mal und gibt nun Nikodemus mehr Klarheit, indem er die Geburt als Wasser und Geist definiert. Die Taufe im Wasser steht symbolisch für das Befolgen der Zehn Gebote und für die spirituelle Disziplin, da ohne diese Tugenden keine wahre Läuterung stattfinden kann. Die Geburt im Wasser hat dann stattgefunden, wenn jemand im Einklang mit Gottes Geboten lebt und sein Leben der spirituellen Disziplin hingegeben hat, was zur Zeit von Jesus Christus durch Johannes den Täufer verkörpert wurde. Die Geburt im Geist ist die letzte Stufe der Transformation. Nachdem der Suchende die Stufen der geistigen Erkenntnis vollendet hat, wird er wiedergeboren im reinen, allumfassenden Bewusstsein des *einen GEISTES*. Mit den Worten *was vom Fleisch geboren ist, das ist Fleisch, und was vom Geist geboren ist, das ist Geist*, deutet Jesus an, dass ein Mensch, so sehr er sich auch um Gott bemüht, zuerst die spirituelle Läuterung auf sich nehmen muss, um Gotteserfahrung zu erhalten. Wenn jedoch jemand aus dem Geiste geboren wurde, wie Jesus es war, spielt es keine Rolle mehr, ob er spirituelle Rituale ausübt oder nicht, da sein Herz für alle Ewigkeit mit Gottes Geist verbunden bleibt.

Der Wind, der bläst, wohin er will, legt Zeugnis ab für den Zustand eines gottesbewussten Menschen, der in seinem Herzen keine Absicht mehr trägt und daher frei ist, sich vom Leben in jede Richtung tragen zu lassen. Er lebt in vollkommener Freude und hinterlässt keine Spuren des Karmas mehr. Mit den Worten *du hörst sein Sausen wohl* deutet Jesus an, dass äusserlich kein Unterschied besteht zwischen einem Menschen, der aus dem Geist geboren ist, und einem normalen Menschen, da beide nach wie vor in dieser Welt handeln, der eine im Glauben, selber handeln zu können und deshalb dem Gesetz des Karma unterworfen; der andere hat Gott als den Handelnden erkannt und geniesst Freiheit und Freude. Dieses Gespräch zwischen Jesus Christus und Nikodemus fand kurze Zeit nach der Taufe von Jesus durch Johannes den Täufer statt und legt dar, dass Jesus nach der Versuchung in der Wüste vollständiges Einssein mit dem Absoluten erreicht hat. Selbst Jesus Christus ist in der Wüste noch vom Satan versucht worden und hat durch sein Beispiel allen Menschen aufgezeigt, dass wir alle die Möglichkeit haben, uns durch Willenskraft, Glauben und Liebe von der Täuschung zu befreien. In Indien nennt man diesen Schleier der Täuschung *Maya* oder Illusion. Da *Maya* die menschliche Seele in sechs verschiedene Schleier einhüllen kann, gibt es auch sechs Stufen der Erkenntnis, um wieder zur siebten Ebene, dem Seelenbewusstsein, zurückzugelangen. Gott ist kein Diktator, und es obliegt dem freien Willen des Menschen, ob er sich für den Pfad der Täuschung oder des Lichts entscheidet.

Sobald der Mensch infolge der materiellen Anhaftung in die Täuschung gefallen ist, selbst der Handelnde zu sein, beginnt der Weg zur Unwissenheit. Alle spirituellen und religiösen Praktiken haben das Ziel, den Menschen von diesem irrtümlichen Weg zu befreien und ihn auf den Pfad der Weisheit zurückzugeleiten. Obwohl Gott der Alleinhandelnde ist, muss der

Mensch, da er sich auch bewusst für das Materielle entschieden hat, nun auch bewusst für die spirituelle Handlung entscheiden. Es reicht nicht, wenn jemand nur an Gott glaubt und ab und zu der Religion nachlebt. Die spirituelle Disziplin in Form von Meditation und Dienen ist unabkömmlich, um aus der Täuschung zu erwachen. Gerade diesem Prinzip hat Jesus Christus Nachdruck verliehen, als er von der Geburt im Wasser als Bedingung für die Geburt im Geiste sprach.

Wie das Leben eines jeden Menschen seine eigene Richtung hat, so ist auch der spirituelle Weg für alle verschieden. Die Offenbarung des spirituellen Pfades geschieht durch die Gnade Gottes und durch seine Auserwählten, die in Einklang mit *ihm* und seinen Gesetzen leben. Schon Jesus Christus hat darauf hingewiesen, dass nicht das Gewand eines Menschen oder das ausgeübte Ritual Aufschluss über die spirituelle Entwicklung eines Menschen geben, sondern allein sein Herz. So kann ein Familienvater, der seinen Pflichten nachkommt und in Frieden und Hingabe lebt, spirituell weiter fortgeschritten sein als ein frommer Gelehrter, der nur auf Geltungsbewusstsein und Zuneigung aus ist. Die Religion sollte das flammende Herz der Gottesliebe fördern, sodass der Himmlische Vater angezogen wird und sich selbst – in Form der Heiligen – der Welt offenbart. Gott verhält sich wie ein Vater: Je mehr sein Kind selber weiss, was gut ist, desto weniger wird er sich einmischen, da er nur auf Ablehnung stossen würde. Sobald das Kind jedoch zugibt, ratlos zu sein, wird sich der Vater bemühen und ihm zur Seite stehen. Wenn sich die Religionen wie solche Kinder verhalten würden, dann gäbe es mehr Heilige und gottesbewusste Menschen und weniger Kriege im Namen der Religion.

Kriya-Yoga besteht, wie erläutert, aus sieben Bestandteilen, und diese bilden die ursprüngliche Handlung auf dem Weg ins Licht. Wie ein Mensch aufgrund einer falschen Handlung mehrere Handlungen nachzieht, so bewirkt die Handlung des Kriya-Yoga dasselbe im positiven Sinne und führt dem Yogi alle spirituellen Handlungen zu, die er braucht, um Befreiung zu erreichen. Welche Umstände einem Yogi begegnen, bestimmt seine eigene Vergangenheit und nicht die spirituelle Technik, die er ausübt. Der Fortgeschrittene wird schlussendlich erkennen, dass er immer nur sich selbst begegnet auf dieser langen Reise der Transformation.

Nach der Geburt entscheidet sich der Mensch vom ersten Augenblick an für Dunkelheit oder Licht. Das Herz entschliesst sich zum Lassen und Sein und erzeugt dadurch Licht, oder es beginnt zu greifen und wollen und bewirkt dadurch eine Verdunklung. Der Lichtteil bindet den Menschen an Bewusstsein und Seele, während die Dunkelheit das Unterbewusstsein ins Leben ruft und damit auch Sorgen und Ängste. Der Kriya-Yogi versucht, durch das Anwenden der Kriya-Technik das Unterbewusstsein in Bewusstsein zurückzuverwandeln, um schlussendlich den Zustand des bewussten Glücklichseins zu verwirklichen. Der Sitz der Seele befindet sich im menschlichen Körper im Gehirn, wir nennen diese Stelle das Scheitel-Chakra oder den Sahasrara. Die Seele lenkt von dort aus über sechs weitere Chakren oder feinstoffliche Wirkungsebenen den menschlichen Körper. Je nach Gebrauch unseres freien Willens wird in diesen feinstofflichen Ebenen Licht oder Dunkelheit angereichert. Die Dunkelheit erscheint in Form von Unwissenheit und bewirkt langfristig Krankheit, Aggressionen und Ängste, das Licht erscheint als Weisheit und Liebe. Was im Leben eines Menschen geschieht, obliegt nur bedingt seinem Einfluss. Ob er jedoch glücklich oder unglücklich ist, bestimmt er allein!! Wenn wir uns bewusst für diese Welt und für alles darin Erschaffene entscheiden, so entscheiden wir uns für das eigene Wesen und damit für Frieden und Glück. Nehmen wir die Schöpfung in Besitz, so werden wir von Gott, in Form unserer Mitmenschen, aufgefordert, davon abzulassen. Unsere Reaktionen auf die Bitten der Mitmenschen bestimmen, ob Gedanken zu Unterbewusstsein werden – wie Wasser zu Eis – oder ob die Kraft der Tugend die Gedanken zu Erkenntnis und Liebe transformiert – wie die Sonne die Wolken. Es gibt sechs mögliche Urteile in Bezug auf alles, was in unser Leben tritt. Je nachdem wie wir uns entscheiden, sind wir glücklich und voller Lebensenergie, oder wir werden unzufrieden und beginnen an körperlichen und geistigen Krankheiten zu leiden. Folgende Darstellung soll aufzeigen, wie die Urteile unserem feinstofflichen Körper zugeordnet werden:

Sahasrara	Fontanelle	Urwort OM – *spiegelt den Zustand des Seelenglücks*
Ajna	Markzentrum	Wort
Vishudya	Nackenzentrum	Willen
Anahata	Herzzentrum	Handeln
Monipura	Nabelzentrum	Gerechtigkeitsprinzip
Swadisthana	Kreuzbeinzentrum	Charakter
Muladhara	Steissbeinzentrum	Sache

Das Hören eines Wortes kann aufgrund unserer falschen Sichtweise ungewünschte Wirkungen erzeugen. Wir lehnen das Wort ab, weil es uns einen Willen aufzwingt, uns zum Handeln auffordert, uns ungerecht erscheint, uns beleidigt oder nicht unsere Sache ist. Natürlich spiegelt die Seele dem Menschen über sein Herz und sein Gewissen die Qualität seiner Gedanken, und erst wenn er darauf gleichgültig reagiert, wird das Gedankengut im Unterbewusstsein auf der entsprechenden Ebene abgelegt. Jede dieser feinstofflichen Ebenen hat jedoch die Aufgabe, den Körper mit Lebenskraft zu versorgen. Sie werden nun infolge der verdrängten Gedankenenergien in ihrer Aufgabe behindert, was Krankheit und Leid mit sich zieht. Durch das Ausüben von Kriya-Yoga sowie durch die Gnade Gottes gelingt es dem Yogi, sein verdrängtes Gedankengut ins Leben zurückzurufen. Er bekommt von Neuem die Gelegenheit, den gleichen Lebensumständen gegenüber zu treten, die er früher fälschlicherweise abgelehnt hat. Er hört die Worte, die er nicht hören wollte; er lässt sich in die Pflicht nehmen, was ihn schrittweise zu Weisheit, Liebe und Gottesbewusstsein führen wird. Derjenige, der sich nicht bemüht, seine vergangenen Urteile zu revidieren, wird durch das Gesetz der Wiedergeburt belehrt. Auch Jesus erwähnt dieses Gesetz:

Vertrage dich mit deinem Gegner sogleich, solange du noch mit ihm auf dem Weg bist, damit dich der Gegner nicht dem Richter überantworte und der Richter dem Gerichtsdiener und du ins Gefängnis geworfen werdest.
Wahrlich, ich sage dir: Du wirst nicht von dort herauskommen, bis du auch den letzten Pfennig bezahlt hast. *Matthäus 5,25*

Wir sollten versuchen, die im Herzen gefällten Urteile aufzulösen, bevor der Richter – der Tod – uns einholt und uns dem Gerichtsdiener – dem Gesetz der Wiedergeburt – übergibt. Der Tod verbindet den Menschen in erster Linie mit seinen geistigen Urteilen. An den ausgesprochenen Worten werden wir meistens bereits zu Lebzeiten korrigiert. Es ist also das Unausgesprochene, was uns die Zukunft bescheren wird. Da alle Menschen über sechs Stufen ins Leben geführt werden, nämlich über Kindheit, Jugend, Arbeit, Partner, Gesellschaft und Lebenserfahrungen, kann man festhalten, dass die Gedankenwelt aus verschiedenen Schichten besteht. Kriya-Yoga verbindet den Menschen von Neuem mit seinem ganzen Gedankengut und führt ihn, als Folge der sechs Gedankenschichten, über sechs Stufen der Transformation in vollständige Freiheit und Seligkeit. Der Yogi entrinnt auf diese Weise zukünftigen Schwierigkeiten und lebt in Gottesbewusstsein.

Der Mensch durchläuft also nach seiner Geburt sechs Phasen des Lebens, die ihn mit dieser äusseren Welt lichtvoll oder unwissend verbinden. Die unwissende Seite des Yogi wird durch das Ausüben der Kriya-Technik transzendiert. Das Wachstum des Menschen beginnt mit der Mutter- und Vaterliebe, darauf folgt eine Zeit der Freunde und der Erziehung bis hin zum Eintritt in die Arbeitswelt. Die Partnerschaft und die Beziehung zur Gesellschaft bilden die letzten beiden Grundsteine für die vollständige individuelle Lebenserfahrung. Die persönlichen Lebenserfahrungen bringen uns, je nach Gebrauch des freien Willens, Glück oder Unglück. Sobald sich das Unglück zu häufen beginnt, verlangt der Mensch nach Erklärung und begibt sich auf die Suche nach seiner Seele. Viele Menschen suchen jedoch nur halbherzig und werden dadurch zur Zielscheibe von Scharlatanen und Irrlehren. Wahre Spiritualität findet man nicht auf dem Jahrmarkt, und der Segen der Seele ist nie der Verdienst einer Leistung, sondern das Geschenk der Liebe!

Janakananda und Amritanandamoyi Ma[7]

Mit der Einweihung in den Kriya-Yoga verwandelt der Suchende die Ebene der Unwissenheit in Licht. Dabei durchläuft er wie im Erwachsenwerden sechs Phasen, bevor er das verlorene Seelenglück zurückgewinnt:

1. Kriya-Stufe

Zuerst bewirkt Kriya-Yoga eine Veränderung in Bezug auf alle Lebenserfahrungen. Wir öffnen unser Herz und heissen plötzlich die ganze Welt willkommen. Auch bisher unwillkommene Dinge werden jetzt angenommen und ins persönliche Leben integriert. Während der Meditation erfährt der Yogi einen tiefen Frieden und nimmt den kosmischen OM-Ton wahr. Lichterscheinungen in verschiedenen Farben gehören ebenfalls zu diesem Zustand. Im täglichen Leben wünscht man sich nichts mehr als Einswerdung mit dem Göttlichen. Alle anderen Wünsche sind wirkungslos geworden. Diese Bewusstseinsstufe nennt man **Shuvecha Samadhi**.

2. Kriya-Stufe

Sie bildet die schwierigste Stufe auf dem ganzen spirituellen Weg. Der Yogi muss lernen, die Ursachen für alle Unzulänglichkeiten der äusseren Welt in sich selbst zu finden. Dies versetzt

[7] Amritanandamoyi Ma (Susan Jenni) ist Schülerin von Janakananda und leitet Kriya-Yoga-Seminare in Deutschland.

den Suchenden in grosse Spannungen, da sich die ganze Welt normalerweise gegenteilig verhält. Sobald die notwendige Konzentrationskraft da ist, gelingt dieser Schritt, und wir tragen nun den Gedanken an Gott in jeder Lebenslage in uns. Die öffentliche Gesellschaft dient während dieser spirituellen Phase als Spiegel und Kraftspender. Die Meditation wird in dieser Zeit begleitet durch verschiedene kosmische Klänge. Der Suchende wandert durch das *dunkle Tal* und lernt, auch die Dunkelheit als Licht zu sehen. Diese Stufe nennt man **Vicarana Samadhi**.

3. Kriya-Stufe

Der Kriya-Yogi lernt, alle Erscheinungen der äusseren Welt in Bezug auf Richtig oder Falsch als Reflektionen des eigenen Geistes zu erkennen. Gut und Böse werden als Schatten des eigenen Wunschdenkens ertappt, was den Suchenden in tiefe Dankbarkeit führt. Die Beziehung zu Partner, Kindern und Freunden ist in dieser Phase sehr intensiv und der unsichtbare Schlüssel zur Dankbarkeit. Der Yogi erwacht im Gottesbewusstsein und nimmt wahr, wie eine übergeordnete Kraft seinen Körper bewegt. Die Vorstellung der Ich-Handlung beginnt sich aufzulösen. In der Meditation ist das ganze Bewusstsein im Kopf konzentriert. Der Yogi nimmt im dritten Auge die Seele als Lichterscheinung wahr. Diese Stufe wird **Tanumanasa Samadhi** genannt.

4. Kriya-Stufe

Die Ich-Handlung hat sich vollständig aufgelöst. Der Yogi nimmt wahr, dass alles durch Gott geschieht. Die Kraft der Seele durchdringt ihn vollständig, und er verliert die Vorstellung, eine Arbeit zu leisten. In diesem Zustand des Gottesbewusstseins offenbart sich die geistige Arbeit. Der Yogi lernt, die Welt mit neuen Augen zu sehen. Auf dieser Stufe wird man wunschlos, und Bemühungen um materielles Wohl lösen sich vollständig auf. In dieser Zeit der Transformation tritt die Beziehung zur Arbeitswelt in den Vordergrund. Während der Kriya-Meditation nimmt der Yogi kreisendes Licht wahr, das sich vom Sahasrara (Fontanelle) aus über das ganze Bewusstsein manifestiert. Der Suchende übergibt alle Früchte des Lebens voller Hingabe an Gott und erreicht dadurch den Zustand des **Sattvapati Samadhi**.

5. Kriya-Stufe

Der Yogi ist mittlerweile weit fortgeschritten und durchdrungen von Kraft und Weisheit. Die ganze Welt wird in das eigene Wesen integriert und der Suchende ist in der Lage, sich in jedem Lebensumstand selbst zu erkennen. Das Dualbewusstsein beginnt sich aufzulösen. Der Yogi erfährt den Zustand des *ich bin er*. In dieser Zeit gewinnt der Freundeskreis an Bedeutung und reflektiert den Transformationsprozess des Kriya-Yogis. In der Meditation befindet er sich im blauen Himmel und sieht die Seele als Lichtpunkt oder Stern. Die fünfte Kriya-Stufe bezeichnet man als **Asamshaktika Samadhi**.

6. Kriya-Stufe

Die ganze Welt wird nun als das eigene Selbst wahrgenommen. Man lebt in einer Liebesbeziehung mit der ganzen Natur, gleich der Beziehung zwischen Eltern und Kind. Der Yogi lebt in dem einen Gedanken an Gott und erfährt die göttliche Liebe. Dieses vollständige Verstehen und Erkennen von Schöpfer und Schöpfung bewirkt auf der menschlichen Ebene eine Wiederbelebung der Mutter- und Vater-Beziehung, die für diese letzte Transformation Zeugnis ablegt. In der Meditation versucht der Yogi, sein Bewusstsein zu vergeistigen, und löst dadurch das Körperbewusstsein mehr und mehr auf. Diese letzte Phase unmittelbar vor der Befreiung nennt man **Pararthabhavini Samadhi**.
Durch das vollständige Eintauchen in der göttlichen Liebe löst sich die letzte Anhaftung des Kriya-Yogis auf und er geht über in den Zustand des **Nirvikalpa Samadhi**. Damit hat er **Turyaga** oder die Befreiung erreicht und lebt in Frieden und Seligkeit. Er hat den Körper überwunden und erfährt sich als reines Bewusstsein der Freude.

Glücklich zu sein ist die höchste Form des Gebets und der Nährboden von Liebe und Weisheit.

OM TAT SAT

Janakananda

Biografie des Autors

Janakananda wurde als Daniel Jenni am 6. März 1964 in Brugg, Schweiz, geboren. Zusammen mit vier Geschwistern wuchs er in gutbürgerlichen Verhältnissen auf. Er wurde streng erzogen, und seine Eltern lehrten ihn schon früh Disziplin und Gehorsam gegenüber allen Mitmenschen. Als Kind brachte Janakananda seine Mutter ins Staunen, wenn er ihr aufs Genaueste Erlebnisse schildern konnte, die sich unmittelbar nach seiner Geburt abgespielt haben. Zudem erzählte er immer wieder, dass er sich an die Zeit vor der Geburt erinnere und dass er aus einem grossen Lichte heraus geboren wurde. Alle diese Erzählungen gingen der Familie verloren bis zu dem Zeitpunkt, als Janakananda geistig zu erwachen begann. Seine aufgeschlossene Art und seine Fähigkeiten, nichts von sich auszuschliessen und wegzuschieben, deuteten auf seine göttliche Vergangenheit. Dies verhalf ihm bereits in seinen Jugendjahren zu Erfolg in allen seinen Vorhaben. Seine enorme Willenskraft, sein Durchhaltevermögen und nicht zuletzt sein unerschütterlicher Glauben liessen auch das Unmögliche gelingen. Diese Eigenschaften ermöglichten ihm schon mit 22 Jahren den Durchbruch zur Selbstständigkeit in der Textilbranche. Während seiner erfolgreichen Karriere als Geschäftsmann war er, zusammen mit seiner Ehefrau, innert kurzer Zeit Inhaber von mehreren Geschäftsstellen eines internationalen Textilkonzerns.

Trotz seiner weltlichen Erfolge unterliess er es jedoch niemals, stets nach dem Sinn des Lebens zu suchen. Sein immer grösser werdendes Verlangen nach Gott führte ihn 1989 zum indischen Kriya-Yogalehrer Dhirananda. Von Beginn an meditierte er mehrere Stunden täglich. Im April 1990 wurde er von seinem Lehrer in den 2. Kriya eingeweiht, und bereits sechs Monate später erfuhr er das erste Eintauchen in den Zustand des Nirvikalpa Samadhi. Dieses Erlebnis war die Rückführung in das Licht, aus dem er geboren wurde. Nun begann sich seine wahre Identität zu enthüllen, und dies brachte vorerst einige Turbulenzen in sein Leben und zwang ihn zu einem beruflichen Neubeginn.

Durch das bedingungslose Annehmen seiner zum Teil sehr schwierigen Lebenssituationen gelang es ihm, hinter den Umständen die geheimen Botschaften Gottes zu erkennen. Seine präzisen Erklärungen zu jeder Lebenslage und sein Wissen waren deshalb schon früh ein Anziehungspunkt für viele Zuhörer. Ausserdem war bei ihm trotz aller Umstände nie ein Hauch von Unzufriedenheit zu spüren. Obwohl er als verheirateter Familienvater erfolgreich im Berufsleben stand, konnte er sich dem göttlichen Ruf nicht entziehen.

Seit 1995 unterrichtet Janakananda als Kriya-Yogalehrer in der Schweiz, in Deutschland und in Italien. Als Basis seiner Arbeit gründete er den *Verein Yoga für Alle*. 1996, während einer Pilgerreise in Amerika, erschien ihm Paramahansa Yogananda und gab ihm den Segen für seine spirituelle Arbeit. Im Laufe der nächsten Jahre entstanden zwei Yoga-Center, das *Casa Janakananda* in der Toskana und das *Yoga-Center* in Zofingen. Aufgrund des grossen Interesses an seiner Botschaft entschied der Verein Yoga für Alle, eigene Vereinsräumlichkeiten in Fulenbach (Kanton Solothurn, Schweiz) zu bauen, sodass seine Lehre für viele Menschen zugänglich gemacht werden kann. Nebst Kriya-Yoga leitet Janakananda auch Kurse in Ayurveda und in kosmischer Astrologie. Ausbildungslehrgänge zum klassischen Yogalehrer und Vorträge über spirituelle sowie alltägliche Themen können ebenfalls besucht werden. Janakananda verbindet Kriya-Yoga auf sehr verständliche Weise mit dem Christen-

tum. Die faszinierenden Interpretationen der Lehren von Jesus Christus und seiner Jünger sowie der Heiligen Schriften aller Religionen gehören deshalb immer wieder zu den Höhepunkten seiner Vorträge und Seminarien.
Parallel zur äusseren Entwicklung durchschritt Janakananda in dieser Zeit sukzessive die höheren Stufen des Kriya-Yoga. Im Dezember 2000 begann seine letzte Transformation und somit das langsame, endgültige Übergehen in den keimlosen Zustand des Nirvikalpa Samadhi.

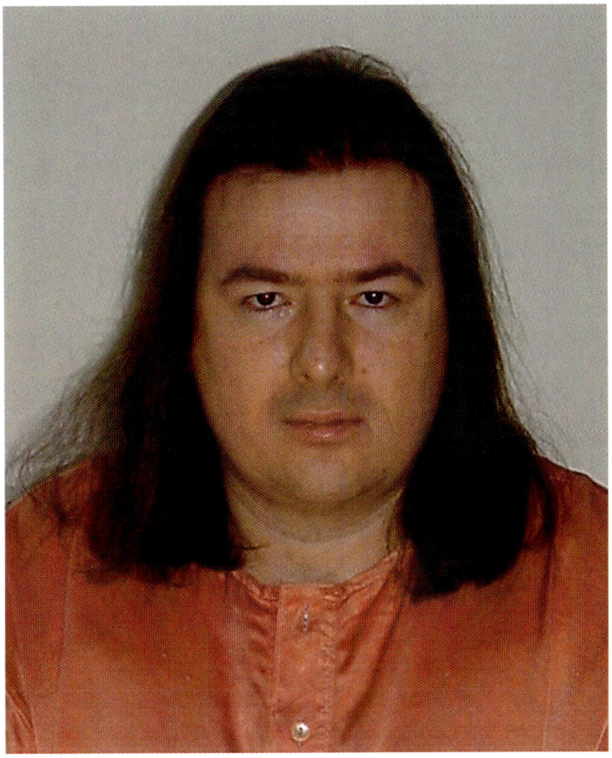

Taufspruch:
Denn bei dir ist die Quelle des Lebens, und in deinem Angesicht sehen wir das Licht. Psalm 36,10

Janaka ist der Name eines Königs im Alten Indien, der trotz vieler Pflichten durch Yoga Verwirklichung erreichte. Janakananda erhielt seinen spirituellen Namen, da er wie König Janaka durch Pflichterfüllung und Meditation Verwirklichung erlangte. Seine Fähigkeit, die sichtbare Welt des Alltages mit der unsichtbaren Welt der Meditation zu verbinden, ist Ausdruck seiner Spiritualität und die Grundlage seiner Lehre. Durch sein Wesen hat Janakananda den spirituellen Weg des Yoga für viele Menschen geöffnet und zugänglich gemacht.

Stefan Jenni